The War of Resistance Against Japanese
Aggression as Seen in Shanghai

马军 蒋欣凯 等著

上海所见的抗日战争

上海社会科学院出版社
SHANGHAI ACADEMY OF SOCIAL SCIENCES PRESS

代
序
FOREWORD

黑夜总会过去，白天终会来临

——在"上海所见的亚洲太平洋战争"学术工作坊上的讲话

各位朋友，早晨好，欢迎大家来参加我们这个学术工作坊。

79 年前的 12 月 8 日，就在日本联合舰队偷袭珍珠港的稍后时分，侵沪日军攻击了黄浦江上的美、英军舰，并且闯入市中心的公共租界。"孤岛"时期结束了，作为东方第一都市的上海随同远东各地一起步入了太平洋战争时期。随着日军全面控制城市的到来，上海进入了近代以来政治最黑暗的时段。与此同时，日本军队还陆续攻占了香港、马尼拉、新加坡、仰光、关岛、威克岛等广大地区。但也恰恰就是在这至暗时刻，上海人民、全体中国人民乃至远东各国人民也隐约看到了通向自由与解放的转机，由于美利坚合众国的参战，中国人民已为时 10 年的艰苦抗战获得了强大盟国的助力，随后又经过 4 年的苦战，中国得以最终战胜日本帝国主义奴役东亚世界的野心，赢得了民族的尊严和独立。

我们现代史研究室早在 20 世纪 80 年代就致力于中国抗战史的史料编纂和研究，曾经推出过三部重要的资料集，即《"八一三"抗战史料选编》《"九·一八"—"一·二八"上海军民抗日运动史料》《上海郊县抗日武装斗争史料》。近几年来，我们又举办了"'二战'史"论坛，迄今已举办 9 讲；新近还推出了两本新书，即《抗日战争史研究新趋向》《海外与港台地区中国抗战史研究理论前沿》。在太平洋战争爆发 79 周年之际，我们自然不能推卸这样的学术责任,同时也试图为明年 80 周年的研讨大会作准备。我们研究室在工人运动史、五卅运动史方面的历史业绩是有目共睹的,但事实上,我们在抗战史、"二战"史方面亦素有传统,我们不想也不会放弃任何一项自身的"历史文化遗产"。这就是本次学术工作坊的缘由。

当我们将这次学术工作坊的海报在网上、在微信发出以后,许多海外朋友颇有些吃惊,他们原以为由于疫情关系,中国目前的学术会议一定都是腾讯会议,完全没想到这是一个现场会议。他们可能没有意识到,尽管中国率先遭到了新冠病毒的攻击,但因国策正确、措置适当,疫情已经被完全控制住了,在上海是很安全的。本次工作坊就是一个明证。今天,当我们在这里畅所欲言时,从纽约到巴黎,从加尔各答到莫斯科,从柏林到东京,整个世界、数十亿计的民众依然处在新冠病毒的袭扰之下,就像 79 年前轴心国的势力正达于顶点一样。在同样的至暗时刻,中国人民有责任去帮助那些正处在病毒折磨下的各大洲人民,尤其是通过提供自己宝贵的抗疫经验和教训,去支持他们抵抗疫情。全世界人民的相互携手、彼此协助,过去能战胜极其凶恶的法西斯德国和军国主义日本,今天也一定能够战胜来势汹汹的病毒。请大家务必相信,黑夜总会过去,白天终会来临,我们和海外学界朋友们,一定会有重逢握手、相谈甚欢的那一天。

谢谢大家,请各位珍重!

马 军

2020 年 12 月 7 日

目录
CONTENTS

战 后 事 宜

书 评 与 综 述

"上海所见的亚洲太平洋战争"
学术工作坊掠影[①]

　　79 年前的 12 月 8 日,就在日本联合舰队偷袭珍珠港的稍后时分,侵沪日军攻击了黄浦江上的美、英军舰,并且闯入市中心的公共租界。"'孤岛'时期结束了,作为东方第一都市的上海随同远东各地一起步入了亚洲太平洋战争时期。"上海社会科学院历史研究所现代史研究室主任马军近日在上海社会科学院举行的"上海所见的亚洲太平洋战争"学术工作坊开幕式上回顾了这个特殊的历史时期,他表示,随着日军开始全面控制城市,上海进入了近代以来政治上最黑暗的时段,但也隐约看到了转机。

　　半个多世纪以来,围绕这场战争的研究从未停止。除了在外交、军事等领域探讨民族国家视角下的宏大叙事,一部分当代研究者开始把目光转向普通民众的生存状态与内心世界,观察战争给百姓生活造成的切实影响。另一方面,太平洋战争以偷袭珍珠港为先导,以日本投降告终,但战争造成的问题并没有随之消失,战后的接收与审判以及相关遗留问题影响亚洲社会至今。在 2020 年 12 月 7 日举行的"上海所见的亚洲太平洋战争"学术工作坊上,与会学者对上海视角下的太平洋战争、战争阴影下的日常生活、战后的接收与审判等问题进行了研讨。

---

　　① 本文原载于澎湃新闻 2020 年 12 月 9 日。

战争阴影下的生活图景

上海社会科学院历史研究所研究员江文君以上海公共租界工部局工业社会统计处的统计资料为中心，探究"抗战时期上海中产阶层社会生活状况"。他的研究涵盖了1937—1941年间上海作为中产阶层的职员以及工人家庭的情况，数据涉及家庭规模、饮食情况、平均收入、消费支出等。研究认为，1941年太平洋战争爆发之前，一般上海中产阶层的日常生活状况尚能维持，但太平洋战争爆发后四年则通货膨胀、货币危机日益加深。江文君指出，1937—1941年也是民国时期上海经济繁荣周期的顶峰。当时上海股票、房地产的相关指数都达到顶峰，呈现一种畸形的繁荣；一般市民生活大致稳定，粮食供应也较为稳定。1941年太平洋战争爆发是一个重要的历史转折点——西方洋行大部分关闭了在沪业务，使得原来作为上海中产阶层重要组成部分的洋员群体土崩瓦解，十几万洋行职员一夜之间失业，这加速了上海中产阶层的无产化。

华东师范大学思勉高等研究院博士生郭子健考察了抗战前后"黔酒入沪"的背景及过程，文章以茅台为案例讨论了战争对特定行业、市场、消费格局的影响，选题颇受关注。研究追溯了地方土特产如何崛起成为备受精英阶层追捧的名品的过程，而抗日战争在其中产生了至关重要的作用。报告认为，在战争导致的交通封锁、贸易壁垒、精英西迁以及西南军阀政治秩序下的政商关系、人际网络等综合影响下，西南土酒随着国民政府回迁而热销上海，其品牌的地位得以确立。

上海师范大学都市文化研究中心副教授蒋杰的报告讨论了"一·二八"事变中的"失踪人口"。"一·二八"事变爆发后，上海公共租界东部的虹口、杨树浦等地区为日军全面控制，一部分中国平民未能及时撤出日军控制区，不幸沦为日军及武装日侨的攻击目标。日方以抓捕"便衣队"为由，大肆拘捕、扣押和虐待区内中国平民，其中一部分人惨遭杀害。具有一定社会影响力的人物如五洲大药房总经理项松茂、美国长老会上海鸿德堂牧师蒋时叙一家在被日军拘捕后亦下落不明。由于日方拒不承认扣押、杀害平民的事实,这个"活不见人,死不见尸"的群体成为所谓的"失踪人口"。蒋杰通过爬梳档案,综合幸存者证词、工部局的会议记录、上海领事团的调查文件以及日本士兵和亲历者的回忆等资料,追踪了这一时期"失踪"事件的来龙去脉,揭示了日方拘捕、扣押、虐待以至杀害众多无辜平民的事实。

"后世的人们在以各自的方式回忆、叙述和'生产'有关'一·二八'事变的记忆、信息与文本时,往往被大事件、大问题吸引。战争的起源、实力的对比、政治形势以及国际格局,都是人们津津乐道、反复消费的话题。"蒋杰在报告的结语中写道,"而为数众多的真正见证、体验和参与过这场战争的芸芸众生,却常常为史学家所冷落。"这群消失在 1931—1932 年冬春之交的"失踪者"们,在时隔八十多年之后通过学术研究回到公众视野,在蒋杰看来,"以一种更为直观的方式让人们认清战争的残酷与暴虐"。

在报告中,蒋杰还展示了一组上海"一·二八"事变期间的照片,这些珍贵影像记录了日本武装人员拘捕中国平民的情形。关于论文中未讨论的问题,即日方所谓的中国"便衣队"——指身着便服的中国狙击手——是否存在,蒋杰表示,还需进一步资料来证明,与会学者也就相关问题进行了交流和讨论。

此外,宋庆龄陵园管理处研究室的齐超儒先生围绕民国时期嘉定人吕舜祥的日记,考察了一位乡村知识分子的战时生活。吕舜祥的日记记录了他从南下逃亡到"孤岛"任教再到蛰居乡村的过程,为基层民众在战争中的生活与心态提供了一个可供观察的案例。上海社会科学院历史研究所研究生徐嵩的报告围绕日伪在沦陷区开展的"清乡"运动中的竹篱笆展开,指出竹篱笆是日伪"清乡"暴政的象征,与马军研究员的铁门研究共同构成"战时封锁"研究的主题。报告中探讨了日伪选用竹篱笆构筑封锁线的原因和过程,指出其施工快捷、取材便利、成本低廉,然而军事价值有限,更重要的作用在于心理上的压制。研究生潘岩的论文围绕国民党空军建军过程的重要节点和多重面向展开;研究生朱焘则就战时浙南研究的可能性与展望作了报告,提出若干可考察的方向,包括浙南战事,地方军事政治,战时浙江工业内迁对当地社会结构的影响,战时浙南的民众生计与商贸活动,被日军利用、媚日群体的境遇,以及"壶碟会"等战时乡村秘密社会。上海社会科学院历史研究所研究员周武在点评中指出,日本发动亚洲太平洋战争,很大程度上原因在于其崛起后对开埠以来欧美列强在上海建立的权力结构、利益格局以及在此基础上形成的、由欧美列强主导的东亚国际秩序的不满,而这种心理上的微妙变化,与19世纪60年代以来日侨在上海的被边缘化经历有关。正是在这个意义上,上海成为日本发动太平洋战争的"源头"。他在点评中表示,"二战"史的具体实证研究,应放在大的历史架构中去理解,其意义才会凸显,鼓励与会的青年学者在完成实证研究的同时,以更广阔的视角来看待具体历史事件的前因后果。

战争之后的审判与接收

1945年日本投降,硝烟散去,另一种意义上的战争却远没有结束。对日本战犯的审判,对各大机关机构的接收,对战争造成伤害的追索与赔偿,其中的历史细节纷繁复杂,造成的历史遗留问题甚至直到今天仍在影响东亚社会。

上海师范大学历史系博士生(现任职于衡阳师范学院法学院)蒋欣凯多年来专注于日本战后对华赔偿与归还研究,在此次会议上作了关于"战后日本归还文物的接收"的报告。上海市历史博物馆副研究员刘华的报告则聚焦于战后中国银行沪行接收清理伪行与复业的情形。浙江省历史学会抗日战争史研究会会长王选、上海社会科学院历史研究所现代史研究室主任马军以及上海监狱管理局史志办公室的徐家俊先生分别围绕战后苏联对在押日本战犯的审判、美军军事法庭的审判以及国民政府上海军事法庭的审判作了报告。

王选女士常年为揭露细菌战真相及相关的跨国诉讼而奔走,此次她的报告围绕远东国际军事法庭国际检察局备案证据材料中的日本关东军战俘供词,以及 1949 年 12 月苏联在伯力举行的"前日本陆军军人因准备和使用细菌武器被控案审判"(简称"伯力审判")展开。

1977 年开始,美国国家档案馆公开了一批有关日军 731 等部队细菌战以及与此相关的档案,其中有两名 731 部队人员(川岛清、柄泽十三夫)的英文供词翻译文本,由苏联检方于 1946 年向国际检察局提交。内容涉及该部队的人体实验、细菌武器的攻击战等战争犯罪行为。然而从供词编号上推断,应该还有两份文件遗漏或者未公开。直到 40 年后,2017 年美国弗吉尼亚大学法学图书馆公开了远东国际军事法庭国际检察局美国检察官小弗兰克·S. 塔夫纳的个人文献,另外两份供词才重见天日。它们分别是苏联在押日军战俘、关东军军医部长中将梶塚隆二、参谋长中将秦彦三郎证词的英文翻译文本,两份供述均与日军关东军细菌战有关。这四名苏联在押日军战俘的供词历时 40 年才得以被序列归档,这一细节也反映了"二战"日本细菌战研究的复杂和曲折。

上述四名苏联在押日军战俘中,川岛清、柄泽十三夫、梶塚隆二后来都是伯力审判的被告。苏联不满美国独占日本细菌战人体实验技术资料,在远东国际军事法庭对日军细菌战战争犯罪未加追究,在该法庭结束一年之后,于 1949 年 12 月 25—30 日,在苏联哈巴罗夫斯克市(中国称"伯力")设立军事法庭,对 12 名在押日本关东军军人就准备和使用细菌武器进行了审判。

《伯力审判材料》在 1950 年以后陆续出版,发行各国。材料中,12 名被告均对日本军国主义战争犯罪予以谴责,忏悔个人参与细菌战的罪恶,并表示愿意承担责任。然而,由于冷战,《伯力审判材料》在西方国家一度被视为苏联的宣传材料,不予置信,在日本也是如此。2017 年,日本 NHK 播放了有关伯力审判的纪录片《731 部队的真相——精英医者与人体实验》,利用了新发现的伯力审判法庭录音材料,有力地证实了《伯力审判材料》作为史料的可靠性。

另外,据王选了解,苏联克格勃所藏当年对日军人员的细菌战审判资料、档案、证据,数量庞大,保存完整,已公开的《伯力审判材料》只是其中的一小部分。王选特别强调,在伯力审判的被告中,日军细菌战的核心人物之一佐藤俊二并未向法庭供述其曾经担任部队长的 1644 部队用活人进行人体实验的行为，也未供述其任广州"波"字 8604 细菌部队部队长期间命令部下用细菌毒害广州难民收容所香港难民的罪行。在 731 部队之外，在伯力审判材料之外，还有更多关于细菌战的真相远未为人所知。

马军研究员的报告围绕 1946 年上海美军军事法庭的审判展开。他以"泽田茂等在沪虐杀美国杜立德航空队飞行员案"为例，讨论上海美军军事法庭的审判，探析美、日军事司法的差异，及其背后的国家和社会因素。

1946 年 1 月，美军在上海提篮桥监狱设立美军法庭，审判战时日本军队在中国杀害、虐待美国被俘人员的相关案件。马军认为，作为开庭时间早于东京审判的上海审判，无论在战史层面还是在司法实践上都有独特的地位。在"泽田茂等在沪虐杀美国杜立德航空队飞行员案"中，1942 年日军曾对 8 名美军飞行员俘虏判处重刑，最终 4 人死亡、4 人获救；4 年后美国检方花费大量人力物力调查取证，最终确定 4 名日方被告，于 1946 年 2 月开庭。在大大小小十余次的开庭审理中，双方为法律问题作了长时间的辩论，但最终以对被告极轻的量刑判决告终。其中一名被告冈田隆平之子冈田舜平写下研究著作《两个战犯审判：杜立德案件是怎样审判的？》，复盘两个法庭的审判，通过比较展现美国社会和日本社会在运作制度和思维方式上的差异。马军研究员认为，这一案例具有"放大镜"式的研究意义，能够让人从中感受到国际法视野下战争问题的复杂性。

来自上海监狱管理局史志办公室的历史学者徐家俊曾先后在提篮桥监狱、上海市监狱管理局机关工作，其间搜集大量史料进行细致研究，其关于战后上海军事法庭对日本战犯审判的研究著作《审判从这里开始》即将出版。他在会上介绍了战后由国民政府设立的上海军事法庭。他表示，这是抗战胜利后全国 10 个审判日本战犯军事法庭中存在时间最长（1946 年 3 月—1949 年 1 月）、审判日本战犯总人数及审判将级人员最多的一个军事法庭，在中国抗战史及审判史上具有重要的地位。上海还是各地军事法庭判决后，大量日本战犯的集中地和移送回国的遣送地。

上海军事法庭设在上海虹口江湾路 1 号第三方面军司令部原址四楼，

成立于1946年3月15日。关于上海军事法庭审判日本战犯的总人数，有183人和116人两种说法，徐家俊根据多年研究及对被审判人员的逐个统计，认为第一个版本比较符合实际情况。他总结了上海军事法庭审判日本战犯的若干关键问题，认为其首先符合历史潮流和人民意愿，其次涉及面较广，从地域上来说包括江苏、安徽、浙江、山东、福建等地的日本战犯，从职务上讲则既有基层的军曹、曹长，也有中层的少佐、中佐、大佐，还有大将、中将、少将等高级军官。然而，上海军事法庭对将级日本战犯审判工作迟缓，有的步履匆匆、一晃而过，对部分日本战犯姑息养奸，如对日本"中国派遣军"总司令官冈村宁次等人无罪释放。无罪判决引起国内舆论的强烈不满，中国共产党也对此发表了声明。

徐家俊认为，日本战犯中的许多原日军高级将领曾想方设法同国民党军政要员走私情、拉关系、搞幕后交易，对日本战犯的减刑及回国服刑起了很大作用。如冈村宁次的回忆录中就记录了两条"疏通"渠道："一条是经联络官吴文华—曹士澂少将—国防部长何应钦；另一条是经龙佐良少将—汤恩伯上将—蒋总统。"另外，随着三大战役的开战，国民党军队节节败退，原来设在南京的国民政府匆匆南迁，在这种形势下，他们根本无暇顾及日本战犯的监禁和管理。1949年1月，上海军事法庭被撤销，上海的国防部战犯监狱在押日本战犯被移送日本。20世纪50年代，这些双手沾满中国人民鲜血的日本战犯都被先后释放。

徐家俊提出，上海有三处与战犯审判、关押有关的场所，除提篮桥监狱已被定为上海抗战纪念地及全国重点文物保护单位外，还有

会议海报

一处是江湾路 1 号的上海军事法庭,另一处是位于宝山区殷高路 15 号的上海战犯拘留所,后改为国防部战犯监狱,当时这所监狱关押的日本战犯比提篮桥监狱还多、级别还高。徐家俊认为,后两处场所也应申报上海市的抗战纪念地。

至 暗 时 刻

魂归何处:"一·二八"事变中的"失踪人口"①

蒋　杰

（上海师范大学都市文化研究中心）

　　九一八事变爆发后,随着抗日示威游行的不断爆发和抵制日货运动的兴起,上海逐渐成为国内抗日救亡运动的中心。而作为日本侨民最为集中的中国城市,盘踞上海的日本势力也蠢蠢欲动,伺机制造事端。② 在极其复杂的政治、经济、外交和军事因素的共同作用下,这座城市的中日矛盾已呈剑拔弩张、一触即发之势。1931—1932 年冬春之交的上海,就如同一个随时可能爆炸的火药桶,而 1 月 18 日发生的"三友实业社"事件,则不幸充当了引爆这个火药桶的导火索。事件发生以后,面对日方咄咄逼人的态势,尽管以吴铁城为首脑的上海市政府已作了最大限度的妥协和让步,但日方战意已决,军事冲突还是不可避免地发生了。③

　　作为对现代中日关系和 20 世纪上半叶国际政治格局产生过重大影响的事件,有关"一·二八"事变的研究一直广受中外学界关注。为数众多的学者分别从政治、军事、经济和国际关系等角度切入,对这一短暂的军事冲突进行考证、分析以及意义建构,由此衍生出了一批数量庞大的研究

　　① 本文原载于《史学月刊》第 9 期,2020 年 9 月 25 日。
　　② Joshua A. Fogel, "'Shanghai‑Japan': The Japanese Residents' Association of Shanghai", *The Journal of Asian Studies*, Iss. 4, 2000, p.928, 935.
　　③ 有关"一·二八"事变起因的详细分析,见余子道:《抵抗与妥协的两重奏——"一二八"淞沪抗战》,广西师范大学出版社 1994 年版,第一—四章。

成果。① 然而,令人遗憾的是,过往研究过度关注战事起因、战争进程及政治博弈等"大题目",作为战争亲历者和主要受害者的普通市民,以及他们在冲突中的遭遇与命运,却很少进入研究者的视野。事实上,在持续了33天的交战中,居住在上海的大量中外平民均在不同程度上遭受了人员伤亡、财产损失以及精神和心理的创伤。此外,这场冲突还造成了为数众多的中国平民的"被"失踪——他们并非真正的失踪,而是在战争期间遭到日方拘捕、扣押并惨遭杀害。这个消失的群体,曾在交战期间短暂引起上海社会的广泛关注。然而,随着战事的结束,他们的下落与命运很快就被遗忘了。

发生在1932年淞沪抗战中的"人口失踪"事件,构成了本研究的核心问题意识。② 循着这一主线,我们试图探寻以下问题:"人口失踪"的起因是什

---

① 国内学界有关"一·二八"事变的既有研究,主要围绕国民政府的抗战态度、国民政府对日关系的演变以及交战过程等三个方面展开。重要论著包括余子道:《抵抗与妥协的两重奏——"一二八"淞沪抗战》,广西师范大学出版社1994年版;肖如平:《南京国民政府与一·二八淞沪抗战研究》,浙江大学出版社2016年版;杨卫敏:《国民政府与一二八淞沪抗战》,《近代史研究》1990年第4期;金再及:《南京国民政府对"一二八"事变的方针》,《历史研究》1992年第3期;左双文:《一·二八事变与国民政府的外交政策》,《华南师范大学学报》2010年第1期;肖自力:《十九路军从拥蒋到反蒋的转变》,《历史研究》2010年第4期;陈谦平:《蒋介石与一·二八淞沪抗战》,《近代史研究》2019年第5期等。此外,忻平等人有关战争赔偿的研究也颇为值得关注,参见忻平、张智慧、吕佳航:《一·二八事变后日本对在沪第三国侨民的赔偿》,《历史研究》2016年第2期。比起国内学界丰厚的研究积累,西方学者对于该事件的研究在数量上相对有限。易劳逸、柯博文、入江昭等人均在各自的著作中进行过不同程度的讨论,但最为系统的研究当属俄亥俄州立大学唐纳德·A. 乔丹(Donald A. Jordan)教授的专著《听天由命:1932上海之战》(*China's Trial by Fire: The Shanghai War of 1932*)。这本长达300多页、共由13个章节组成的著作集中考察了"一·二八"事变从爆发到终结的全过程。与同类研究多由"转移视线说""海陆军竞争说"等角度切入进行阐释有所不同,作者非常强调经济因素在事变中所扮演的角色。他似乎有些本末倒置地认为,正是中国人掀起的抵货运动,使在华的日资企业主蒙受了巨大的经济损失;而正是在后者的推动下,日军才决定对中国发动惩罚性战争。见 Donald A. Jordan, *China's Trial by Fire: The Shanghai War of 1932*, University of Michigan Press, 2001. 此外,傅佛国(Joshua A. Fogel)和安克强(Christian Henriot)则另辟蹊径,分别从日侨团体和城市空间等角度对事变进行讨论,见 Joshua A. Fogel, "'Shanghai‐Japan': The Japanese Residents' Association of Shanghai", *The Journal of Asian Studies*, Iss. 4, 2000 及 Christian Henriot, "A Neighbourhood under Storm Zhabei and Shanghai Wars", *European Journal of East Asian Studies*, Vol. 9, No. 2, 2010.

② 就本文所要讨论的"人口失踪"事件而言,最早进行披露的著作可追溯到埃德加·斯诺(Edgar Snow)在1933年出版的《远东前线》(*Far Eastern Front*)一书。事变爆发之时,斯诺正好旅居上海,从而得以近距离观察了这场冲突。他以切身体验为基础,在书中对日方的暴行进行了揭露与批判,参见 Edgar Snow, *Far Eastern Front*, H. Smith & R. Haas, 1993, Chap.13. 同样经历了这场战事的内山完造,在1960年出版的《花甲录》一书中,也对日方拘捕、杀害中国平民的暴行作了如实记录,见内山完造『花甲録』、岩波書店、1960年、180—189頁。此外,《日本侵略淞沪(转下页)

么？哪些势力和力量卷入了这一事件？发挥了怎样的作用？在这一巨大的人道主义危机当中有多少人被"失踪"？又有多少人获救？"失踪人口"究竟去了哪里？他们遭遇了什么？他们的最终命运是什么？以上海市档案馆馆藏"一·二八"事变相关档案为基础①，同时对其他中西日文史料进行仔细挖掘、考证和梳理，本文将复原"人口失踪"事件的全过程，以揭示事变期间日方如何以抓捕"便衣队"为由，拘捕、扣押、虐待及杀害众多无辜中国平民的事实。通过剖析这一危机，本文试图向人们展示"一·二八"事变的另一个不太为人所知的面向，同时借由这一视角向人们展现战争的残酷与暴虐。

一、抓捕"便衣队"与"人口失踪"事件的起源

十九路军与日本海军陆战队的交战在 1 月 28 日夜间打响前后，包括虹口和杨树浦在内的公共租界东北部的绝大部分地区，事实上已处于日军的控制之下。这种控制并非由于交战之后形成的军事占领，而是在公共租界工部局宣布进入紧急状态之后，执行上海"协防委员会"非法制定的所谓《防

（接上页）暴行之真相》一书，也记录了很多日方拘捕、杀害和虐待中国平民的暴行，见同志合作社编印：《日本侵略淞沪暴行之真相》，洪兴印刷所 1932 年版，第四章。最早对这一问题展开学术性讨论的是一些日本学者。有关著述如黒羽清隆『"便衣队"考』，『十五年戦争史序説』，三省堂，1979 年、85—114 頁；ねずまさし『現代史の断面・満州帝国の成立』，三省堂，1990 年、65—74 頁。但最为全面和深刻的研究，当属高綱博文的论著《"上海事变"与日侨》。在这篇文章中，作者将研究视野聚焦于卷入事件的日侨群体，考察了他们为何和如何在冲突中对中国平民实施了极为暴虐的行为。见高綱博文『「国際都市」上海のなかの日本人』，研文出版、2010 年、145—153 頁。此外，乔丹、傅佛国和安克强等人也均在各自的论著中对日方拘捕、扣押和杀害中国平民的事实有所提及。参见 Donald A. Jordan, *China's Trial by Fire: The Shanghai War of 1932*, pp. 79 – 82；Joshua A. Fogel, "'Shanghai – Japan': The Japanese Residents' Association of Shanghai", *The Journal of Asian Studies*, Iss. 4, 2000, pp. 936 – 937；Christian Henriot, "A Neighbourhood under Storm Zhabei and Shanghai Wars", *European Journal of East Asian Studies*, Vol. 9, No. 2, 2010, p.307。

① 在目前收藏于上海市档案馆的诸多"一·二八"事变相关档案当中，以《上海公共租界工部局总办处关于中日战争》系列全宗与本文的关联度最高。该系列档案共由 30 卷组成，其中的《上海公共租界工部局总办处关于中日战争：领事团组织委员会调查日军在租界捕人的情况事》构成了本文的核心史料。该全宗共计 100 余页，绝大多数为英文文本，兼有少量日文文件，主要涉及工部局与领事团的介入、国际调查委员会会议纪要以及日方发送给国际调查委员会的函件等。以上档案均为认识了解"人口失踪"事件的一手资料，价值十分巨大。详见《上海公共租界工部局总办处关于中日战争：领事团组织委员会调查日军在租界捕人的情况事》，上海市档案馆藏，档号：U1 – 3 – 4334。

御计划》所造成的。① 日军的进驻，彻底改变了这一区域原有的秩序：他们通过对工部局警察实施缴械，使区内巡捕房的正常工作陷入瘫痪，迅速抢夺了这一地区的警察权。② 此外，消防、医疗以及食物运输等公共服务也在不同程度上遭到干扰与阻挠。最为严重的是，为弥补兵力不足，日军还将区内狂热的日本侨民动员并武装起来。③

被动员和武装起来的日侨由于身着便衣，手缠臂章，常被称作"日本便衣队"。这个群体的构成非常复杂，既有"在乡军人会"和"自警团"成员，同时也吸收了很多来自黑帮和右翼的日本"浪人"。④ 作为上海日军战时的重要辅助力量，名义上他们的任务包括指挥交通、搜查房屋及充当向导等⑤，但实际上，这批失控的暴民在区内烧杀抢掠，无恶不作，直接把虹口地区变成了一座人间地狱。他们以日本海军陆战队为后盾，非法攻击和拘捕区内的公共租界警察，并将部分中国籍警员押往海军陆战队本部关押。此外，他们还擅自组织巡逻，随意搜查行人。一部分狂热分子手持棍棒和日本刀，把被怀疑为"便衣队"的中国平民一一逮捕，并把这些受害者押往陆战队本部监禁或直接杀害。"浪人"们还大规模洗劫了区内华人住宅与商店。按照埃德加·斯诺的说法，日本海军陆战队未能占领闸北，但"浪人"却先控制了虹口。⑥

按照日本方面的说法，所谓中国"便衣队"是指身着便服的中国狙击手。⑦他们声称，在虹口一带的巷战中，中国"便衣队"常常从背后开枪袭击日军，给

① "League of Nations Shanghai Committee First Report，Shanghai，6th Febrary 1932"（《国际联盟上海委员会第一次调查报告，上海，1932 年 2 月 6 日》），第 6—9 页，日本国立公文书馆亚洲历史资料中心藏，档号：C14120156000；《关于上海事件的政府声明（1932 年 1 月 29 日）》，载复旦大学历史系：《日本帝国主义对外侵略史料选编（1931—1945）》，上海人民出版社 1983 年版，第 50 页。

② Edgar Snow，*Far Eastern Front*，H. Smith & R. Haas，1993，p.213.

③ 《关于中日冲突之报告》，载《上海公共租界工部局年报（1932 年）》，第 16 页。

④ Joshua A. Fogel，"'Shanghai-Japan'：The Japanese Residents' Association of Shanghai"，*The Journal of Asian Studies*，Iss. 4，2000，p.936.

⑤ Christian Henriot，"A Neighbourhood under Storm Zhabei and Shanghai Wars"，*European Journal of East Asian Studies*，Vol. 9，No. 2，2010，p.307.

⑥ Edgar Snow，*Far Eastern Front*，H. Smith & R. Haas，1993，pp.213—214；[日] 岩佐昌暲编著：《中国现代文学与九州》，李传坤译，南京师范大学出版社 2010 年版，第 140 页。

⑦ 有关"便衣队"这一名词的考证，见黑羽清隆『"便衣队"考』、『十五年戦争史序説』、三省堂、1979 年、85—87 頁。

他们造成了很大的伤亡。为了稳固后方,他们必须肃清战区内的中国"便衣队"。① 这成了此后包括海军陆战队和武装日侨在内的日方武装人员随意拘捕中国平民的"合法性"所在。抓捕"便衣队"的开始以及迅速泛化,直接导致大量无辜中国平民遭到拘捕、扣押和虐待。一部分人被公开或秘密处决,而成为所谓"失踪人口"。"一·二八"事变中的"人口失踪"事件由此爆发。

关于日方人员随意抓捕、处决中国人的事实,此前并非不见记载。作为亲历者的埃德加·斯诺和内山完造均有所提及。后者在《花甲录》中曾对救援、保护被当作"便衣队"拘捕的周建人一家有过细致的描述:

> 正在这时候,店前走过一群中国人,他们被陆战队和自警团押着,正要送到陆战队去。我不经心地朝这群人看了看,发现里面有鲁迅先生的亲弟弟周建人先生和他的家眷。我赶忙跑出去,跟陆战队说明理由,让他们把周建人先生一家释放了。此后,我让他一家先在我家里落脚,第二天让他们拿着我的名片,到安全地带避难去了。这虽是一件偶然的事,但确实太好了。因为当时有一种传说,抓来的人,陆战队不可能一一审问,统统都在私下传来传去的过程中被暗暗地杀掉了。②

现有材料显示,抓捕中国"便衣队"的行动,可能从 28 日夜间就已开始,在 30 日至 31 日"刮起了'搜捕便衣队'的狂风"。③ 抓捕事件发生较多的地区,主要集中在北四川路(今四川北路)沿线。在同属虹口地区的吴淞路、闵行路、密勒路(今峨嵋路)和百老汇路(今大名路)一带也有类似事件发生。此后,随着战事向北推移,在闸北及江湾地区也有中国平民遭到日军拘捕、扣押和杀害的记录。④ 尽管严密控制下的日军控制区与外界的通信几乎已

① 《上海公共租界工部局总办处关于中日战争:领事团组织委员会调查日军在租界捕人的情况事》,上海市档案馆藏,档号:U1-3-4334。
② 内山完造『花甲録』,岩波书店,1960 年、183 頁。
③ 〔日〕岩佐昌暲编著:《中国现代文学与九州》,李传坤译,南京师范大学出版社 2010 年版,第 140 页。
④ 《蕴藻浜一带日兵屠杀华人》,《申报》1932 年 2 月 10 日,第 1 版。

经中断,但媒体还是在事件发生不久便曝光了日本人的暴行。

有关"人口失踪"事件的报道,最早可追溯到战事爆发不久后的 1 月 31 日和 2 月 2 日。① 2 月 4 日,《申报》刊载了"上海战区难民临时救济会"常务委员许世英、朱庆澜致工部局总董的公开信,许、朱二人要求对公共租界东、北地区负有义务的工部局立即介入发生在虹口地区的事件,阻止日方针对中国平民的暴行。② 翌日,《申报》又刊登了市商会童子军罗云祥、毛征祥、应文达及鲍正武被日军扣留未归的消息。③ 与此同时,寻人启事也开始大量见诸报端。④ 至此,日本人在虹口地区的暴行,逐渐为上海社会所知。但真正将该事件推升为一个社会焦点的转折,则是"五洲大药房"总经理项松茂的被捕失踪。

项松茂,浙江宁波人,上海著名实业家、五洲大药房总经理。除了工商业家的身份之外,他同时也是一名抗日救亡运动的参与者和领导者。九一八事变发生后,他便积极参加抗日救亡活动,不仅出任上海抗日救国委员会委员,还将下属职工编入义勇军,进行军事训练。在日本人眼中,项松茂是一个不折不扣的"抗日分子",他的五洲大药房则是名副其实的抗日企业。五洲大药房在虹口地区公共租界与华界交界处的北四川路老靶子路(今武进路)设有第二支店(大概坐落于今四川北路 1330 号)。该店位于日军海军陆战队本部以南约 1.5 公里处,如果沿北四川路步行,只需 20 分钟即可到达。"一·二八"之役打响后,日本宪兵在 29 日便袭击了第二支店。⑤ 他们不仅捣毁店堂,还将 11 名店员全数抓走。项松茂得知后,在第二天只身进入

①《日兵诬良民为俘虏》,《申报》1932 年 1 月 31 日,第 7 版;《日军仇杀华人》,《申报》1932 年 2 月 2 日,第 3 版。

② 信中写道:"目前虹口居民所受之绝大痛苦,虽天神亦不免为之下泪。一面炮声隆隆,不绝于耳;一面目击附近同胞被日军疑为有便衣队人嫌,任意抓捕枪杀;一面又有火灾之危险,故万分恐怖。家破人亡者有之,财产失而不能复得者有之。"参见《各团体向工部局抗议》,《申报》1932 年 2 月 4 日,第 2 版。

③《脱险与失踪》,《申报》1932 年 2 月 5 日,第 3 版。

④《脱险与失踪》《失踪者之探访》,《申报》1932 年 2 月 12 日,第 5 版;《失踪者之探访》,《申报》1932 年 2 月 17 日,第 3 版;《失踪者之访寻》,《申报》1932 年 2 月 18 日,第 5 版;《失踪者之探访》,《申报》1932 年 2 月 19 日,第 5 版;《失踪者之探访》,《申报》1932 年 2 月 20 日,第 5 版等。

⑤ 斯诺曾指出,日方早已在事变爆发之前将一些重要的、具有抗日倾向的中国商人和商店确定为攻击目标。五洲大药房大概就是此类企业之一。参见 Edgar Snow, *Far Eastern Front*, H. Smith & R. Haas, 1993, p.214。

战区营救被拘店员，不幸也遭到日方扣押，此后便宣告失踪。① 项松茂的被捕失踪，极大震动了上海华人社会。事件发生以后，主要的华人联合会组织先后致信工部局，要求协助查找项松茂的下落，并肃清公共租界内的日本暴徒。②

战事打响后，不仅区内的中国平民成为日方攻击与拘捕的对象，即使外侨和具有西方背景的华人也难逃厄运。如果说项松茂的“失踪”仅仅激起了上海华人社会的愤慨，那么美国男孩强森的被捕以及蒋时叙牧师及其全家的被捕失踪，则引起了上海西人群体对日军暴行的注意。强森是一名 15 岁美国男孩，居住在虹口地区施高塔路（今山阴路）2 号。1 月 31 日上午，几名日本士兵在强森的寓所附近遭到射击，他们随即进行了还击并展开搜查。强森因家中藏有手枪，遂被视为狙击手，遭到日军拘捕。③

蒋时叙，又称蒋牧师，江苏人，美国长老会上海鸿德堂牧师。鸿德堂于1928 年 10 月落成，位于虹口地区宝乐安路 17 号（今多伦路 59 号），由中美信众共同捐资建造。鸿德堂距日本海军陆战队本部更近，只有一街之隔。1月 29 日下午 4 点 15 分左右，50 余名日本海军陆战队队员及武装日侨闯入鸿德堂搜查“危险品”。当时堂内包括蒋牧师全家在内共有 30 人。搜查没有任何收获的日军对蒋牧师夫妇进行了殴打。此后，他们带走了 8 名中国平民，分别为蒋时叙夫妇、儿子、侄子、书记员、2 名仆人以及 1 名在教堂避难的中国平民毛钟浩。蒋牧师一家只有年仅 9 岁的小女儿因在外玩耍才幸免于难。这 8 人被带走之后随即下落不明，宣告“失踪”。④

---

① 《上海市商会关于五洲大药房前总经理项松茂为抵制仇货而殉难一案与社会局及制药公所等的往来文书》，上海市档案馆藏，档号：Q201-1-85。

② 《市商会函工部局查项松茂下落》，《申报》1932 年 2 月 5 日，第 2 版；《国货工厂会查项松茂下落》，《申报》1932 年 2 月 6 日，第 2 版；《纳税会函工部局查救项松茂等踪迹》，《申报》1932 年 2 月 10 日，第 2 版。

③ "American Boy Said Held by Marines, Missing", *The China Prese*, Feb.1, 1932;《日兵拘美童强森经美领交涉释出》，《申报》1932 年 2 月 1 日，第 7 版。

④ "Progress Made in New Peace Parleys: Sino-Japanese Ministers Meet Again at British Consulate", *The North-China Herald and Supreme Court & Consular Gazette*, Mar.22, 1932;《关于蒋时叙牧师全家失踪案的一封誓书》，《兴华》1932 年第 29 卷，第 14—16 页；蒋牧师一家被捕的原因，可能与教堂楼下所办小学校曾让学生歌唱抗日歌曲有关，见《蒋牧师及其家属失踪》，《申报》1932 年 3 月 21 日，第 1 版。

由上可知，日军在 1 月 28 日夜对驻扎闸北的中国军队发动进攻的同时，也在控制区内发起了针对中国平民的大规模暴力活动。以拘捕"便衣队"为借口，日军以及武装日侨大规模拘捕、扣押、虐待甚至杀害区内中国平民，由此引发了震惊上海的"人口失踪"事件。而这一切最早也最集中地爆发于上海公共租界东区，这就使得对于这一区域负有义务的公共租界工部局及其背后的西方势力无法置身事外，不得不介入其中。

二、领事团的介入与"失踪人口"的营救

公共租界工部局在暴行发生 3 天之后便已得知大概情形。在 2 月 1 日举行的董事会特别会议上，华董徐新六向董事会进行了报告。但出席会议的工部局总裁费信惇直言，对于日方的暴行工部局无能为力，因为日军完全不理会工部局的抗议。他转而敦促日籍董事福岛，希望后者尽最大努力使日军重视工部局的态度与要求。[①] 由于事态紧急，董事会在第二天又召开了一次特别会议，日方暴行再次成为议题。华董袁履登在会上质询是否应努力制止此类犯罪行为发生。日董福岛辩称，拘捕和处决都是战争状态下难以避免的事件。费信惇则直言某些华人因涉嫌狙击遭到抓捕并被当场处决，而未能获得任何出庭审理的机会。毫无疑问，如果是在法庭上，他们完全可以自证清白。[②]

由于日军完全漠视工部局的抗议，为尽快找到解决危机的办法，遏制不断蔓延的社会恐慌，工部局转而求助上海领事团，希望后者向日方施压。2月 5 日下午 3 点 45 分，"上海领事团特别会议"终于在美国驻上海总领事馆召开。当时在沪的各国使节几乎全数参加了会议，其中包括：美国驻沪总领事兼领袖领事克宁瀚、挪威总领事奥尔、法国总领事柯克林、德国总领事克伦堡、日本总领事村井苍松、意大利代办齐亚诺以及比利时、瑞典、丹麦、西班牙、芬兰、葡萄牙、智利、瑞士、奥地利、英国、荷兰、捷克、波兰等国驻上

① 上海市档案馆编：《工部局董事会会议录》第 25 册，上海古籍出版社 2001 年版，第 497 页。
② 上海市档案馆编：《工部局董事会会议录》第 25 册，上海古籍出版社 2001 年版，第 499 页。

海的总领事和领事。费信惇也参加了会议。①

会议开始后克宁瀚仅简要介绍了召开此次会议的目的,然后便由费信惇进行报告。后者首先对事态进行了定性:"尽管中日之间并未宣战,但日军在虹口地区已开始以交战状态来对待中国人。那些具有狙击嫌疑的华人,遭到了日本人草率的处决。"其后,费信惇又进一步指出:"工部局已接到大量失踪人员亲属的求援,要求工部局帮助他们查找失踪人员的踪迹。据工部局所知,目前仍有大量中国人被日军拘押,且工部局无法获知拘押他们的具体原因。"最后,总裁将"皮球"踢给了领事团:"不断的报警会带来一系列公众恐慌,而必然会使工部局饱受指责。这可能成为某些调查的关键因素,也可能会使列强为在上海发生的事件承担责任。⋯⋯我并不想与谁为敌,不过工部局接到的报告已经超出了正常的疑虑,虹口地区正处于并将继续处于糟糕的境地,这需要领事团采取积极措施来缓解这样的形势。"②

总裁的讲话尽管十分克制,但柔中带刚地将矛头指向了日本代表,同时也提醒卷入事件的相关国领事可能需要承担的连带责任。他的发言结束后,各国领事纷纷发言,甚至是表达不满。英国领事质问日方究竟扣押了多少中国人。而德国领事则直接批评说:"即使在战争状态下,中立的委员会和红十字会也有权利探访战俘营。"日方代表承受了很大压力,针对各方言论,总领事进行了一番无力的辩解。他老调重弹地将拘捕中国平民的肇因,归结于大量中国便衣队在日军后方开火。他承认一些中国人遭到处决,并对此表示非常遗憾。不过他认为形势已经好转,类似情况不会再发生。但他强调当场抓获的狙击手仍将遭到处决,而对那些只有嫌疑的人,他希望移交工部局处理。总裁追问日本当局是否打算立即承诺不再处决只有嫌疑的中国人。日本总领事表示他可以承诺,未经审判任何人不会再被处决,除了当场抓获的狙击手。③

①②③ 《上海公共租界工部局总办处关于中日战争:领事团组织委员会调查日军在租界捕人的情况事》,上海市档案馆藏,档号:U1-3-4334。

会议的另一个议题是"失踪人口"的解救办法。工部局提出了两个方案：第一个选项是建立一个特别法庭来审理所有嫌疑人；另一个方案则是由领事团组建一个"特别委员会"进行调查。领事团最终选择了后者，决定成立"公共租界狙击手嫌疑人调查紧急委员会"（简称"国际调查委员会"），负责调查所有在公共租界及越界筑路地区被日本人拘捕的"便衣队"嫌疑人。委员会主席由挪威领事奥尔担任，英国驻沪最高法院法官庄士及其他3名工部局职员担任委员。该委员会在2月6日成立，一直运作到了5月底才宣告解散。①

领事团的介入以及国际调查委员会的成立极大地推动了"失踪人口"的解救工作。2月6日晚间，日方将首批117名中国平民移交给了工部局警务处。这批人很快被安置在了工部局看守所，等待国际调查委员会的调查。翌日，委员会召开首次会议，正式启动调查甄别工作。与会者除4名委员外，还包括费信惇总裁与1名警务处官员，会议内容则是研究日方提供的117人详细名单。

经过仔细辨别，与会人员发现在117名"便衣队"嫌疑人当中，居然有很多老人与小孩。这显然与此前日方所描述的情形大有出入。为解开这个疑惑，委员会在第二天专门邀请村井总领事参会。针对委员会的疑问，村井作了如下解释：日方原计划只移交65人，但当日本海军"夕张"号军舰将这批嫌疑人运到杨树浦"大阪商船会社码头"时，正好有52名中国平民被日军从战区送到了这里，他们便被一起移交给了工部局，移交总人数也就由65人变成了117人。② 总领事的解释看似合理，但仍是自相矛盾的，因为日方提供的名单显示，"便衣队"嫌疑人的人数是85人，而不是他所声称的65人。③ 这20人的出入，究竟是总领事记忆上的错误，还是日本领事馆与军方的数据产生了矛盾，抑或完全就是托词，我们不得而知。遗憾的是，调查委员会

① 《上海公共租界工部局总办处关于中日战争：领事团组织委员会调查日军在租界捕人的情况事》，上海市档案馆藏，档号：U1-3-4334；《关于中日冲突之报告》，载《上海公共租界工部局年报（1932年）》，第21页。

②③ 《上海公共租界工部局总办处关于中日战争：领事团组织委员会调查日军在租界捕人的情况事》，上海市档案馆藏，档号：U1-3-4334。

也并未深究。可能自知理亏，村井总领事第二天便告知奥尔主席，日方不会对已移交的 117 人提起控告，因此这些人随即获得释放。

另一个让调查委员会倍感头疼的问题是其他"失踪人口"的下落。尽管日方已在 2 月 6 日移交了部分在押中国平民，但这批人都是 2 月 4 日以后被捕的。对于在形势最混乱的 1 月 28 日至 2 月 3 日之间"失踪"的人口，日本当局既未移交，也未提供名单。① 对此，工部局华董提出了抗议，并敦促工部局要求日本总领事提供所有失踪者的下落。在与日方的交涉中已取得"胜利"的费信惇，对于华董的要求颇有不满。他声称日本总领事已向领事团承诺，将所有被拘平民移交工部局警务处，但日本当局并没有 2 月 3 日以前被捕人员的记录。此外，在总裁看来，很多"失踪人口"并非公共租界居民，如果要打探他们的下落，该由中国当局，而不是由工部局向日本当局提出要求，因为这个问题实质上是中日两国政府间的问题。②

这实际上意味着日本当局，至少日本领事当局并未完全掌握战争爆发最初几天的情况。在这恐怖的一周时间内，他们也无法确定究竟有多少中国人遭到拘捕和屠杀。这同时也意味着包括项松茂、蒋时叙等在内的 2 月 3 日之前"失踪"的中国人的下落已很难查找。对此，工部局的华董并不买账，为敦促工部局继续查找"失踪人口"下落，公共租界纳税华人会在 2 月 13 日将"工部局须收回租界警权，并追查失踪居民，为纳税人尽保障安全之义务"作为"复市"的三项基本条件之一。③ 与此同时，上海银行业和商业代表也约见了英国驻沪领事，告知日军在虹口地区的暴行，并提请他注意仍有中国平民遭到日军扣押的事实。④

另一方面，即使是 2 月 4 日之后被捕的中国平民，日方也并未全部移交。而且日方武装人员对中国平民的拘捕，在领事特别会议召开之后也并

---

① 有材料显示，仅 1 月 29 日一天，就有近 300 多名所谓的"便衣队"人员被日军处死。见[日]岩佐昌暲编著：《中国现代文学与九州》，李传坤译，南京师范大学出版社 2010 年版，第 140 页。

② 上海市档案馆编：《工部局董事会会议录》第 25 册，上海古籍出版社 2001 年版，第 514 页。

③ 《纳税华人会声明不开市原因》，《申报》1932 年 2 月 13 日，第 2 版。

④ Robert L. Jarman (ed.), *Shanghai Political & Economic Reports*, *1842-1943: British Government Records from the International City*, Archive Editions, Vol.17, 2008, p.375.

未停止。① 2 月 18 日，调查委员会发现仍有很多中国平民遭到日方关押。村井总领事告知奥尔主席在押平民的人数为 126 人，不过他只提供了数字，并没有向工部局进行人员移交。日方的理由很简单，他们声称这 126 人中只有 1 人是在公共租界内被捕。言下之意，在租界之外被捕的中国人，委员会无权要求移交。而后，由于领事团、工部局以及日本当局对于调查委员会的权力权限、管辖范围和存续时间存在争议②，在押平民的移交工作难以为继。据工部局警务处统计，自 2 月 6 日至 3 月 11 日，日方共向工部局移交了 185 人。③ 此后，再无"失踪人口"的移交记录。

除依靠租界当局和领事团外，上海的华人社团也通过自身的努力来营救被捕平民，其中"上海战区难民临时救济会"解救的人数最多。该会成立不久，便附设"交涉组"，并由该组下设的"登记股"专门办理"请求未脱险难民，及调查失踪难民等事宜"。④ 该股在留日学生、当时就职于中国银行总管处的吴寰庆等人的带领下，多次与日本领事馆及日军当局交涉，成功营救出 297 名中国平民。这一数字甚至比日军移交给国际调查委员会的人数还要多，吴寰庆也因此被称作"难胞救星"。⑤

毫无疑问，领事团与国际调查委员会为"失踪人口"的营救工作作出了努力，并在一定程度上约束了日方的暴力活动。然而，由于当时上海所处的特殊政治、外交与军事环境，以及其近代以来所形成的极其复杂的城市管理制度，仓促之间建立起来的国际调查委员会在责权方面存在诸多

---

① 即使到了形势相对缓和，工部局已逐渐恢复对虹口地区管理权的 1932 年 3 月，区内日本侨民的暴力活动仍不时爆发，他们甚至将工部局警察作为攻击对象，参见《在上海居留民关系/8　昭和 7 年 3 月 12 日から昭和 7 年 5 月 22 日》，日本国立公文书馆亚洲历史资料中心藏，档号：B02030198300。有关"领事特别会议"召开之后，日军继续抓捕中国平民的报道，参见《日军擅捕海宁路居民》，《申报》1932 年 2 月 22 日，第 3 版；《日军强拉夫役》，《申报》1932 年 2 月 26 日，第 8 版等。

② 相关争议可见上海市档案馆编：《工部局董事会会议录》第 25 册，上海古籍出版社 2001 年版，第 510、514、524 页。

③ 《上海公共租界工部局总办处关于中日战争：领事团组织委员会调查日军在租界捕人的情况事》，上海市档案馆藏，档号：U1-3-4334。

④ 《救护工作紧张中西女士组织救助华兵会》，《申报》1932 年 2 月 11 日，第 2 版。

⑤ 上海战区难民临时救济会编：《上海战区难民临时救济会工作报告》，出版时间、地点不详，第 58 页；《难胞救星之吴寰庆因要事辞职》，《申报》1932 年 3 月 30 日，第 2 版。

争议，掣肘颇多。另一方面，工部局及其背后的西方势力本着所谓的"中立"原则，只关注租界以内的问题，不愿也无力过多干涉日方的暴力行为。这两方面的原因，使得原本可以得到更好解决的"人口失踪"事件陷入一种半途而废的境地。不仅大量中国平民继续遭到日方扣押，随意拘捕的现象也未杜绝。

三、"失踪人口"的遭遇

"人口失踪"事件爆发之后，日军大力封锁消息，不断销毁证据，使得外界对日方暴行的详情知之甚少。无论受害者被捕的原因和经过，还是关押地点以及受害者在押期间所受虐待，人们大多不得而知。[①] 加之很多传言揣测杂糅其间，这一事件变得真真假假，扑朔迷离。

日军在 2 月 6 日移交给工部局的首批 117 名中国平民，无论精神还是身体状况都十分不理想。见到工部局警察后，他们提出的第一个问题竟然是："你们是否要枪毙我们？如果是的话，就请立即动手，使我们尽快解脱。"他们大多已超过三天没有进食，而且精神极度紧张，以至于一些人连稀粥都无法喝下。在工部局看守所期间，他们一般都蜷缩在某个角落，只要听到开门的声音，就会被吓得突然跃起。这 117 人中还有 10 多人身负枪伤或被刺刀刺伤，其中最严重的一名伤员，在移交给工部局不久便被紧急送往医院动手术。伤员当中甚至还有一名 3 岁儿童。[②]

2 月 15 日，《申报》刊载了一篇题为《三元宫内灾民惨状》的文章。这是上海媒体第一次详细披露日方针对中国平民所实施的暴行，也使上海社会首次全面了解被捕华人在拘押期间遭受的非人遭遇。[③] 然而，由于《申报》是

---

① 有关日军在虹口地区的暴行，可参见范定九：《暴日寇沪志》，上海国际文化学会 1932 年版，第 169—177 页。

② "Heavy Midnight Shelling of Chapei", *The North-China Herald and Supreme Court & Consular Gazette*, Feb. 9, 1932.

③ 《三元宫内灾民惨状》，《申报》1932 年 2 月 15 日，第 2 版。有关日军在三元宫施暴的记录还可参见范定九：《暴日寇沪志》，上海国际文化学会 1932 年版，第 169—170 页。

华文媒体，其中立性遭到质疑。报道刊出以后，工部局还专门派人前往三元宫进行调查①，但否认有华人被拘押和遭到虐待的事实。②

"失踪人口"的遭遇同样引起了西文媒体的关注。《大陆报》曾详细报道了美侨维奥拉·史密斯小姐的中国佣人的被捕经过及遭遇。2月17日上午10点左右，居住在北四川路212号的史密斯小姐差遣这名佣人前往百老汇路文监师路(今塘沽路)一处商店采购。在路上，这名中国男孩和另外11名华人不幸被一群日本水兵拘捕。此后，他们被勒令保持安静、服从命令并被押上一辆卡车。不久，他们被送往文监师路熙华德路(今长治路)一处建筑内，等待其他被捕中国平民，最后他们被一同被送往了沪北地区的一处日军飞机仓库。在那里，他们被告知如果完成24小时劳动，就会获释。如果服从命令，将不会受到处罚。被抓去的中国人总共有100人左右，他们的工作是卸货。无论白天还是晚上，只要有卡车到来，他们就必须把重达25至50磅的箱子卸下。这名中国男孩在完成了24小时的劳役后，被送往汇山码头然后获释。③

有关被捕平民在押期间的遭遇，最详细可靠的材料仍来自国际调查委员会。该委员会成立以后，曾对获释中国平民进行专门调查，并取得了一些幸存者的证词。这些宝贵证词由中立的第三方生成，具有很强的说服力，因此不仅构成了佐证日军暴行的关键证据，也是认识日军拘捕、扣押及虐待中国平民的重要材料。兹举几例：

储松项(音译)，46岁，木匠，浦东人。事变爆发时他正好居住在日军控制区内的嘉兴路。2月9日下午4点半，他下班回家。在嘉兴路桥附近被10名日本水兵拘捕。当时他穿了件白色夹克衫，日军认为他是便衣队，便将他拘捕。被捕之后，他被双手反绑押往北四川路上的日本小学。④ 在路上，他不断遭到殴打，所幸没有受伤。到了日本小学之后，他发现已经有50

① 现已拆除，大概坐落于今武昌路306号。

② 《工部局调查三元宫惨事不确》，《申报》1932年2月18日，第7版。有理由相信，在该报道刊出之后，日军有足够的时间转移拘押在三元宫的中国平民，消除施暴证据。

③ "Japanese Force Missing Chinese to Do War Work", *The China Press*, Feb. 26, 1932.

④ 即日本寻常高等小学校，现为四川北路1838号上海市虹口区教育学院实验中学。

至 60 个人被关押在那里。当晚 8 点半,所有人被转移到隔壁的日本剧场。[①]那里的看守人员大概有 10 个,但没有人对他们进行审讯。晚上,他们每人得到一碗冷饭。在被关押了近 10 天之后,包括储松项在内的 10 人又被送回日本小学,在那里有个日本军官问了他们的名字,然后就把他们释放了。[②]

第二位幸存者是家住上海法租界善钟路(今常熟路)138 号的王女士。她于 2 月 12 日被日本水兵拘捕,在被扣押了 4 天之后获释,此后便一直卧病在家。被捕之后,她先是被拘押在北四川路日本小学,翌日被转移至日本剧场。在那里,她发现被关押的平民有 80 人左右,当中有男有女。她认出有一些人是她在教会的教友。一些教友告诉她,有一些受害者从 1 月 28 日就被囚禁在这里。[③]

张青公(音译),25 岁,绍兴人。他于 2 月 16 日下午 3 点半左右在百老汇路交天潼路路口处被捕。起因很简单,就因为手中拿了一张中文报纸,一个日本士兵见状,便把他抓起来押往熙华德路 25 号日本电信局。[④] 此后,他又被送往老靶子路和吴淞路处的日军司令部。[⑤] 在那里,他遭到搜身。除了那张报纸之外,日军还搜出一些印有军队头衔的名片,张青公随即遭到毒打,身受重伤。此后,他与另外三人一起被送往日本小学审讯。在那里,他发现被关押平民有 30 至 40 人,但没有女性。在押期间,他没有获得任何食物和水。第二天上午 10 点,张青公被日军释放。[⑥]

浙江人李月松(音译)是沙逊洋行职员。事变爆发时,他只有 19 岁。2 月 16 日凌晨 1 点半,他在北四川路被日军拘捕。他们从李月松的身上搜出一张照片,然后便将他送往吴淞路的日军司令部。在那里被拘押了半小时之后,他被押往北四川路上的日本小学。李月松在那里被审讯了三次,后

---

① 此处坐落于与日本寻常高等小学校一墙之隔的原北四川路 134 号。1924 年始创,最初为日商投资兴建的上海歌舞伎座,1930 年更名为新东方剧场。1949 年后更名为永安电影院,现已拆除。

②③⑥ 《上海公共租界工部局总办处关于中日战争:领事团组织委员会调查日军在租界捕人的情况事》,上海市档案馆藏,档号:U1-3-4334。

④ 现已拆除,大致位于今天潼路 133 号。

⑤ 原文如此,据木之内诚著《上海历史地图指南》推测,此处可能是日本驻沪海军武官府或"陆战队租界部队队本部"。参见木之内诚『上海歴史ガイドマップ』,大修館書店,1999 年、23 頁。

来便被关进一个十分拥挤的小房间，里面差不多挤进了 40 多人。一名十分凶悍的日本士兵负责看管他们，只要谁说话，就会遭到木棍毒打。李月松被投入这个小房间的时候，已有 3 个人的腿被打折，一个老人手上还有枪伤。李月松旁边的一个人，遭到木棍和皮带毒打，伤情很重。此外，很多人还染上了小病。他们每天获得两次冷饭，但分量很少。由于饥寒交迫，大家看起来都很虚弱，有些人正在生病。2 月 17 日上午 9 点半李月松获释，一些人托他向亲属告知下落，此时这些人都还活着。①

通过上述几人的证言，大致可以还原一些"人口失踪"事件的细节。第一，日方拘捕中国平民的随意性很强。无论受害人是否存在"便衣队"嫌疑，都有可能遭到拘捕。第二，在空间上，虹口地区的拘捕行动大致在以北四川路老靶子路路口为圆心，1 公里为半径的范围内进行。第三，中国平民被捕之后，基本都被送往日本小学、日本剧场、日军司令部以及海军陆战队本部等几处关押。其中，日本小学应是最重要的一个关押点，而且审讯基本都在这里进行。第四，每个关押点内都有大量中国人遭到拘押，少则 30—40 人，多则 80 人。受害者当中有男性也有女性。这说明在日方眼中"便衣队"没有性别差异，可能是男性，也可能是女性。第五，被捕或在押期间，受害人普遍遭到殴打与虐待。食物供给缺乏保障，更谈不上对患病者的治疗救护。第六，受害者的关押时间长短不定，最短的仅一天就得到释放，4 人当中储松项是被关押时间最长的一位，总共被关押了 10 天。② 第七，受害人在被捕之后基本都会遭到审讯，也可能被强制劳动。

四、那些永远无法回家的人

战事在断断续续持续了近两个月之后，终于迎来了全面停战的曙光。3

---

① 《上海公共租界工部局总办处关于中日战争：领事团组织委员会调查日军在租界捕人的情况事》，上海市档案馆藏，档号：U1 - 3 - 4334。

② 《上海战区难民临时救济会工作报告》的统计显示，被拘平民的关押时间从 1 天至 40 天不等。其中，关押时间在 6 天至 10 天的情况最为常见，其次为 1 天至 5 天和 11 天至 15 天。参见上海战区难民临时救济会编：《上海战区难民临时救济会工作报告》，出版时间、地点不详，第 59 页。

月 24 日,在英、美、法、意等国外交人员的斡旋和国际联盟的推动下,中日两国的外交和军事代表在英国驻上海总领事馆开始停战谈判。① 5 月 5 日《淞沪停战协定》正式签订,延续了三个多月的"一·二八"事变由此告终。然而,令人十分遗憾的是,由于各方事先约定谈判只讨论军事问题,在长达一个多月的历次会谈中,主要议题只围绕停战和撤军展开,而包括"便衣队""失踪人口"等问题在内的其他议题,均被归为"政治性质"不予讨论。② 由此,"人口失踪"事件便成为一桩悬案。此后,随着冲突的结束,国际调查委员会的解散以及日军的撤离,这一事件逐渐被人们遗忘,而"失踪人口"的下落就成了一个永远无法解答的历史之谜。

项松茂失踪以后,上海各界积极奔走寻找他的下落。从 2 月初开始,他的家人、五洲大药房、上海市商会、上海国货工厂联合会及上海公共租界纳税华人会先后致信工部局,要求后者与日方联络,协助查找项松茂的踪迹。③ 项松茂之子项隆勋更是三次深入战区寻访,但均未获得任何有价值的线索。在这种情况下,项隆勋于 2 月 8 日和 3 月 16 日分别致信费信惇总裁和率领国际调查团来沪的李顿爵士,希望他们帮助找寻其父下落。为敦促工部局,他在给费信惇的公开信中写道:"我们只是当前恐怖统治的众多受害者中的一员,并不愿夸大自身的重要性。贵局对我们的不幸可能并不负有个人责任,但我们不愿看到当此危急时刻,外国当局不幸地辜负了中国人民的信任。"④在给李顿爵士的信中,他悲伤地写道:"作为一名日本人的俘虏,也许我的父亲还活着。如果是这样,我希望您能够利用自己崇高的威望使他安全获释。如果最糟糕的事情已经发生,即使无法找回父亲的遗骨,至少应

---

① 陈谦平:《蒋介石与一·二八淞沪抗战》,《近代史研究》2019 年第 5 期,第 69 页。

② 关于淞沪停战谈判的详情,可参见张开森、马振犊:《"一·二八"战役中日停战谈判纪录(上)》,《民国档案》1991 年第 1 期;张开森、马振犊:《"一·二八"战役中日停战谈判纪录(下)》,《民国档案》1991 年第 2 期;《1932 年中日上海停战会议纪要手稿》,《档案与史学》2005 年第 2 期。

③ 《市商会函工部局查项松茂下落》,《申报》1932 年 2 月 5 日,第 2 版;《国货工厂会查项松茂下落》,《申报》1932 年 2 月 6 日,第 2 版;《纳税会函工部局查救项松茂等踪迹》,《申报》1932 年 2 月 10 日,第 2 版。

④ "$5 000 Reward for Authoritative News of Mr. S. M. Hong, Missing since January 30, 1932", *The China Press*, Mar.17, 1932.

该有一个已经死亡的官方确认。目前这种不确定和焦虑的状态,使我处于巨大的痛苦和担忧之中。晚间我无法入睡,而我可怜的母亲则一直处于崩溃的边缘!"①

2月11日,上海宁波同乡会、市商会、纳税华人会和上海机制国货工厂联合会同时致信工部局,再次要求协助找寻项松茂的下落。② 为了获得他的消息,项隆勋还以五洲大药房的名义开出 5 000 元的赏格,希望重金能换取一些蛛丝马迹。然而,尽管尽了最大努力,项松茂仍如石沉大海一般杳无音信。③ 在经历了两年多的等待与煎熬之后,项家最终接受了项松茂已然遇害的事实。在 1934 年 4 月 16 日,以衣棺入殓的方式为他举行了丧礼。④

蒋时叙牧师一家失踪后,上海青年会秘书长费吴生曾致信领袖领事克宁瀚,请求他协助查找下落。他在信中写道,如果他们一家还活着,请设法使他们获释。如果已经遇害,则请打听遗体的下落。为敦促日方释放蒋牧师一家,费吴生还两次致信日本驻沪总领事。不过,后者在回信中仅承认日本海军陆战队曾进入鸿德堂进行搜查,否认抓捕蒋牧师全家及殴打平民的事实。⑤ 在百般交涉,毫无音讯的情况下,上海的基督教团体和信徒最终在1932 年 7 月 3 日于西藏路慕尔堂为蒋牧师一家举行了追悼会。⑥ 在此之前,中华妇女节制会也专门为蒋夫人召开了追悼会。⑦

在这场巨大的人道主义危机当中,究竟有多少人如项松茂、蒋时叙一样,在被日军拘捕之后就陷入了"活不见人,死未见尸"的状态,是一个不得不讨论的问题。由于日军封锁消息、局势混乱以及缺乏有效的统计手段和方法,我们无法获得精确的统计数字。目前能够得到的数据主要来自中方、

---

① "Open Letter To Commission", *The China Press*,Mar.17,1932.

② 《上海公共租界工部局总办处关于中日战争:中国人失踪事》,上海市档案馆藏,档号:U1 - 3 - 4332.

③ 事实上,直到 1932 年 4 月初,挪威领事奥尔仍在与日本领事馆联络,询问项松茂的下落,但领事馆回函称没有任何线索。参见《上海公共租界工部局总办处关于中日战争:领事团组织委员会调查日军在租界捕人的情况事》,上海市档案馆,档号:U1 - 3 - 4334.

④ 《项松茂先生定期发丧》,《申报》1934 年 4 月 13 日,第 12 版.

⑤ 《蒋牧师及其家属失踪迄无下落》《蒋牧师全家失踪案》,《申报》1932 年 3 月 27 日,第 2 版.

⑥ 《耶教徒追悼被害同胞》,《申报》1932 年 7 月 1 日,第 15 版.

⑦ 《妇女节制会追悼董事蒋时叙夫人》,《申报》1932 年 6 月 9 日,第 15 版.

日方和工部局，但无论在数量和质量上都十分粗糙。

事变结束之后，上海市社会局的战损统计显示，在整个事变中共有10 400人失踪，而死亡和受伤的人数分别为6 080人和2 000人。[①] 然而，由于社会局仅发布了数字，没有对信息来源和统计方法进行说明，这个数字如何获得，我们不得而知。中方的另一组数字来自上海战区难民临时救济会。该会的数据显示，在2月至4月间，共有758人在该会登记失踪，最终有297人成功获释。

表1 "失踪人口"数量及其被捕地点统计

地点 时间	闸北	北四川路	虹口	引翔	狄思威路	吴淞	庙行	真如	南翔	地点不详	总计
2月	90	39	38	22	5					35	229
3月	70	61	55	38	22	24	20	18	30	59	397
4月	31	19	13	5	3	7	3	21	19	11	132
总计	191	119	106	65	30	31	23	39	49	105	758

数据来源：上海战区难民临时救济会编：《上海战区难民临时救济会工作报告》，出版时间、地点不详，第59页。

表2 获释"失踪人口"统计

时　间	人　数
2月	56
3月	207
4月	34
总　计	297

数据来源：上海战区难民临时救济会编：《上海战区难民临时救济会工作报告》，出版时间、地点不详，第58页。

---

① 《沪变损失初步调查》，《剪报》1932年第10期，第152页。

另一方面,日本领事馆在 3 月 13 日去信告知国际调查委员会,日本宪兵队共计拘捕便衣队嫌疑者 484 人。其中有 37 名正规军和 5 名便衣军人,其他 442 人被移交给了工部局或直接由领事馆释放了。这是目前唯一可以看到的来自日方的统计数据。[1] 两相比较,可见日方的数字要少很多。

相较而言,工部局的数据要丰富和精确得多。"人口失踪"事件爆发以后,工部局警务处设立了"失踪人口调查股",并在 3 月至 4 月间多次发布失踪人口的统计数据。

表 3　工部局登记"失踪人口"统计

时间 ＼ 类别	登记失踪人口	确认下落者	下落不明者
3 月 7 日	807	126	681
3 月 21 日	822	165	657
4 月 23 日	835	189	646

数据来源:《上海公共租界工部局总办处关于中日战争:领事团组织委员会调查日军在租界捕人的情况事》,上海市档案馆藏,档号:U1-3-4334。

在 3 月 7 日发布的数据中,收到报案的失踪人口共计 807 人,其中 474 人登记被日方拘捕,而 333 人只登记为失踪。在 807 人中,有 126 人已确定下落,其中的 71 人被日军释放,55 人从其他地方返回。此外,还有 214 人声称被日军放回,由于警务处此前并未收到他们失踪的报案,所以这 214 人并不包括在 807 人当中。[2]

3 月 21 日,登记失踪的人数增加了 15 人,总数达 822 人。其中 481 人登记被日方拘捕,341 人只登记了失踪。确定下落的人增加了 40 人,达到 165 人,其中 111 人被日军释放,54 人从其他地方返回。此外,还有 218 人

① 《上海公共租界工部局总办处关于中日战争:领事团组织委员会调查日军在租界捕人的情况事》,上海市档案馆藏,档号:U1-3-4334。

② *The North-China Herald and Supreme Court & Consular Gazette*,Mar.8,1932.

声称被日军放回，由于此前并未收到他们的失踪报案，所以这 218 人并不包括在 822 人当中。①

随着冲突的逐渐平息，失踪人口调查股在 4 月 30 日最后一次发布了数据。此时登记失踪的人数共为 835 人，其中有 487 人登记被日方拘捕。在确认下落的人当中，有 134 人被日军释放，55 人通过其他方法返回。还有 356 人据说被日军释放，但工部局此前并未收到他们的失踪报案。② 由此，工部局认定的失踪人口的总数，最终定格在了 646 人。

时隔数十年之后，试图考证"失踪人口"的确切数字，无疑是一个巨大的挑战。无论是来自中方、日方还是工部局的数据，显然都难以全面精确地反映真实的情形。三者当中，以工部局的数据最为详尽可靠，而且还提供了很多细节，但我们仍必须将很多局限考虑在内：首先，在空间上，工部局的数据仅包含在公共租界范围内被"失踪"的人口，而在闸北、江湾、吴淞等地也有大量中国平民被日方拘捕、杀害，但这些数据并没有统计在内。其次，工部局的数字只是警务处收到报案的失踪人口数字。众所周知，在 20 世纪 30 年代的上海，活跃着一个人数众多的只身来沪"讨生活"的"沪漂"群体。在极为混乱的局势之下，他们一旦被捕，几乎没有人可能为他们的失踪报案。因此即使是在公共租界范围内，工部局的数据大概也存在着不小的遗漏。事实上，此处我们对"失踪人口"数量的考察，更多是出于一种学术研究的目的。就事件本身而言，这一考察的历史意义并不大，因为无论是 646 人还是 10 400 人，或是其他数字，都无法改变日方暴行的反人类性质。

这些"失踪人口"究竟去了哪里？他们的最终命运如何？对这个问题，埃德加·斯诺和内山完造等亲历者均在各自的书中不同程度地确认了他们已经遇害的事实。此外，日方出版的明信片和画册等图像资料也可以佐证。③ 但令人疑惑的是，如果大量"失踪人口"惨遭杀害，为何在战事结束以

---

① *The North-China Herald and Supreme Court & Consular Gazette*, Mar.29，1932.

② "Hundreds Still Missing as Result of War in Shanghai", *The China Weekly Review*, Apr. 23，1932.

③ 张宪文主编：《日本侵华图志》第 9 卷，山东书画出版社 2015 年版，第 25—26 页。

后，始终没有发现他们的遗骸？这个历史谜题，直到事变结束之后才由一些日本士兵和亲历者的回忆所揭开。

日本的《赤旗》杂志在 1932 年 9 月刊登了一封读者来信，作者是一名参与了事变的日本士兵。他写道："十九路军派出的便衣队不断遭到逮捕。其中，有很多是女人和孩子。日本士兵挨个对他们进行枪杀。……其实，我们也不明白为什么要杀他们而只是在杀他们。在战地的日军行动完全就不是人干的事情。而且，如果是枪杀的话还好，可以一下子把人干掉。但是（我们是）使用刺刀把人杀死的。我们把半死不活的人和尸体一起用卡车运到长江上，扔到江里。长江水流共分三层。如果把尸体扔到水的中央的话，他们是不会浮上来的，这正符合我们的要求。"①

日本著名的军旅作家火野苇平也是事变的亲历者。事变爆发以后，由于上海的华人装卸工人罢工，他曾带领一批从日本招募而来的工人前往码头工作，而他们的一项重要"任务"就是处理尸体。1957 年，他以这段经历为素材出版了小说《魔之河》（『魔の河』）。在书中，他对日军如何处理遇害中国平民的遗体进行了详细描述。他写道，几乎都是在深夜，他们被强行拉上卡车。在宪兵的指挥下，被带到一处不知是何处的江边。一艘驱逐舰停在那里，灯都灭了。他们被命令在黑暗中把尸体从甲板往船舱里搬运，其数量或有几十具，数字不是很清楚。百具以上也说不定。看上去并不像是士兵，而是像农民或普通的市民。宪兵队说他们是便衣队，但看上去像军人的不多，都像是农民或苦力的样子。

日本工人们需要把尸体装进麻袋，但偶尔也会碰到舞动着手脚的活人。看到满脸吃惊的搬运工，宪兵会一边说着"不可能有活的"，一边用军刀往里乱刺几下，然后命令他们快点运走。这些麻袋一般都会被扔到长江主流上去。因为如果是一两具尸体的话，扔到黄浦江里也不会有人知道。但十数百具尸体就会有问题。黄浦江上有正在监视日本的各国舰船。趁夜里，搬运到驱逐舰上，再把他们扔到长江主流里去的话，就可以秘密地

---

① 高綱博文『「国際都市」上海のなかの日本人』、研文出版、2010 年、162 頁、注 120。

处理掉了。①

结语

中日两国 1931—1932 年冬春之交在上海爆发的这场军事冲突，规模并不算大，持续时间也不长，但它给这座城市带来的打击是沉重的，造成的灾难是全方位的，以至于它被深深地嵌入了这座城市的集体记忆，永远无法褪去。毫无疑问，一手挑起"一・二八"事变，武力侵占虹口、闸北等地区的日本驻沪海军，是"人口失踪"事件的始作俑者。正是他们的野心、蛮横、残暴和冷血，才引发了这场严重的人道主义危机。通过武装在沪日侨，他们打开了"民众暴力"的"潘多拉魔盒"，而正是后者的为虎作伥，趁火打劫，才大大加剧了这一危机的惨烈程度。日侨在整个事件中的表现震惊了全世界，这反映出上海的中日社群尽管经历了近半个世纪的共处、交流与融合，但他们之间并没有建立起太多友好的关系。相反，在帝国主义和民族主义意识形态的操弄之下，两大群体之间更多的是矛盾、冲突和对抗。另一方面，日侨在事件中所表现出的暴虐，也折射出日本以军国主义为驱动的近代化运动，并未能培养出合格的"现代"公民，而只是制造出了大批暴民。正是他们构成了日后日本发动一系列侵略战争的群众基础。

工部局与上海领事团为"人口失踪"事件的解决和"失踪人口"的营救作出了努力。但他们在事件中采取了大事化小、小事化无的态度，不仅使得他们的努力半途而废，也未能营救出所有在押中国平民。此外，无论工部局还

---

① 火野葦平『魔の河』、光文社、1957 年、171，173—174 頁。事实上，日军通过河道抛尸的方式来处理被害者遗体的事实，在中文资料中也可找到佐证。1932 年 2 月 1 日，有 20 余名中国平民在劳勃生路附近被日军抓捕，后带入附近的日华纱厂。其中郭正有等 13 人遇害后，便被抛入纱厂附近的苏州河内。参见《日兵杀中外人》，《申报》1932 年 2 月 3 日，第 3 版；《令人酸鼻我同胞遭屠杀》，《申报》1932 年 2 月 5 日，第 2 版。此外，上海市公安局第五区分所警长陈汉卿曾被日军捕去搬运尸体。被捕后，他与 20 多个中国人被关在一栋小楼内，每晚会有七八个日本兵将他们的眼睛蒙住，然后带他们登上一辆汽车。10 多分钟左右到达一个码头，他们又被带入一艘船的船舱内，此时眼睛上的布条才被卸下。他们的工作是搬运"白布袋"。这些布袋重 100 多斤，均有编号，且带有很多血迹，一摸便知是尸体。参见《五区三所警长陈汉卿谈被拘情形》，《申报》1932 年 2 月 12 日，第 7 版。

是领事团,对日方在战争中针对中国平民的暴力行为均未进行清算,使得国际社会未能认清日本军国主义的蛮横与残暴。这一本应引起西方主要国家关注的事件,最终以一种不了了之的形式草草收场,极大地"鼓励"了日本的军事冒险,从而为此后日本的对外侵略战争埋下了祸根。

与大多数历史上发生过的战争类似,后世的人们在以各自的方式回忆、叙述和"生产"有关"一·二八"事变的记忆、信息与文本时,往往被大事件、大问题吸引。战争的起源、实力的对比、政治形势以及国际格局,都是人们津津乐道,反复消费的话题。而为数众多的真正见证、体验和参与过这场战争的芸芸众生,却常常为史学家所冷落。"小人物"们在战争中的遭遇、感受和命运,不仅很少被写入卷帙浩繁的史学研究之中,也很少得到社会的真正关注。在整个事变当中,有大量中国平民因遭到日军和武装日侨的杀害而"被"失踪。这个消失了的群体,在法律上并没有被认定为死亡,但他们却永远无法回到家人身边。从历史书写的角度来看,这个不幸的群体一直遭到忽视。在时隔九十多年之后,本文重新使他们回到公众的视野,以一种更为直观的方式让人们认清战争的残酷与暴虐。

抗战时期上海中产阶层社会生活状况研究(1937—1941)：以工部局工业社会处统计为中心

江文君

（上海社会科学院历史研究所）

　　第二次世界大战时期亚欧大陆沦陷区的日常生活是一个令人饶有兴味的专题。以往的历史叙事中，总是试图营造一幅沦陷区人民生活悲惨、积极抵抗法西斯侵略者的宏伟画卷，但历史的实态往往是复杂多变的。以往研究主要关注抵抗与合作这两端，而对处于中间的广大民众则基本不予重视，对这一中间地带长期没有足够的学术研究与考察。[①]"孤岛"时期的上海，市民群体的绝大多数可以归于这一中间地带。本研究的立意就是尝试从量化的角度来描述中间地带人们的社会生活，让一个个属于中间地带的人们，也具有更为立体可信的社会形象线条和思想脉络的展示。尽管全面抗战爆发

　　[①]　国内外的已有研究，多聚焦于抵抗与合作(通敌)这两端。卜正民的《通敌：二战中国的日本特务与地方菁英》(林添贵译，台湾远流出版公司 2015 年版)则通过向下看的路径，从底层透视沦陷初期五个地区的社会状况。英国学者拉纳·米特(Rana Mitter)的《东北神话：近代中国的民族主义、反抗与合作》(*The Manchurian Myth: Nationalism, Resistance, and Collaboration in Modern China*, University of California Press, 2000)，则是海外较早通过伪满洲国的区域研究，探讨战时通敌合作课题的。台湾学者巫仁恕的《劫后"天堂"：抗战沦陷后的苏州城市生活》(台湾大学出版中心 2017 年版)，呈现了抗战时期苏州畸形繁荣的城市生活，扭转了过往对沦陷区遭受严重破坏、经济凋敝、工商与金融萎缩等的既定印象，从大时代的城市看人民的日常生活。傅葆石的《灰色上海，1937—1945：中国文人的隐退、反抗与合作》(生活·读书·新知三联书店 2012 年版)，则提出"灰色地带"的概念，用灰色地带指称中间地带，以彰显其混沌不明的状态，试图绕开民族国家的道义壁垒，从私人的角度，通过家庭经历、情感遭遇、交友网络、柴米油盐的日常经济生活等方面，观察每个人的现实处境和选择。

后通货膨胀日益高涨,上海城市居民的生活状况还是可以分为几个层次,一般的上海中产阶层,其在 1941 年太平洋战争爆发前的日常生活状况虽然略有下降,但尚能维持。本文利用上海公共租界工部局工业社会处的统计资料,通过其所搜集的纷繁的统计数据,尝试从量化层面展现上海沦陷时期,特别是"孤岛"时期的市民日常生活,进而说明在宏大的民族救亡和国家叙事的历史巨浪下,还有普通人的日常生活,而这股惊涛骇浪下的潜流,从日常生活史展开的平民叙事,则是以往较易被忽视的。

一、上海公共租界工部局工业社会处市民家庭统计的兴起

对任何研究而言,除了以一般的文本研究作为定性分析的依据外,最好还能有相当的定量分析数据,提供充足的说服力。一般来说,统计分析的真正价值在于能帮助使用者正确地辨别不确定性而不是"最佳猜测",以了解哪些结果具有统计显著性,并且能就特定的假设情况给出答案。然而,在许多情况下,即便采用了随机抽样获得的样本,即使所选择的样本非常优秀,也可能会产生令人误解的结果。一个常见的问题就是数据挖掘。如果分析一个大数据组的时间足够长,一般就可以找到某些变量在统计学上具有的显著效应,或者不同变量组之间的差别。

20 世纪 30 年代,蔚然而成一场引人瞩目的中国社会调查运动。然而可惜的是对于上海社会阶级的调查研究并不多见。而且其瞩目点也大多放在社会下层阶级,如工人阶级等。譬如北平社会调查所主持的《上海工人生活程度的一个研究》,这是该调查所在 20 世纪二三十年代进行的社会调查和统计,具有相当的权威性。又如上海市政府社会局所编《近十五年来上海之罢工停业》《上海市工人生活程度》《上海市之工资率》《上海市劳资纠纷统计》等,多为二三十年代的调查资料,调查具有相当的客观性和准确度。以《上海市之工资率》为例,全书涵盖的时间为 1930—1934 年,取样范围为 16 个行业和 4 万名左右工人。相形之下,对于城市中间群体的社会调查则颇为有限。

迄今为止,本研究所能找到涉及该时期城市中间群体的社会调查数据

资料只有两项。一项来源于由俄裔美国学者奥尔加·朗(Olga Lang)根据她在1936—1937年于北京、上海进行的社会调查中得到的资料而著的《中国家庭和社会》(*Chinese Family and Society*，Yale University Press，1946)一书。在这本著作中，作为一个信仰"自由进步的主要动向"的小家庭制的学者，朗认为，当工业主义来临时，旧的家庭体制越来越成为进步的重大阻碍。要改变家庭体制，就要变革婚姻制度，把婚姻从宗法制家庭中剥离出来。正是基于这样的认识，朗对中国都市中的小家庭，尤其是中产阶层小家庭有过深入的研究。当然，现在看来，朗的研究也有不少缺陷，即她对中国上层阶级的研究相当不足。

第二项则来源于上海公共租界工部局工业社会处对上海市消费、物价与工资指数的统计资料。与朗的调查只是民间性质的社会调查不同，工部局工业社会处是一个可以利用、调动更多资源的政府机构，因此其调查较权威，可以获得更好的统计样本。其中一次，其对于中国职员从1941年10月到12月三个月期间的家庭生活状况实施了缜密的调查。①

工部局工业社会处实施职员生活调查之目的在于编制职员阶级生活费指数。因"近来物价日高，对于支薪阶级之生活费用，颇有影响"。而原来的生活费指数"原为工人、西侨所编，不适用于中国支薪阶级"，因此迫切需要添编支薪阶级生活费指数一种。而调查的具体细则初定"征求职员家庭五百家，每家自民国三十年十月一日起。记收支细账三个月，该处印有特制账册，按月分寄各记账家庭，每家编有号码。不记姓名只有号码"。② 调查计划一经公布，即得到了社会上的积极回应。《申报》的社评更是对此大加溢美之词。该社评认为，"惟中国薪给阶级，占社会之中坚部分"，而其过往的生活费指数却独阙，只好"旁取证于工人生活费指数，虽曰薪工阶级之处境相同，同为定量收益，同系劳务取价，同是被压迫者，然从其生活上形式言之，

---

① 抽样调查之方法乃是选取一部分调查单位与对象，从所得数据中推算出总体单位与对象的方法。抽样调查是一种最基本的调查方式，当样本选取合适的时候，便可得到类似普查方式所获得的较精确的结果。

② 《工部局工业社会处调查支薪阶级生活费》，《申报》1941年8月15日，第7版。

或有不尽相同之处"。因为薪给阶级毕竟是所谓"长衫阶级",生活上平添许多支出,一切饮食起居服饰,往往比工人为高。[①] 工部局工业社会处的官员们认为,把赚取固定薪水的中产阶层工作者和按小时或按件计算工资的体力劳动者区别开来是一件重要的事情。

二、1941 年职员家庭统计的基本概况:家庭结构、住房、食物消费、家庭收入

此次调查得到了 1 038 个家庭的答复。其中有 167 个家庭中断了记录,430 个家庭偏离了调查对象的选择基准。因此,剩下的 441 个家庭按照规定,记录并提交了家庭收支情况。除此以外,工部局工业社会处也曾不断有报告当年消费指数及工资指数。值得注意的是,工部局工业社会处的调查是将大学教授等自由职业者也纳入了职员范畴中。工业社会处还特别规定:"记账家庭限于本市中国职员阶级,家主不限行业,惟农民、工人或自设企业者不合适。"[②]

本研究主要依据上文两种调查统计资料来源,试图对抗战时期上海中产阶层的生活状况进行一次定量分析。

首先有必要先了解上海中产阶层的家庭结构。这里所指的家庭结构包括夫妻、儿女,以及寄居的亲属,还有雇用的仆人。关于此,朗的调查与工部局工业社会处的统计有较大出入。

表 1　上海家庭规模平均人数　　　　　　　　　　单位:人

	产业工人	传统小资产阶级	中产阶层(职员等)	上层阶级
受访家庭数量	143	42	15	8
家庭平均规模	5.4	3.3	4.4	6.7

数据来源:Olga Lang, *Chinese Family and Society*, Yale University Press, 1946, p. 148.

---

① 《社评:薪给阶级之生活费调查》,《申报》1941 年 8 月 16 日,第 4 版。
② 工部局工业社会处编:《从记账家庭收支统计显示中国职员生活程度(一)》,《申报》1942 年8 月 5 日,第 5 版。

按照朗的调查,中产阶层(职员等)家庭的规模普遍偏小。每户只有大约 4.4 人。与中国农村相比,显然呈现家庭的核心化趋势。然而,朗的调查有一个致命缺陷,即她所选取的统计样本偏小,只有 15 户家庭,其数据的可靠性并不充分,很容易得出以偏概全的结论。

相较而言,工部局工业社会处的统计选取了足够多的样本,其数据应该是可靠的。

表 2　中国职员与工人家庭人数 单位：人

家庭平均人数	中国职员	中国工人
家庭成员	6.60	5.02
寄寓者	0.06	0.02
佣　人	0.94	
总　数	7.60	5.04

数据来源：《上海公共租界工部局工业社会处关于华籍职员生活费的临时指数》,上海市档案馆藏,档号：U1-10-58,第 17 页。

按照工业社会处的统计,职员家庭每户人口达到 7.60 人,其中,家庭成员为 6.60 人,寄寓者为 0.06 人,佣人则为 0.94 人。与朗的调查比较言之,工业社会处的调查数据更加精细、严密,而且所选择的样本非常充分。其中关于家庭成员的调查,工业社会处曾在 1936 年也作过同类调查,当时调查获得的数据为 6.55 人。[1] 由此可见,全面抗战的爆发对上海中产阶层家庭人口结构的影响并不大,其家庭成员人数基本保持不变。而且值得注意的是,每户雇有佣人 0.94 人,说明了雇用佣人料理家务在中产阶级家庭中是一个普遍现象,几乎达到了每户家庭至少有 1 个佣人的程度。与之相对照,工人家庭的家庭结构则较简单,按照工业社会处的统计,每户只有 5.02 人；而依照朗对 143 户工人家庭的统计,每户只有 5.4 人而已。[2]

---

[1]　《上海公共租界工部局工业社会处关于上海市生活概况的调查报告》,上海市档案馆藏,档号：U1-10-129,第 50 页。另此处户均人口 6.55 口。

[2]　此处朗对产业工人的统计选取了足够多的样本,其数据值得信赖。

　　工业社会处的统计中还提供了详细、丰富的细分统计数据。在这 100 个职员家庭中，合计有成员 660 人，其中男性 318 人，女性 342 人。平均每个家庭除了夫与妻之外，还有子女 3.45 人（男孩 1.82 人，女孩 1.63 人），其他生活依赖者 1.15 人。平均年龄夫为 36.89 岁，妻 33.50 岁，儿女都在 10 岁以下，男孩 8.82 岁，女孩 9.37 岁。另外，660 人之中，有 224 人在学校读书，121 人（男性 108 人，女性 13 人）拥有职业。妻子拥有职业者为 6 人，儿子拥有职业者为 4 人，女儿拥有职业者 3 人。121 人所散布的职业类别是，在政府机关工作的有 23 人，公共事业 15 人，教育 20 人（其中女性 7 人），运输、交通 17 人（女性 1 人），银行、金融 12 人（女性 2 人），批发业 12 人（女性 1 人）、制造业 11 人，零售业 5 人（女性 2 人），教会 4 人，自由职业者（医师、律师、工程师、会计师、记者等专门职业）2 人。①

　　在过往的有关研究中，我们一般对于人口统计并不是特别关注，很少有人意识到其所包含的重要信息。从上述统计可以推断，平均每户上海中产阶层家庭中，夫妻的年龄都不到 40 岁。从人口统计学的角度而言，除了夫妻外，平均每户家庭有超过 3 个子女。这些子女从年龄分布来看为男孩 8.82 岁，女儿 9.37 岁，而且大多是在校读书的孩童。这表明他们大多是出生在 20 世纪 30 年代前后。这一时期正是老上海的黄金岁月。随着经济的发展，城市中产阶级不断扩大。可以认为这群孩子的童年是在一段流金岁月中度过的，他们见证了上海中产阶层生活的兴衰。正是如此反差的对比，使得这批孩童日后成为 20 世纪 40 年代末风起云涌的学生运动的参与者。平均年龄丈夫为 36.89 岁，妻子为 33.50 岁，意味着中产阶层家庭中丈夫与妻子的年龄相差并不悬殊，基本上可以归类为同代人。年龄相仿也表明中产阶级家庭夫妻的婚姻很有可能是自由恋爱的结果（虽然并不绝对如此）。夫妻平均年龄也显示了中产阶层家庭的家长基本上都是 19 世纪末 20 世纪初出世的，暗示着他们是新式教育的第一代受益者。另外，数据统计 121 人（男性 108 人，女性 13 人）拥有职业。妻子拥有职业者为 6 人，儿子拥有职

────────────

　　① 《上海公共租界工部局工业社会处关于华籍职员生活费的临时指数》，上海市档案馆藏，档号：U1 - 10 - 58，第 17 页。

业者为 4 人,女儿拥有职业者为 3 人。这一点也印证了中产阶层家庭中的妻子一般都是没有职业和经济来源的家庭主妇,职员家庭中妻子有职业者的比例仅仅只有约 4%。家庭收入的主要重担担负在作为一家之主的丈夫肩上,即西方人所指的赚面包者。家庭成员的行业分布也表明,男女就业悬殊极大,女性一般只能在清苦的教育界谋职。

这种"男主外,女主内"的家庭分工是既传统又现代的。这一点与工人家庭大相径庭,国民政府上海市社会局在 20 世纪 30 年代编制的《上海市工人生活程度》中的该项调查证实,305 户工人家庭平均每户就业人口为 2.06 人。[①] 与一般女权主义的想象如朗的研究相反,夫妻一同就业,在工厂做工,并不是所谓随着女子教育水平的提升,女权意识逐渐产生,要求男女平等。事实恰恰相反,这表明工人家庭维持生活相当艰难,仅仅依靠丈夫的每月工资根本不敷日用,需要靠全家的收入来维持生活。

家庭成员以外,中产阶层职员家庭内也普遍有着数量不等的作为寄膳者或依赖者的亲属。这些亲属一般是直系亲属,如夫妻双方的父母或者兄弟姐妹。根据朗当年对上海各社会阶级的调查,尽管越是富裕的家庭往往能够寄养越多的亲属,然而小家庭的经典模式即所谓核心家庭在中产阶层群体中表现得还并不是十分明显。核心家庭的界定,此处按照西方社会学理论,指两代人组成的家庭,核心家庭的成员是夫妻两人及其未婚孩子。一般认为,随着工业化的进展,传统家庭组织形式——扩展型家庭,将逐渐演变成为核心家庭。

表 3　上海的社会阶层和家庭亲缘规模平均人数　　　　　单位：人

社 会 阶 层	家庭亲缘规模
纺织业工人	5.3
公用事业工人	5.4

① 国民政府上海市社会局编：《上海市工人生活程度》,中华书局 1934 年版,第 21 页。

续　表

社 会 阶 层	家庭亲缘规模
苦　力	5.9
技　工	6.6
职　员	6.2
中产阶层（其他）	7.4
工程师和医生	11.9

数据来源：Olga Lang，*Chinese Family and Society*，Yale University Press，1946，p. 167.

由朗的调查可以发现，上海不同社会阶层的家庭结构似乎相当复杂。工人家庭的平均规模普遍是 5—6 口人；熟练劳动力如技工的家庭，平均规模则是 6.6 口人；职员家庭的平均规模则是 6.2 口人；中产阶层（其他）的家庭，平均规模则是 7.4 口人；而工程师和医生等专业人士家庭的平均规模更加庞大，达到每户平均 11.9 口人。由此可见，工人家庭的规模普遍小于中产阶层家庭（包括职员、专业人士）。平均而言，中产阶层家庭一般比工人家庭多出 1 口人。而在中产阶层群体内，相较职员阶层更为富裕的专业人士，其家庭规模也普遍高于一般职员家庭，平均而言每户多出了将近 6 口人。以上差距可以解释为，更加富裕的家庭能够负担更多的家庭人口，无论是子女还是作为寄寓者的亲属。这意味着家庭收入的多寡直接影响了家庭规模大小。而这一点又可以从技工家庭规模比较接近职员家庭规模得到反证。因为在工人群体中，技工是收入最高的一类工人，所以能比一般工人家庭负担更多的人口。

与产业工人家庭相比较，上海的中产阶层家庭并非经典的核心家庭模式，就这一意义而言，可以理解为一种扩展型的核心家庭。工业社会处的统计显示，每户职员家庭平均有生活依赖者 1.15 人。

表 4　职员家庭中依赖者数量　　　　　　　　　　单位:人

依　赖　者	平均一家人数	依　赖　者	平均一家人数
祖　母	0.02	父	0.09
母	0.25	兄　弟	0.08
姐　妹	0.23	伯　叔	0.03
伯叔姑及姨母	0.03	岳　父	0.01
岳　母	0.07	内兄内弟	0.02
嫂　姨	0.09	表堂兄弟及姐妹	0.05
侄　甥	0.10	侄女甥女	0.06
朋　友	0.02		
合　计	1.15		

数据来源:《上海公共租界工部局工业社会处关于华籍职员生活费的临时指数》,上海市档案馆藏,档号:U1-10-58,第23页。

由表4可知,在这1.15人的生活依赖者构成中,比例最高的是母亲(0.25人)与姐妹(0.23人),这意味着至少1/4的家庭,其生活依赖者是男主人的母亲和/或待字闺中的姐妹。而生活依赖者为父亲的比例只有平均每户0.09人,远小于母亲的比例。同样的现象也可以从寄寓者为岳母的人数(0.07人)比例远高于岳父(0.01人)得到进一步证实。此外,下一代亲属的寄寓者则为侄甥(0.10人)与侄女甥女(0.06人)。从这些数据中大致可以得到以下推论,即职员家庭中的生活依赖者构成中,就长辈与同辈而言,更有可能是女性;而就晚辈而言,更有可能是男性。

这一现实情况与中国传统家庭伦理规范是暗合的。因为在传统儒家思想中的家庭观念影响下,中国具有悠久而深厚的孝亲传统。照顾母亲(尤其是寡母)与尚未出嫁的姐妹(尤其是妹妹)更是男性作为儿子与兄长义不容辞的责任。尊重长辈、维系家庭直到今天在中国还是很普遍地得到高度认同。与西方学者对于近代中国家庭的现代化想象不同,近代上海虽然深受西方文明的熏陶与影响，就社会的表象而言，似乎反映出中国的家庭结构观念正在日益向多元化、现代化发展，因而在某些同时代西方学者的观察中，在剧烈的社会转型期内，中国社会的价值观似乎失去了重心，陷入了混乱，然而，近代上海中产阶层家庭的人口结构的调查研究数据表明，即便是深受西方影响的中产阶层职员家庭，其家庭结构也与西方经典的核心家庭模式存在相当差异，呈现出主干单核心家庭（或扩展型核心家庭）的特征。上述现象反映出中国传统文化与价值观的强大生命力。与一般现代化论者的观点不同，他们认为经济变化，特别是市场的兴起和工业化改造了社会结构，特别是家庭结构，然而作为一种指数，家庭规模不一定能完全解释特定历史情境下家庭关系构建的方式，不能将家庭规模的变迁仅仅视为现代化的结果。正如艾伦·麦克法兰（Alan MacFarlane）所指出的，早在 13 世纪，核心家庭在英国就已经出现了。[①] 家庭不仅仅是一个经济学意义上的统计单位，更是一个情感投入其中的组织。上海中产阶层家庭结构的调查显示，社会结构具有高度的弹性，扩展型核心家庭结构更应该被解释为原先存在的社会结构和现代化、多元化契合的结果。上海中产阶层的"心灵的习惯"始终不曾改变，依旧遵循着传统的家庭伦理。至此，一个典型的上海中产阶层家庭的图景大致是：夫妇 2 人、至少 3 个子女（男孩略多于女孩）、至少 1 个寄寓者，6 口多人。

　　住房是人们的私人空间，随着都市的工业化和人口的增加，土地价值也会上升，继而导致住房成本昂贵。至于中产阶层的住房情况，在工业社会处展开调查统计的这一时期，实际上正处于日趋恶化的过程中。职员家庭的处境愈加困窘。1939 年一幢单开间石库门月租为四五十元，顶费、押租合计 1 000—2 000 元不等；战前一个亭子间租金最多 12 元，此时已涨至三四十元，于是节食缩居成为市民应付困境的唯一出路。永安公司几位职员在给《职业生活》周刊的"诉苦信"中提及，"战前一个小家庭每月 20 元就可以勉强维持衣食住等生活问题，现在 20 元单买米吃恐怕还不够，就是将居前楼改

---

　　① ［英］麦克法兰：《英国个人主义的起源：家庭、财产权和社会转型》，管可稼译，商务印书馆2008 年版。

居亭子间,食头号米改食机器米,吃荤菜改吃素菜,节省一切费用也非三四十元决不能开销"。以不及薪金水平 40% 的各项补贴,要维持提高 100% 以上的生活支出是远远不够的,而"公司同人的薪水在 40 元以上的不满十之二三,大部分同人依旧是在半饥寒的状态下,过着窘迫典贷的痛苦生活"。[1] 有作者在报纸载文称,"我是一个洋行小职员,月薪五十六元,在战前,维持三口之家(妻儿各一)的生活,也不见怎样寒酸了。但是战后的生活程度,几乎涨上了四五倍,虽然同人数度要求,资方已加薪一成半,及另加生活津贴十元(合计七十四元四角),可是要维持这个小家庭,即使对付食住两项,也是很可怜的了。因为战前十二元的亭子间,现在已经加到十八元了;米与伙食每月也至少在三十元以上;其他煤球,油盐酱醋,那一样不是到了可怕的程度。"[2]

然而即便如此,根据工业社会处的统计,作为中产阶层的职员家庭的住房条件仍然普遍比一般工人家庭优良许多。

表 5　职员与工人家庭居住每间人数对照　　　　　单位：人

家　　庭	平均每间人数
中国职员	3.04
中国工人	7.30

说明：为便于比较,以一百五十英方尺为每间共同单位。
数据来源：《上海公共租界工部局工业社会处关于华籍职员生活费的临时指数》,上海市档案馆藏,档号：U1-10-58,第 23 页。

150 英方尺换算成平方米是 13.94 平方米,结合前述中国职员家庭每户平均人口是 7.60 人,这样折算下来,每户中产阶层家庭的住房面积大致是 34.85 平方米。换言之,平均每户职员家庭占有 2.5 间房间。这样的住房环境并不能算舒适,仍显局促狭小。然而与工人相对照的话,差别就很显著了。工人家庭每间 13.94 平方米的房间,需要容纳 7.30 人,几无立锥之地,

---

[1]　罗苏文：《近代上海都市社会与生活》,中华书局 2006 年版,第 67 页。
[2]　或人：《救救大家》,《申报》1940 年 5 月 8 日,第 11 版。

其拥挤程度可想而知。即便是所谓72家房客的拥挤环境下,职员的人均居住空间也几乎是工人家庭的2.4倍。

民以食为天,除了住房条件外,工业社会处还对上海职员家庭的食物消费量以及饮食习惯有过详细的调查与统计。一般而论,职员家庭因为家庭收入较高,似乎应该有更好的饮食水准。然而统计结果与这种想象大相径庭。

表6 职员家庭每日平均食物消费量

食 品	职员家庭(1941年)			工人家庭(1941年)		
	种类数量	消费量(克)	热量(卡路里)	种类数量	消费量(克)	热量(卡路里)
谷类	29	529	1 825	14	614	2 127
豆类	33	77	133	12	63	72
蔬菜	65	501	167	35	341	66
叶子类蔬菜	26	320	84			
根茎类蔬菜	11	133	70			
果类蔬菜	8	48	13			
冷冻类蔬菜	20					
水果和核壳类	41	13	36	10	2	6
动植物油	9	26	245	4	22	202
蛋和牛奶	11	63	56	6	1	2
肉类	28	32	148	9	9	37
鱼	23	22	25	12	31	19
其他海产品	23	4	6	10	7	2
调味品	43	54	94	10	56	89
酱油	21	40	22			
糖	6	14	56			

续 表

食 品	职员家庭(1941 年)			工人家庭(1941 年)		
	种类数量	消费量(克)	热量(卡路里)	种类数量	消费量(克)	热量(卡路里)
饮料	16		16			
每日合计	305	1 321	2 735	122	1 146	2 622

数据来源:《上海公共租界工部局工业社会处有关华籍职员生活费用的文件》,上海市档案馆藏,档号:U1-10-16,第 15 页。

　　上海工人营养水平较差是一个普遍认知的事实。1935 年上海一所医学研究机构对上海人的膳食加以研究,发现即使每天吃到一点猪肉的工人,每日所摄取的卡路里,也不超过 2 600 卡,其中 75.1% 来自碳水化合物,15.4% 来自脂肪,9.5% 来自蛋白质。而正常人每日所需的卡路里,至少应有 3 000—4 000 卡路里,其中 45% 应来自脂肪和蛋白质。更为严重的是,受测者中 70% 缺乏维生素 A,80% 缺乏维生素 B,40% 缺乏维生素 C,显示出工人所摄取的卡路里,在量和质上,均未达到标准。[①] 然而令人吃惊的是,作为收入位居中流的上海中产阶层职员家庭,是上海中等社会的主要社会力量之一,其食物消费的营养水平竟然与工人家庭相差甚微。按照表 6 的数据,职员家庭每人每日热量摄取量为 2 735 卡路里,而工人家庭每人每日热量摄取量为 2 622 卡路里,总共只有 100 多卡路里的热量差额,差距并不显著。当然需要注意到,关于这点,东西方食品分量和分配的不同也是重要原因之一。西方人的饮食主要是肉食与牛乳,其所含的热量巨大,而谷类蔬菜不过是次要食物而已;中国人的饮食结构则反之。

　　详细区分的话,在热量构成中依然可以发现职员家庭与工人家庭的差别。如职员家庭的食物消费品种比工人家庭丰富许多,总计 305 种;而工人家庭的食物消费品种则单调、贫乏得多,只有 105 种。在各项分类项目中,差别最为显著的是水果和核壳类与调味品的消费种类。前者是 41 种对 10

---

　　① 张玉法:《中华民国史社会志(初稿)》上册,台北"国史馆"编印,1999 年,第 466 页。

种,后者是 43 种对 10 种。这显示出作为中产阶层的职员家庭对水果等富含多种维生素的营养食物的偏好,以及对食物滋味(调味品)品尝的热衷。与工人家庭膳食中蛋白质和脂肪的缺乏不同,职员家庭的蛋和牛奶、肉类、鱼的热量消费分别是 56、148、25 卡路里。这与工人家庭这三类食品的热量摄入量分别为 2、37、19 卡路里形成鲜明反差。相较而言,即便是在日摄入卡路里数量差距不大的情况下,职员家庭食物热量来源的多样化与饮食的丰富度远远超过工人家庭。食物消费种类的差别,显示出中产阶层饮食更加精致、丰富,表达了中产阶层都市人群对生活品质的追求。

这样的营养水平表明全面抗战爆发后,上海职员家庭日益陷入窘困,入不敷出了。就每日热量的摄入量而言,到 1941 年(也就是该项统计实施年度),上海职员家庭的营养水平已经逐渐降低到了与工人家庭相差无几的程度。然而事实是相当复杂的,下面我们把 1941 年职员家庭营养水平分配的统计数据与 1936 年的同类统计作一对比:

表 7　食物营养分配百分率　　　　　单位:%

食　物	职员 (1941 年)	工人 (1941 年)	职员 (1936 年调查)	美国
谷　类	69.4	81.1	69.5	38.2
豆　类	4.9	2.7	5.0	11.4
蔬　菜	12.4	2.5	13.2	
动物性食品	9.7	2.3	8.3	39.9
杂　类	3.5	11.4	4.0	10.5
合　计	100.0	100.0	100.0	100.0

数据来源:《上海公共租界工部局工业社会处有关华籍职员生活费用的文件》,上海市档案馆藏,档号:U1-10-16,第 16 页。

通过表 7 数据对比可以发现,职员的食物营养分配中,其谷物(所谓碳水化合物)消费比例为 69.4%,低于工人的 81.1%,而脂肪与蛋白质消费比例则高于工人。以蔬菜消费比例来说,职员是 12.4%,而工人则是 2.5%;动物性食品消费比例,职员是 9.7％,而工人则是 2.3％。这意味着职员的营养结构中,蛋白质与脂肪消费量远高于工人。他们比工人吃更多的肉和蔬菜以及水果,大米则吃得相对不多。而且通过与 1936 年的同类统计作对比,更可以进一步确认,即使经历了战争的摧残,职员家庭的饮食结构也基本变化不大。也就是说,即便是因为战争的爆发,上海中产阶层群体的生活状况日益窘困,然而其长期以来形成的饮食偏好与习惯并没有发生太大的变化。热量摄入量的不足至多只是表明,他们面对艰难时世,理性地选择节衣缩食的策略来渡过难关。当然,如果将上海职员与工人统合起来,与美国的相关调查数据对比,就可发现,同美国的饮食结构相比较,上海人(包括中产阶层与产业工人)的营养水平确实偏低,处于一种营养不良的状况下。不过,对这一事实应该作更加深入的社会分析。比之当时的西方人,中国人的收入普遍偏低,即便是中产阶层都市人群,其收入与美国也是差距甚大,收入低使他们无法购买更多的肉食。此外,与西方不同,中国家庭根本没有电气化可言,因此没有冰箱来储藏肉食。这也表明,上海中产阶层家庭依然保持着中国传统的烹调习惯。在铺天盖地的营养广告、营养专家建议,以及一波又一波的西方饮食潮流冲击着人们胃肠和心灵的同时,中国人传统的饮食习惯依然牢固地保持着。这种饮食习惯的坚守,一方面是贫穷与收入不足的结果,另一方面也暗示着西方影响仍然有限。

　　住房与饮食都是日常生活的必需品,然而要维持这样的消费水准,则驱使着中产阶层们加倍埋头苦干,养家糊口。关于上海各行业各等级职员的工薪收入,工业社会处曾在 1936 年作过相关统计,其结果见下表:

表 8　1936 年上海各行业各等级职员月均工资　　　　单位：元

分　类	高级职员	中级职员	低级职员	练习生 （学徒）	所有职员
A. 制造业	212.60	193.23	56.80	14.37	76.84
B. 金融业	491.22	199.42	91.82	13.42	134.53

续　表

分　类	高级职员	中级职员	低级职员	练习生（学徒）	所有职员
1. 银行	460.71	196.71	92.57	15.58	134.24
2. 保险	600.77	240.45	85.40	8.80	137.20
C. 商业零售	409.04	203.29	74.30	21.36	82.68
D. 公共服务	435.26	305.31	83.91		124.16
E. 教育服务	308.39	213.44	155.17		160.32
1. 高校（学院）	416.43	306.54	239.69		233.77
2. 中学	253.75	178.12	120.68		130.67
3. 小学	150.00	99.24	62.56		67.71
F. 专业服务		300.00	100.00		153.33
G. 报纸	991.67	293.87	146.55	27.27	169.99
H. 医院	685.00	285.40	87.44		99.45
I. 传教/慈善事业		126.83	44.96		54.54
所有行业	386.31	215.70	86.61	19.80	114.98

说明：此处户均人口 6.55 口。

数据来源：《上海公共租界工部局工业社会处关于上海市生活概况的调查报告》，上海市档案馆藏，档号：U1-10-129，第 50 页。

工业社会处的统计样本分类详细，将上海职员分为高级职员、中级职员、低级职员、练习生（学徒）等四大类。从中可以发现，上海各行业职员的平均月工资为 114.98 元。而根据《密勒氏评论报》1931 年的一篇报道，在构成上海中产阶层的办公室工作人员中，不到 30% 的人月收入能达到 100 元以上。[①] 另根据《中国劳动问题》的统计资料，上海一个典型五口之家的生活

---

① *The China Weekly Review*，Sep.12，1931，p.58.

水平以每月 200 元为中上等之分界线，每月 66 元为一般市民经济状况，每月 100 元以上至 200 元左右为中等生活，每月 30 元为贫民的下等生活分界线。① 可见此处统计的上海各行业职员的平均月工资水平似乎更加贴近中层以上职员工薪等级。按照职员等级来划分的话，练习生（学徒）的平均月工资最低，每月只有 19.80 元。在练习生（学徒）群体中，平均月工资最高的行业则是报纸等传媒行业，每月平均工资为 27.27 元。低级职员的平均月工资为 86.61 元，其中制造业低级职员的月平均工资为 56.80 元。低级职员平均月薪最高的是教育行业，为 155.17 元。其中又以高校教师的月薪为最高，即便是刚入职的讲师、助教，平均月薪也有 239.69 元；中学教师其次，为 120.68 元；再次为小学教师，是 62.56 元。这一情况与上海 20 世纪 30 年代对一些社会阶层的收入所作的统计是大致吻合的，其大体情况是：小学和中学教员为 30—100 元及 70—160 元；大学教师、助教 100—160 元，讲师 160—260 元，教授 400—600 元。② 中级职员的平均月薪为 215.70 元。而高级职员的平均月薪为 386.31 元，其中薪水最高的是新闻报纸行业，为 991.67 元，其次为医疗行业，平均月薪为 685.00 元。

若从行业来分析的话，则可以发现，所有职员等级平均月薪最高的几大行业依次是新闻报纸行业（169.99 元）、教育服务行业（160.32 元）、专业服务（153.33 元）、金融业（134.53 元）。其中高等院校在教育服务行业中平均月薪又是最高的，计每月 233.77 元。以上数据揭示了这样一个现象，即教育行业尤其是高等教育领域是月收入最高的几个行业之一，从而表明民国时期的大学教授职业乃是一个高薪行业。其次金融业、医疗、报纸、专业服务等则是所谓的高级服务业，无论其高、中、低职员，都拥有不错的薪水。与之相比，制造业、商业零售行业的职员薪资则普遍不高，如制造业所有等级职员平均月薪只有 76.84 元，而低级职员更是只有区区 56.80 元。商业零售业所有等级职员平均月薪略高些，为 82.68 元，其中低级职员的平均月薪只有

---

① 唐海：《中国劳动问题》，上海光华书局 1927 年版，第 183—184 页。

② 忻平：《在上海发现历史——现代化进程中的上海人及其社会生活》，上海人民出版社 1996 年版，第 320 页。

74.30元。制造业低级职员的薪水较低,可以认为是由于工厂中的低级职员大多是所谓工头等,属于脑力技能不高的管理阶层。同理也可以用来解释商业零售业低级职员的低薪,店员等低级职员大多是迫于生活而就业的青年,知识水平并不高,处于中产阶层的下端。

上海各行业中产阶层职员的收入水平,在当时的社会阶层中定位如何呢?这里我们需要将上海工人的薪水作一参考对比。

表 9　工人收入、工时统计(1936 年)

	男　工	女　工	全部工人
中国工厂工人月工资(元)	24.08	11.02	14.36
中国工厂工人日工资率(元)	0.95	0.48	0.61
中国工厂工人每日工作小时	9.89	10.78	10.57
外国工厂工人月工资(元)	30.20	16.78	25.48
外国工厂工人日工资率(元)	1.14	0.69	0.99
外国工厂工人每日工作小时	8.97	10.60	9.55

数据来源:《上海公共租界工部局工业社会处关于上海市生活概况的报告及各种统计表》,上海市档案馆藏,档号:U1-10-130。

如表 9 所展示的,上海中国工厂工人平均月工资为 14.36 元,其中男工为 24.08 元,女工为 11.02 元;而外资工厂工人平均月工资为 25.48 元,其中男工为 30.20 元,女工为 16.78 元。从工作时间来看,华资工厂工人每日工作时间为 10.57 小时,其中男工为 9.89 小时,女工为 10.78 小时;而外资工厂工人每日工作小时为 9.55 小时,其中男工为 8.97 小时,女工为 10.60 小时。综合来看,无论是收入上还是工作时间上,中资工厂待遇普遍比外资工厂差。就收入而言,外资工厂工人工资是华资工厂的 2 倍不到,每日工作时间则比华资工厂少 1 个多小时。中国工人待遇之恶劣,工作时间之漫长,可以从另一份史料得到佐证,据《中华民国史社会志(初稿)》一书记载:中国工人的劳动时间特别长,如 1936 年上海各业平均工时数为 10.57 小时,

1938 年为 11.03 小时,同时期德国为 7.59 小时,美国为 6.91 小时,就是工业国中劳动状况最为恶劣的日本也不超过 10 小时。[①] 此外,男女工人同工不同酬的现象相当严重,无论是华资还是外资工厂,女工始终是工作时间最长而工资收入最低的弱势群体。

表 8 中所统计的职员收入,在 20 世纪 30 年代的购买力又是怎样的呢?显而易见,我们只有了解以上收入在当时的购买力水平,才能对上海中产阶层的生活状况有一个客观的把握与判断。而工业社会处的主要职责就是统计上海的物价水平,并制定职员和工人的最低工资标准。工业社会处曾在 1936 年对上海的职员满足最低消费所需的工资作过调查,具体数据见表 10：

表 10　维持职员家庭生活所需要达到的工资(1936 年)

	收入(元)	百分比
基于 93 种消费品合计	61.29	100.00％
家主收入	52.16	85.11％
其他家庭成员收入	1.80	2.93％
其他收入	7.33	11.96％
基于 62 种消费品合计	48.64	100.00％
家主收入	41.40	85.11％
其他家庭成员收入	1.42	2.93％
其他收入	5.82	2.93％

数据来源：《上海公共租界工部局工业社会处关于上海市生活概况的调查报告》,上海市档案馆藏,档号：U1 - 10 - 129。

根据表 10 所列数据可以发现,家主的收入占到职员家庭总收入的绝大部分,即 85.11％。这印证了上海中产阶层家庭的男女分工形态,大部分中产阶层家庭的太太是全职家庭主妇,没有经济来源。另外也表明中产阶层

---

① 张玉法：《中华民国史社会志(初稿)》上册,第 453 页。另该书所采用的 1936 年上海各业平均工时数为 10.57 小时,显然是指华资工厂,而没有将外资工厂计算在内。

家庭的主要经济来源是工薪收入。按消费品的种类核算,基于93种消费品合计,一户中产阶层家庭的最低月收入应该不低于61.29元,其中家主收入应不低于52.16元。如果以62种消费品合计的话,那么一户中产阶层职员家庭的最低月收入应该不低于48.64元,其中家主收入应不低于41.40元。

将表8与表10所列数据相对照就可发现,1936年时,上海各业职员的平均月收入为114.98元,即使占绝大部分的低级职员,平均月收入也有86.61元,都远远超过了职员维持体面生活的最低工资标准。可见在全面抗战开始之前,大部分的职员生活尚称安逸,具有相当的家庭消费能力,并有不少每月结余,可以用来储蓄或者投资。正是收入的宽裕才会导致中产阶层家庭的太太无须外出求职谋生,贴补家用。这一经济状况可以印证中产阶层家庭男女分工模式的缘由。

与之相比,工人家庭的经济状况则有相当大的差异,甚至可以认为是远远不如职员等中产阶层的家庭。工业社会处为了制定上海工资指数和消费指数等数据,也曾对上海工人家庭维持最低消费的工资额度作过统计,结果见表11:

表11　维持工人家庭生活所需要达到的工资(1936年)

	收入(元)	百分比
基于54种消费品合计	22.72	100.00%
家主收入	15.04	66.20%
其他家庭成员收入	3.02	13.29%
其他收入	4.66	20.51%
基于38种消费品合计	18.57	100.00%
家主收入	12.31	66.20%
其他家庭成员收入	2.47	13.29%
其他收入	3.81	20.51%

数据来源:《上海公共租界工部局工业社会处关于上海市生活概况的调查报告》,上海市档案馆藏,档号:U1-10-129,第47页。

由表 11 可知,与职员家庭一样,上海工人家庭的主要家庭来源似乎也来自家主,但其比例则大大降低,大概只占工人家庭每月工资的 66.20%。这进一步暗示了前述工人家庭为双职工上班养家糊口的现象是比较符合当时实际情况的。如果是基于 54 种消费品合计的话,一户工人家庭维持生活的每月最低收入是 22.72 元;而如果以基于 38 种消费品合计的话,每户工人家庭维持正常生活的每月最低收入则须是 18.57 元。也就是说,一户工人家庭维持正常温饱的最低月薪必须是高于 20 元,否则一家老小就有饱尝饥饿之虞。此外北平调查所 20 世纪 30 年代对上海工人家庭的调查也显示,上海纱厂工人家庭每月平均收入为 33 元。[1] 而按照上海市社会局的统计,20 年代末上海每户工人家庭的年均收入为 416.51 元。[2] 分摊到每个月计算,则每月平均收入为 34.71 元。这与上文中工部局统计的男工月均工资为 24.08 元,女工月均工资为 11.02 元,夫妻二人每月收入相加为 35.1 元大致相当(工人家庭一般为双职工家庭)。

将表 10 与表 11 比较可知,上海职员家庭的收入水平和消费水平远高于上海工人家庭,这两个社会阶层间的收入差距明显。

再回到工业社会处 1941 年的调查统计,其关于职员家庭每月家庭收入的数据见表 12:

表 12　职员家庭每月收入(1941 年)

收入(丈夫)	实数(元)	百分比
	中国职员	中国职员
正薪	189.27	27.50%
津贴	355.58	51.65%
分红	15.09	2.19%

---

[1]　杨西孟:《上海工人生活程度的一个研究》,载李文海主编:《民国时期社会调查丛编·城市(劳工)生活卷》,福建教育出版社 2005 年版,第 252 页。

[2]　上海市社会局:《上海市工人生活程度》,载李文海主编:《民国时期社会调查丛编·城市(劳工)生活卷》,福建教育出版社 2005 年版,第 354 页。

续　表

收入（丈夫）	实数（元）	百分比
	中国职员	中国职员
杂收	24.92	3.62％
丈夫收入总计	584.86	84.96％
家属收入	26.49	3.85％
每户家庭平均收入	611.35	88.81％
其他进益	77.03	11.19％
总计	688.38	100.00％

数据来源：《上海公共租界工部局工业社会处关于华籍职员生活费的临时指数》，上海市档案馆藏，档号：U1-10-58，第19页。

由表12可知，在每月总计家庭收入688.38元中，丈夫收入计584.86元，占家庭收入的比重为84.96％。这进一步证实了丈夫是主要的赚面包者和家庭供养者。与之相比，家属收入则无足轻重，计26.49元，所占份额为3.85％。在男性家主收入构成中，所占份额最大的是津贴而非正薪，为355.58元，所占比重51.65％，达到其收入的一半以上。

三、全面抗战爆发后上海职员家庭生活消费的具体情况和分类

关于20世纪40年代上海职员家庭生活消费的具体情况和分类，可将全面抗战爆发这个节点作为区分标准。直至1936年为止，上海中产阶层（职员为主）家庭的生活尚称安逸，这一阶段的具体情况见表13：

经过对比，可以发现职员家庭与工人家庭收入的巨大差别。职员家庭如果按照96种商品作为基点统计，用于食物的开支为28.004元，用于住房的开支25.144元，用于衣服的开支8.003元，杂项开支9.840元，总计开支为70.991元。显而易见，食物和住房开支是中产阶层家庭

最大的两笔消费开支。以衣服为例，中产阶层作为职员或者专业人士，需要经常参与社交活动，以构筑稠密的人际网络，故而是极其重视衣服的，由此在衣服方面的开支也颇为惊人。工人家庭的统计则是以 54 种商品作为基点。其消费品远少于中产阶层家庭，其中食物开支所占份额最大，为 13.584 元，用于住房的开支为 4.917 元，用于衣服的开支只有区区0.687 元。一份调查中就称工人"每人全年衣着费，只够中上社会的人购买皮鞋一双"[1]。这一悬殊的数字反差表明，与中产阶层相比，上海工人家庭不仅吃得很差，而且住房更差，用于衣服的开支极低，表明其社交生活的贫乏。

表 13　职员与工人家庭消费水准对比(1936 年)

职　　员			工　　人		
项　　目	数量	1936 年消费额(元)	项　　目	数量	1936 年消费额(元)
(A) 96 种商品			(A) 54 种商品		
食物	43	28.004	食物	28	13.584
房屋	11	25.144	房屋	9	4.917
衣服	24	8.003	衣服	11	0.687
杂项	18	9.840	杂项	6	1.605
总计	96	70.991	总计	54	20.793
(B) 74 种商品			(B) 38 种商品		
食物	35	24.464	食物	23	13.060
房屋	11	25.144	房屋	7	3.127
衣服	18	5.549	衣服	5	0.449

---

[1]　上海市社会局：《上海市工人生活程度》，载李文海主编：《民国时期社会调查丛编·城市(劳工)生活卷》，福建教育出版社 2005 年版，第 407 页。

续　表

职　　员			工　　人		
项　目	数量	1936 年消费额（元）	项　目	数量	1936 年消费额（元）
杂项	10	3.635	杂项	3	0.421
总计	74	58.792	总计	38	17.057

数据来源：《上海公共租界工部局工业社会处关于工人、职员生活费指数和收入水平的统计表》，上海市档案馆藏，档号：U1-10-64。

　　为了对这一时期上海中产阶层的生活消费有一个更客观的认识与衡量，这里有必要引入恩格尔系数①作为参照比较标准。如以 96 种商品作标准衡量，上海职员家庭的恩格尔系数为 39.45％；如以 72 种商品作标准衡量，上海职员家庭的恩格尔系数为 41.61％。以上数据表明，这一时期的上海中产阶层（职员）家庭的生活基本处于小康水平。② 相形之下，上海工人家庭的生活状态则并不乐观。如以 54 种商品作标准衡量，上海工人家庭的恩格尔系数为 65.33％；如以 38 种商品作标准衡量，上海工人家庭的恩格尔系数为 76.59％。以上数据表明，这一时期的上海工人家庭的生活处于绝对贫困水平。

　　全面抗战的爆发改变了这一切。自全面抗战爆发后，原本作为小康人家的上海中产阶层生活状况每况愈下，渐渐入不敷出。到 1941 年，工业社会处对上海中产阶层的抽样调查显示，战前繁盛的中产阶层已如明日黄花。

---

　　① 国际上常常用恩格尔系数来衡量一个国家和地区人民生活水平的状况。根据联合国粮农组织提出的标准，恩格尔系数在 59％以上为贫困，50％—59％为温饱，40％—50％为小康，30％—40％为富裕，低于 30％为最富裕。其公式表示为：恩格尔系数（％）＝食品支出总额/家庭或个人消费支出总额×100％，恩格尔定律主要表述的是食品支出占总消费支出的比例随收入变化而变化的一定趋势。揭示了居民收入和食品支出之间的相关关系，用食品支出占消费总支出的比例来说明经济发展、收入增加对生活消费的影响程度。众所周知，吃是人类生存的第一需要，在收入水平较低时，其在消费支出中必然占有重要地位。随着收入的增加，在食物需求基本满足的情况下，消费的重心才会开始向穿、用等其他方面转移。因此，一个国家或家庭生活越贫困，恩格尔系数就越大；反之，生活越富裕，恩格尔系数就越小。参见"恩格尔系数"，中国经济网，2020 年 7 月 14 日。
　　② 与之相对照，上海直至 2002 年恩格尔系数才首次跌破 40％，接近中等发达国家水平，成为上海市民小康富裕型消费的重要标志。参见东方网 2002 年 12 月 31 日消息。

表 14　职员家庭每家每月消费支出(1941 年)　　　　　单位：元

消　费　支　出	中　国　职　员
食物类	
谷类	166.11
肉、鱼、水产品、蛋等	88.05
蔬菜	36.08
豆及豆制品	20.06
脂肪植物油及调味品	36.17
牛乳、牛乳制品及糖果	27.19
水果、有壳果	13.68
饮料	6.50
未分类食品	0.33
在外膳食	23.08
总计	419.25
住房类	
房租	59.67
市政捐	4.35
电灯及燃料	50.27
水	2.76
家具及家庭设备	13.90
修理	4.39
总计	135.34

续　表

消 费 支 出	中 国 职 员
衣着类	
衣着品	45.85
衣料	45.02
裁缝成衣	10.47
洗涤	11.46
总计	112.80
杂品类	
医药卫生	33.16
保险	0.52
教育文化	11.66
娱乐赌博	15.38
运输交通	26.24
会费	1.78
送礼慈善	41.82
社交	13.32
烟草	11.71
仆役工资	8.67
化妆品	8.31
钟表饰物	1.38
旅费	1.34
寄乡维持费	3.20

续　表

消 费 支 出	中 国 职 员
津贴及小孩家用	19.68
宗教	3.88
杂品	1.06
其他	13.54
总计	216.39

数据来源:《上海公共租界工部局工业社会处有关华籍职员生活费用的文件》,上海市档案馆藏,档号:U1-10-16,第29页。

　　由表14可知,到1941年,上海中产阶层(职员)家庭的生活已大不如前。其每月总计消费支出885.43元,而月收入则只有区区688.38元,如果没有其他进项或者卯粮寅吃的话,几乎无力支撑。在总计885.43元的每月消费中,食物类占了将近一半的份额,达到47.34%,即恩格尔系数为47.34%。虽然仍然勉强处于小康水平,然而与1936年40%左右的恩格尔系数相比,其生活条件在渐渐恶化。这反映了战争引发的通货膨胀恶果已经悄然显现。至于这些支出所占的具体份额,可参考表15:

表 15　职员家庭每家每月各项消费品支出百分率(1941 年)　　单位:%

食 物 类	百分率	食 物 类	百分率
谷类	18.76	鱼肉水产蛋类等	9.94
蔬菜	4.30	豆及豆制品	2.27
脂肪植物油及调味品	4.08	牛乳、牛乳制品及糖果	3.07
水果有壳果	1.54	饮料	0.73
未分类食品	0.04	在外膳食	2.61
总计	47.34		

续　表

住　房　类	百分率	住　房　类	百分率
房租	6.74	市政捐	0.49
电灯及燃料	5.68	水	0.31
家具及家庭设备	1.57	修理	0.50
总计	15.29		
衣　着　类	百分率	衣　着　类	百分率
衣着品	5.18	衣料	5.08
成衣工资	1.18	洗涤	1.30
总计	12.74		
杂　品　类	百分率	杂　品　类	百分率
医药卫生	3.74	保险	0.06
教育文化	1.32	娱乐赌博	1.74
运输交通	2.96	会费	0.20
送礼慈善	4.70	社交	1.50
烟草	1.32	仆役工资	0.98
化妆品	0.94	钟表饰物	0.16
旅费	0.15	寄乡维持费	0.36
津贴及小孩家用	2.22	宗教	0.44
杂品	0.12	其他	1.55
总计	24.44		

数据来源:《上海公共租界工部局工业社会处关于华籍职员生活费的临时指数》,上海市档案馆藏,档号：U1-10-58,第 20 页。

　　在食物类支出中，谷物消费，也就是当时所称的米面消费仍占绝对份额，达到职员家庭每月消费总额的 18.76％，在总计占比 47.34％ 的食物类消费中占不到一半，也就是约 39.63％。这与当时一般工人家庭谷物类消费占到食物类消费的 1/2 以上是不同的。[①] 鱼肉水产蛋类等也占了相当比例，占职员家庭每月消费总额的 9.94％，计每月支出 88.05 元，占食物类消费总额的 21％ 左右。牛乳、牛乳制品及糖果消费则占职员家庭每月消费总额的 3.07％。这一项食物消费尤其是牛乳、牛乳制品在一般工人家庭调查中很是稀有。如在 20 世纪 30 年代的一份工人调查中发现，305 个记账家庭中，购买牛乳的只有 20 家。[②] 相对于工人家庭，较为富裕的中产阶层家庭谷物类消费份额减少，而鱼肉水产蛋类及其他消费类目份额则增多。从食物营养价值角度而言，这意味着更多的营养价值与更健康的身体。即便处于生活状况每况愈下的战时，中产阶层家庭的传统饮食习惯和消费习惯也并没有发生多大变化。他们宁可多借支储蓄资产，也要维持体面生活和生活品质。另外职员家庭的在外膳食支出不大，为 23.08 元，比之从前大有减少。住房类支出为 135.34 元，所占份额为 15.29％。衣着类消费为 112.80 元，所占份额为 12.74％，仅次于住房类开支，显示了中产阶层家庭对衣着的重视。至于个中原因，则是中产阶层家庭参与了更多的社交活动或者家庭间、邻里间的走动，社交本身就是社会互动的形式。此外，服饰也是社会地位与身份的象征。中产人士有着独特的生活品位，这种独特品位首先表现在衣着上。中产阶层的男性和女性无论在什么时候，对自己的服装和打扮都十分注意。据报云，上海人崇尚虚荣，最喜欢装潢门面，而不问自己的环境如何，财力如何。"就是每月只有几十元薪资的小职员，也都是浑身上下内外，完全是绸质做的。"[③]其余杂项类开支为 216.39 元，所占份额为 24.44％。中国素称礼仪之邦，亲戚朋友之间的婚丧嫁娶，都免不了礼尚往来。因此在各项杂

[①] 上海市社会局：《上海市工人生活程度》，载李文海主编：《民国时期社会调查丛编·城市（劳工）生活卷》，福建教育出版社 2005 年版，第 365 页。

[②] 上海市社会局：《上海市工人生活程度》，载李文海主编：《民国时期社会调查丛编·城市（劳工）生活卷》，福建教育出版社 2005 年版，第 427 页。

[③] 《上海人之衣》，《申报》1936 年 10 月 20 日，第 16 版。

项开支中,所占份额最大的是送礼慈善,达到了 4.70%,这证明了上海中产阶层有着比较丰富的社交生活,而且送礼这样的交际行为有助于人际关系网络的构建,从而推动他们的事业发展。余下的杂项消费则包括教育、卫生等项目。

相较而言,处于中产阶层下端的小职员家庭的日常生活更加困苦些。小职员家庭的生活情况大致是,"年来沪上生活之剧变,而人口又增添其二,衣食负担,当然紧上加紧,娘姨早经辞去,家庭事务,自己全干,黎明即起,洒扫净盂,生炉折被,大小分工合作,诸孩事毕,盥洗早餐入学,耐劳克苦之精神,从不间辍,本身方面,瘁躬慎俭,烟酒嫖赌,绝不敢嗜犯,娱乐场所,亦无暇涉足,只以受时代生计之重重压迫,目今每月薪津虽有一千二百元,以全数支开家庭用度,时感左支右绌,应付为艰,只以食米项,每月占薪金百分之七十;(因市区户口米,按月不能依照规定配给,每月须添购黑市米约八斗。)日用小菜,油糖杂费,占百分之五十五,房金学费,占百分之十五,(四孩入学)应酬、添置、医药按月无标准,平均作百分之三十。"① 可见,底层小职员家庭需要把月收入的百分之五十五用于小菜、油糖杂费等食品类。

尽管囊中羞涩,中产阶层人家对文化事业仍然倾注了很大关注。其中每 100 户职员家庭订阅报刊数为订阅日报的有 35 家,订阅杂志的有 22 家。② 由于报刊售价还比较低廉,中产家庭还能勉强负担。然而图书,则基本无力负担。工业社会处 1941 年的调查中就发现,"购买职业与文化有关书籍者寥若晨星,即便大学教授也无力购置。"③ 与 1936 年相比,1941 年的上海中产阶层已到了山穷水尽的地步,已经从战前的小康人家逐渐沦落至仅仅勉强满足温饱的状态。许多中产阶层家庭的月薪根本不够维持日常开支。不少人已开始动用多年的积蓄来艰难度日。关于这一时期中产阶层家庭的日常开支及支付见表 16:

① 《一个薪水阶级的家庭生活》,《申报》1943 年 5 月 11 日,第 5 版。
②③ 《上海公共租界工部局工业社会处关于华籍职员生活费的临时指数》,上海市档案馆藏,档号:U1-10-58,第 23 页。

表 16　职员家庭每家每月其余进项和其他支付

项　　目	数额（元）	百分比（%）	
	职　员	职　员	工　人
其他进益			
资产损益数额			
银行提取	148.46	15.29	1.90
贷款回收	21.50	2.22	0.21
日用品出售	7.15	0.74	
其他	6.13	0.63	
流动现金增加数额			
借入	84.71	8.73	11.93
银钱会基金①中进项	12.85	1.32	8.85
典当进项	0.52	0.05	0.38
其他	0.95	0.10	
其他进益（资产损益数额＋流动现金增加数额）合计	282.27	29.08	23.27
收入加其他收入	688.38	70.92	76.72
收入加其他收入加其他进益	970.65	100.00	100.00
其他支付			
资产增值支付			
存款	5.76	0.59	0.04
人寿保险	1.54	0.16	
股票和债券投资收入	0.08	0.01	

---

　① 所谓的银钱会基金，属于一种非专门的小额信贷。银钱会是一种临时性经济互助组织，指的是当时由几个人依照信誉大小集合组织起来的互助会（信用合作机构），专门用于借贷。

续　表

项　　目	数额(元) 职　员	百分比(%) 职　员	百分比(%) 工　人
会费	2.42	0.25	0.59
出借	1.21	0.13	0.09
存款支付	0.21	0.02	
流动现金减少			
偿还债务	24.40	2.51	1.92
其他支付合计	35.62	3.67	2.64
消费品支出加非消费品支出	885.43	91.22	94.18
消费品支出加非消费品支出加其他支付	921.05	94.89	96.82
手持现金	49.60	5.11	3.18

数据来源:《上海公共租界工部局工业社会处有关华籍职员生活费用的文件》,上海市档案馆藏,档号:U1-10-16,第30页。

　　由表 16 可知,到了 1941 年,恶性通货膨胀导致职员家庭生活每况愈下,职员家庭每月来自薪水的现金收入基本不敷入用,如果单靠工薪收入,是无法维生的。如表 16 所示,职员家庭每月的薪水收入仅 688.38 元,占总收入的 70.92%。进项的其余部分则必须由其他进益(储备的资产)中提取,这一部分的数额为 282.27 元,占的比例为 29.08%。资产损益数额大半来自银行存款,为 148.46 元。余下来源则是贷款回收 21.50 元,日用品出售 7.15 元,其他收入 6.13 元。至于其他进益来源的第二部分,则是流动现金增加数额,其中主要借款为 84.71 元,其次为从银钱会基金中取得进项 12.85 元;由于当时的银行和其他金融机构几乎没有消费信贷业务,正规金融的介入还不成规模,老百姓平时要借钱,以解燃眉之急的时候,只能基本在亲戚、朋友、邻里网络间相互帮助,这也就是银钱会产生的功用。相形之下,典当收益则只有区区 0.52 元。将两者相加的话,总收入为 970.65 元。而在消费支出方面,主要的支付是每月消费品支付,数额为 885.43 元,占支付比例的 91.22％;其余非消费品支出则主要是存款、保险和股票 3 项,金额依次为 5.76 元、1.54 元和 0.08 元。消费品支出加非消费品支出加其他支付总计 921.05 元。这样算下来,每月的现金结余只有 49.60 元。

其他收入方面,在统计样本家庭中,有支用存款者 50 家,借债者 46 家,收回欠款者 38 家,出卖旧货者 27 家,当物者 10 家。其他支出方面,略有储蓄者 40 家,保寿险者 17 家,投资者 1 家,贷出款项者 11 家,还款者 10 家,"自中日战事发生以来,已逾四载,储蓄款项,支用渐尽,拮据者多。"[①]按照《申报》对这一调查的转载评述,"就分析观察所言,职员家庭,属于所谓'长衫'阶级者,处境最难,其收入较低者更甚。""一百家中,家主正薪在旧法币一百元至二百元以下者,占 42％,在一百元以下者占 22.2％,二百元以上者占 36％。"那么这一收入在当时的实际消费水平到底如何呢?《申报》评论继续评价认为:"即在战前,币值未贬,八口之家,薪给百元,平均一人,只以十三元弱,不足维持衣食住行之资。职员家庭,子女众多,平均得 3.45 人,工人家庭 2.14 人。"[②]可见,即便月薪百元以上的职员,由于家庭人口负担重,上海作为大城市的生活费用也水涨船高,其家庭的生活压力也相当大。

值得注意的是,1937—1941 年也是民国时期上海经济繁荣周期的顶峰。自全面抗战爆发后,上海进入"孤岛"时期,却也是各种商业投机大行其道的时期。有则报道就以一个交易行职员的口吻自述道:"敝人服务于上海一个代客交易的银公司里充当一名小职员,每晨九时前公司里已坐满了客人(小投机家),若辈完全是些普通人(失业的商人占多数),虽然有一二特殊阶级的人(指富有者而言),他(她)们似乎染上瘾癖般,每晨九时,按时必到,风雨无阻;假使有那天不到,那问行情的电话至少要打来好几个。结果这些小投机家是大大的不幸,每天费了宝贵的光阴不计,还要赔了车钱、饭钱,且还要担着无穷的心事,月底结账,还是要亏蚀本钱。月底公司里总结账,客人的盈亏总结下来,盈数为五千左右,而亏数衡在四五万之上,平均起来,十个客人中

---

① 《中国职员生活程度(三)》,《申报》1942 年 8 月 8 日,第 5 版。
② 《中国职员生活程度(四)》,《申报》1942 年 8 月 9 日,第 5 版。

有九个以上是亏蚀的，即使侥幸而获盈余，而为数亦寥寥无几。其中是便宜了代客服务的银公司，钱庄，商号等。"①正是因为 1937—1941 年"孤岛"时期的上海事实上处于商业繁荣周期，各种资产投机风潮云起，上海的中产阶层可以将他们的工资收入投入理财投机性资产套利赚取差价，同时景气的商业周期也保证了上海中产阶层的日常生活水平暂时没有受到太大影响。

但"孤岛"的畸形繁荣仍然刺激着一般小职员的神经，有报纸报道描述道："前夜有个在××公司做小职员的亲戚来看我，一坐下来就谈着生活程度这样高上去，一般薪水阶级的人们怎样过下去？他尤其是他这四五十块薪水实在难以应付：穿衣零用……还有家里的妻常常写信来催钱。每月算起来总是亏空。但他如果有几个本钱，不至于弄到现在这样窘。像今年春里他怂恿过他的一个有钱朋友，叫他买一张他公司里的股票；然而那个朋友划算了一下说：不合算，因为存在银行制也有四五厘利息，而且又稳当。可是他愿意贴他朋友到一分半，因为股票上写我那亲戚的名字，到年终他借此可以分得到一笔较丰的红利，然而他那个有钱的朋友说：他的公司是专销外国货的，将来航路完全断绝了，就没有什么卖了，没有东西卖，股票还值钱吗？何况现在什么东西都可赚钱，何必要买这种呆板的股票呢？我的那个亲戚懊丧地继续说：如果他那个朋友当时听了他的话，以前二千块的股票现在票值三千多，而日到年底分起花红来只少拿得到千把块。但他没有听他的话，于是他怨艾到自己的命运不好了。"②当然，1941 年底太平洋战争的爆发证明了作者亲戚那位朋友的高瞻远瞩。太平洋战争爆发后，上海"孤岛"时期的经济泡沫破裂，无数投资者倾家荡产。

太平洋战争爆发之后，日本军队串同南京傀儡政府"接收"上海租界，实施统制政策，将工厂及商店置于残酷的军事管制之下，残暴地压迫中国职工。有些厂店行号直接由敌国资本家来经营，有些是由汉奸办理的。在敌伪管制的企业里，职工们失去了自由，他们的生活待遇也失去了应有的保障。职工们所得的工资与实在收入，只能是在饥饿的状态下挣扎。又因物

---

① 俊才：《小投机家可以醒了》，《申报》1940 年 9 月 30 日，第 14 版。
② 《老板与伙计的界限》，《申报》1941 年 11 月 3 日，第 14 版。

价不断上涨,伪币的价值日益低落,职工们仅得到十分微薄的收入,他们的生活实在是苦不堪言的。

而战时通货膨胀愈发加速。以 1936 年为基期的工人生活费指数,原是依照法币编制的,但自日寇侵入上海租界后就颁发了伪币。伪币在上海的通行期是从 1942 年起,至 1945 年日寇投降时为止。1942 年的生活费指数开始以伪币编制,那年与 1936 年相比,要高出 19 倍余,1943 年要高出 72 倍余,1944 年要高出 477 倍,1945 年要高出 60 581 倍。

上海另有专为职员使用的生活费指数,亦以 1936 年为基期,原来亦是用法币编制的,但 1942 年至 1945 年期间亦改用了伪币。与 1936 年相比,1942 年的职员生活费指数要高出 14 倍余,1943 年要高出 51 倍余,1944 年要高出 374 倍,1945 年要高出 42 139 倍。

余论

通过以上定量分析,我们似乎建构起了 1937—1941 年这一时期上海中产阶层家庭的平均生活水平的历史图景,即总体处于小康水平(全面抗战前)。然而,这里需要注意的是,上海城市过高的住房成本实乃包袱,而随后由战争引发的通货膨胀更是洗劫了中产阶层积累的财富。同时也要注意到 1941 年太平洋战争是一个重要的历史转折点。因为在 1941 年前,上海中产阶层的组成部分中有一个极为重要的洋员阶层。然而,太平洋战争爆发后,"英美商行,业务已大部停顿,华员之前途遂摇摇欲坠,若干家则已宣告解职遣散。尝与数洋行华员闲谈,得知目前情况之梗概。规模较大之英美洋行,已虽陷于半停顿中,但各职员仍须每天到行,薪津可望照发者甚少,减发者占多数,其工作之继续与否,全视洋行之本身命运而定,人事上之需要亦有决定之因素,大部分华员皆不能预测本身之前途,而表示悲观,处此生活程度高涨之际,数十万人一旦失业,确为社会严重不幸问题。德商洋行不受此次时局之影响,如颜料巨擘德孚洋行等,现仍照常营业,存货亦颇丰裕,惟已实行裁员一次,情形自较英美洋行为佳。少数欧洲战败国如捷克等洋行,虽未停闭,但闻所利赖之英美汇款,现告断绝,所雇华员乃减至最低人数。"①由此可见,太平洋战争爆发后,西方洋行绝大部分关闭了其在沪业务,致使原来作为上海中产阶层重要组成部分的洋员群体土崩瓦解,十几万洋行职员一夜之间失去谋生的职业,沦为无业人员,这无疑加速了上海中产阶层的无产化。

通过对工部局统计数据的探究,我们还需要提出进一步的疑问。一般而言,人们倾向于过分注意平均数统计分布,而忽视差异。② 本研究的目的在于,呈现全面抗战时期"孤岛"上海畸形繁荣的城市生活,从而扭转过往对沦陷区遭受严重破坏、经济凋敝、工商和金融萎缩等的既定印象。本研究也不认为这个中间地带的民众是"模棱两可""晦暗不明"的灰色状态。在抵抗和通敌合作之间有着一个广阔的中间地带,这一中间地带的主要特点既不是抵抗也不是通敌背叛,而是更为重要的——坚守。此外,本研究也很不认同,将欧洲"二战"史研究中的"合作"(即 collaboration,又译为"通敌"等)问题带入中国的抗战史研究,会是理所当然的合理路径。"二战"史中的"合作"问题得到注目,源于 20 世纪 70 年代法国历史学者对维希政府的研究。在欧洲一体化的进程中,显然要消除民族国家的壁垒,合作就有了面向未来的合法性,在这些新的历史编纂当中,最初作为"通敌"或"勾结"之义,即具有贬义的"合作"逐渐丧失了道德意涵。显然,这样的修正主义历史叙事同样也是服务于(欧洲一体化)政治建构的需要,与其试图修正的投敌叛国的民族国家叙事一样,只是将历史的钟摆从一个极端转向另一个极端。

当然,本研究仍然有不少地方值得深入探讨,譬如在研究中也不得不注意,这样的背景下,"平均"的生活水平统计数据可能会有问题,"平均"统计数据只说明抽象的人,而每一个具体的人,那些城市职员们,他们的艰辛很可能被悄悄地埋没在这个"平均"统计数据之下了。

---

① 《洋行华员的命运》,《申报》1941 年 12 月 24 日,第 5 版。
② 平均值很有可能模糊了事实上所存在的巨大差异,原因在于它完全掩盖了平均值的离散度。在这里可能存在着两种不同的情形:一种情形是,所有这些数值非常紧密地集中在平均数的周围;另一种情形是它们是离散的,而不是集中在平均数的周围。在那些贫富悬殊的社会中,经济统计中的"极端数据"会像磁铁一样把平均数极度地拉向自己一边,从而使得平均数出现一定程度的失真。相比之下,中位数或许是一个更好的选择。

长空余痕：全面抗战初期各方对
国民党空军远征日本的反应

潘　岩

（上海社会科学院历史研究所）

　　抗日战争全面爆发后不久，军事学家李浴日发表了《千机毁灭日本论》一文，从空袭的作用出发，延伸至目标与机种类型、数量，探讨了对日本本土进行打击的可能性，并最终推演出日本的毁灭。[①] 以当时的交战情形与双方力量对比而言，这颇有一些异想天开的意味，真正对日本实施千机规模的战略轰炸，直到 1944 年美国获得太平洋战争的军事主导权才得以实现。不过就在该文发表仅仅半年之后，中国空军竟然真的飞临日本本土，实现了这一"越洋爆击"的设想，堪称一个不大不小的"奇迹"。

　　在整个抗日战争时期，中国空军第一次也是唯一一次进入日本领空发生于 1938 年 5 月 19 日深夜至 5 月 20 日晨，由于其携带的并非炸弹而是传单，引起了当时国内舆论的广泛关注，并被冠以"人道远征""人道轰炸""人道东征""纸弹轰炸"等多种称谓。行动发生后，中日双方及上海公共租界中的英文报刊均对其进行了报道。直到今天，人们仍然对于这次行动怀有兴趣，对其进行叙述描写的作品层出不穷。但令人遗憾的是，对于这一问题的叙述多为纪实文学题材的论述，缺少从学术角度进行深度剖析的文章，且引用的报道多仅考察《新华日报》，而对同一时期的其他刊物、个人日记、英文

---

　　① 参见李浴日：《千机毁灭日本论》，《抗战半月刊》第 1、2 号合刊，1937 年 10 月 16 日，第 12—14 页。

报刊、日方材料等缺乏关注。目前相关研究多为简单叙事①,且同质化较高,其中较有代表性的作品应推唐学锋所著《中国空军抗战史》,书中对整个过程梳理相对清晰②,但并未对其使用的史料进行交代,缺乏严格的学术规范。此外,书中对于当时相关反应的梳理较为简略,主要关注了对这一事件的积极报道,而未对其他方面及日方反应加以梳理分析,因此仍有进一步研究之必要。

一、空袭概况

1938 年 5 月 19 日下午 2 时,已先期另机飞赴宁波等待气象情况好转的徐焕升向航空委员会发去报告,认为东方海域飞行天气良好,遂由该会主任钱大钧决定启动任务。参与任务的 1403 号、1404 号两架马丁 139WC 于下午 3 时自武汉出发,赴宁波集结,徐焕升、佟彦博、雷天春(亦作“雷天眷”)、苏光华、吴积冲、陈光斗、蒋绍禹、刘荣光等参与了此次行动。下午 5 时 50 分,两机飞抵栎社机场后即进行加油等出动前准备工作,结束后天已薄暮。由于天气状况不佳,加之飞行视野受限,遂改为午夜 11 时 48 分月明时出动。临行时,徐焕升曾向航空委员会发电致敬,表示其担任此项任务之无比光荣,并表决心努力完成任务。③ 随后两架飞机飞入茫茫夜空。

据钱大钧日记记载,两机于 5 月 20 日凌晨 3 时到达日本九州上空,盘旋 20—30 分钟后即按预定航线向国内方向飞行,并在所经过之日本城市散发传单。上午 11 时,两机成编队飞回武汉,受到孔祥熙、何应钦、钱大钧及各国记者的热烈欢迎,并由钱大钧之女钱燕芸献赠政治部准备的花篮,孔、何均致训辞,钱致辞答谢。不过令钱大钧感到有些遗憾的是,徐焕升等对其所经过的日本具体城市言语含糊,并未详细说明,且由于此次飞行时间过

---

① 如李强、李力著《武汉会战中的中国空军》对其仅寥寥数语带过,载《军事历史》2012 年第 4 期。

② 唐学锋:《中国空军抗战史》,四川大学出版社 2000 年版,第 150—159 页。

③ 钱世泽编:《千钧重负:钱大钧将军民国日记摘要》第 2 册,台北中华出版公司 2015 年版,第 630 页。

短,其所产生的效果有限。① 次日,钱向蒋介石汇报了整个经过,称两机于凌晨 3 时左右飞达长崎上空,经东向北环绕九州北部全境,沿途散发传单。所经各处城市,未曾发现高射炮及日本飞机拦截。传单散发完毕后,于 4 时左右开始返航,7 时 12 分抵达浙江海岸,8 时 45 分降落在南昌机场加油,11 时返回武汉,人机安全。②

作为航空委员会的负责人,钱大钧的记载应当可靠,但对于行动具体情况的叙述较为简略,因此有必要翻检当事人的说辞以供参考。就在此次行动完成后不久,《中国的空军》杂志即刊印了徐焕升等人参加的空战座谈会,其中简要叙述了出征经过。两机出发后,保持无线电静默,至 5 月 20 日凌晨 1 时左右,发出电报:"云太高,不见月光,完全用盲目飞行。"随后继续飞行至 3 时左右抵达九州上空,敌人并未发觉,因此未作灯火管制,两机将传单散下后继续前进,一些城市已经开始施行灯火管制,于是飞机投下照明弹并继续投放传单。身处异国,且无精准的定位仪器,对于目标难以进行具体判断,因此关于其所经过的区域主要依靠地图推定。他们认为飞机从岛原海附近进入日本领空后穿过熊本市,向北作半圆形飞行,经过久留米、福冈、佐世保上空,最后到达长崎港。③ 也许正是因为经过区域系由地图推算,面对钱大钧的询问时他们才难以回答所经过之具体区域。该刊物系空军官方刊物,因此其文章带有较强的宣传色彩,其中颇有些诗情画意的文字以表现出征勇士的举重若轻,未必符合深入敌境者的真实心态。但就其内容而言,许多叙述应当属实。

关于返程降落地点,钱大钧呈报电文中称其降落于南昌机场后返回汉口机场,蔡孟坚也提及当时徐焕升因担心宁波机场被炸而改飞南昌机场④,

---

① 钱世泽编:《千钧重负:钱大钧将军民国日记摘要》第 2 册,台北中华出版公司 2015 年版,第 630 页。

② 《卢沟御侮(二)》,台北"国史馆"藏,蒋中正"总统"文物,典藏号:002-090105-00002-254。

③ 记者:《人道的远征日本(空战座谈会)》,《中国的空军》第 11 期,1938 年 5 月 21 日,第 3—8 页。

④ 蔡孟坚:《悼"人道远征东京的徐焕升将军"》,台北《传记文学》第 44 卷第 5 期,总第 264 期,1984 年 5 月。

但两人所得讯息应当均为徐氏所述,对佟彦博所驾飞机的情况则并未提及。王叔铭回忆此次行动时称两机因云层较厚无法相互联络而未能保持编队,故而分别降落于玉山及南昌两机场。① 由此可知,由徐焕升驾驶的长机1403 号降落于南昌,而佟彦博的僚机 1404 号则降落于玉山。此次飞行轨迹基本确定。

二、中文报刊宣传

行动的圆满成功受到了国内社会各界的普遍关注,既包括各大媒体的纷纷报道,也包括各个层级对此事持有的公开或不公开的态度。如前文所述,钱大钧在其日记中便记载了这次行动返回后的机场迎接盛况。而在徐焕升机组出发前,钱大钧似曾向一些国民政府要员暗示了此事,如万耀煌在其日记中记载 5 月 19 日徐州失守后,钱曾与之交谈,并称第二日一定会有惊人的消息。等到这次任务顺利完成后,各报社均对其进行了报道,因此万耀煌认为在徐州失守后能有这样一次行动,可以带给人们极大的兴奋和安慰。②

此次行动顺利完成的消息正式发布后,诸多要员对其基本持肯定态度,如王世杰在日记中称其为日本本国境内首次遭受外国飞行器袭击,感叹之情溢于言表。③ 不过也并非所有的国民政府高层均持积极态度,蒋介石在日记中并未记载此事,这或许与其此时意欲低调处理对日战果有关。台儿庄胜利之时,蒋介石曾令宣传部不必铺张,以免敌人没有台阶可下④,此时对远征一事持此态度或许基于同一心理。时任军令部长徐永昌对这次行动的态度则更为独特,其在 5 月 20 日的日记中首先对当时的军队情况进行了记

① 参见王叔铭:《"人道远征"的徐焕升与佟彦博(选载)》,台北《传记文学》第 46 卷第 1 期,总第 272 期,1985 年 1 月。
② 万耀煌:《万耀煌将军日记》下册,台北湖北文献社 1978 年版,第 84 页。
③ 参见王世杰:《王世杰日记:手稿本》第 1 册,台北"中央研究院"近代史研究所,1990 年,第 263 页。
④ 参见抗战历史文献研究会编印:《蒋介石日记(1938)》,2015 年,第 31 页。

载，随后认为空军远征日本安全归来十分难得，对此次行动基本持肯定态度。但同时又认为各大报纸均大肆宣传实属无耻，与日本的宣传行径并无差别，甚至认为这是东亚民族的劣根性，徒说大话、爱出风头。①

与高层人物们对此事不同的态度相比，身为一线战斗员的飞行人员似乎对此事颇为兴奋。龚业悌在其 1938 年 5 月 21 日的日记中记载，当时空军各方面状况相当糟糕，唯一值得兴奋的事情就是两架中国飞机于 5 月 19 日夜飞往了东京、九州、久留米等城市散发传单并顺利返航，且其与全体驻汉空军飞行人员共同参加了 5 月 20 日晚上在汉口特三区怡和公园举办的欢迎会。② 显然他们对这一行动的成功普遍持积极态度。

作为空军官方刊物，《中国的空军》刊载了大量文章对此事加以报道，以唤起人们的抗日热情与自豪感。如其所载《人道的远征日本（空战座谈会）》一文中，黄震遐即称此次出征不投炸弹而投放纸弹，其性质是非军事的，而是政治与宣传性的，因此有必要进一步扩大对国内、敌国及国际民众的宣传。③ 这一想法很快成为现实，国民政府发动各宣传机关对此事进行了较为全面的宣传工作。

抗日战争全面爆发后，国民政府颇为重视宣传工作，并积极采取各种手段对国统区、沦陷区及国际社会进行宣传工作。在当时的情况下，文字宣传是主要方式，大量的期刊报纸均对此事进行了报道。除了为人们广泛引用的《新华日报》外，国统区和上海公共租界地区的《文汇报》《申报》《东方杂志》《良友画报》《大公报》《中央日报》等均开辟了大量栏目加以报道，尤以《文汇报》为最。该报自 5 月 21 日至 6 月 1 日共发表相关专门报道 7 篇，此外政论文章、诗词及其他报道中亦有不少与此相关。纵观这些文章，大多数均对远征经过进行了简要叙述，并着力阐明其人道主义性质。④ 一些文章描

---

① 参见徐永昌：《徐永昌日记》第 4 册，台北"中央研究院"近代史研究所，1991 年，第 305 页。
② 参见龚业悌：《抗战飞行日记》，长江文艺出版社 2011 年版，第 301 页。
③ 参见记者：《人道的远征日本（空战座谈会）》，《中国的空军》第 11 期，1938 年 5 月 21 日，第 4 页。
④ 如《日本首次遭受空袭　中国空军跨海扬威》，《文汇报》1938 年 5 月 21 日，第 1 版；《伟大之中国空军》，《文汇报》1938 年 5 月 21 日，第 3 版；《中国空军之壮举　神鹰队远征日本》，《文汇报》1938 年 5 月 27 日，第 2 版。

述了空军凯旋后在机场受到热烈迎接的盛况，并采取诗词的形式来歌咏此次行动。① 而随着日军逐渐加大对广东地区的轰炸力度，报道中常常将日军对中国城市的轰炸行为与此次中国空军的"人道远征"加以比较，以谴责前者的轰炸暴行。② 此外，由于日本方面声称中国军机曾于 5 月 31 日再度侵入其领空，该报对此进行了报道并予以驳斥，称日方相关报道系其幻觉，目的在于掩盖轰炸广州平民的罪恶。③ 显然这些报道都重点强调此次行动的非杀伤性，以与日本空军的轰炸行为相对比，在国内外形成一种反轰炸罪行的舆论氛围，这一点在该报报道的蒋介石致巴黎大会的文件中表现得十分明显。④

另外，其他宣传手段也都不同程度地得到施行，广播、图画、木刻、诗歌、散文、歌曲、电影等纷纷成为宣传载体。张贞用发表于《文汇报》的古体诗即是一例，徐宇澄、罗家伦、陈敏等也纷纷作诗对此进行歌颂。⑤ 相较于诗而言，歌曲的传唱度无疑更高，郭延即创作了《东征曲——纪念空军东征》歌咏这一行动。⑥ 除此之外，报刊还特别注重使用当时的摄影照片、相关图画及木刻等更为直观的表现手段作宣传⑦，如梁又铭创作了相关图画并开设画展展出，沙冰则创作了木刻作品《欢送铁鸟东征》。⑧

与这些主要通过文字、图像等加以宣传的静态宣传品不同，国民政府还有意识地使用声光电等技术开展工作。据日本情报部门调查，国民政府在汉口、长沙等地进行广播宣传，并通过中央通讯社作国际广播放送。除了在

---

① 如《武汉各界热烈欢迎》，《文汇报》1938 年 5 月 21 日，第 1 版；张贞用：《为五月十九夜华机首次东征作》，《文汇报》1938 年 5 月 31 日，第 12 版。

② 如雷霆：《炸弹与传单》，《文汇报》1938 年 5 月 26 日，第 12 版；《人类之耻辱》，《文汇报》1938 年 5 月 29 日，第 2 版。

③ 参见《惊弓之鸟》，《文汇报》1938 年 6 月 1 日，第 1 版。

④ 参见《蒋委员长电巴黎大会　陈述一年来日机暴行》，《文汇报》1938 年 7 月 23 日，第 1 版。

⑤ 参见徐宇澄：《空军东征曲》，《中国的空军》1938 年第 14 期，第 18 页；罗家伦：《空军东征日本凯歌》，《军事杂志（南京）》1938 年第 109 期，第 138 页；陈敏：《和平的铁鸟：忆我空军远征日本作》，《中国的空军》1938 年第 14 期，第 6 页。

⑥ 参见郭延：《东征曲——纪念空军东征》，《前导旬刊》1938 年第 21 期，第 12 页。

⑦ 如少飞：《我空军出国远征宣扬国威记（书画多幅）》，《国家总动员画报》1938 年第 47—48 期，第 1 页。

⑧ 具体情况参见《梁又铭画展：东征归来：［画图］》，《中华（上海）》第 101 期，1941 年，第 25 页；沙冰：《欢送铁鸟东征：木刻》，《大路（泰和）》第 5 卷第 3 期，1941 年，第 1 页。

国内进行宣传外，在苏联远东地区的伯力，日本人也收集到用中文放送的广播，由此可知宣传区域广大、手段十分灵活。① 此外，电影也是宣传的重要媒介，当时拍摄的第一部实地摄影空战影片《长空万里》中即有飞日散发传单的镜头。② 而且该影片不仅在中国内地放映，还输出到香港等地区以唤醒同胞支援祖国抗战。③

三、租界外文报刊的报道

与中文报刊对这一行动的宣传同步，上海公共租界中的外文刊物也作出了积极响应，如《大陆报》(*China Press*)、《北华捷报》(*The North-China Herald*)、《密勒氏评论报》(*China Weekly Review*)、《字林西报》(*North-China Daily News*)、《上海泰晤士星期报》(*Shanghai Sunday Times*)等。

早在此次行动前，由于苏联对中国的空军援助已是众所周知的秘密，国际人士普遍关注这种援助可能带来的后果，尤其是日本与苏联之间爆发冲突的可能性是否因之而大大增加。1938 年 5 月 7 日，《密勒氏评论报》曾发表文章预测苏联空军援华对于日苏两国关系的影响，认为在中国的参战有助于苏联空军评估日军现状。该文甚至提出了一个空袭日本的计划，并预设了航线，其中一条是从宁波至长崎或福冈，距离约为 550 英里。④ 应该说，这条航线的设计与国民政府对日空袭计划案如出一辙，可见当时该报对于空袭日本本土已经有过设想，不过其似乎认为这一计划将由苏联援华空军

---

① 参见国立公文書館の資料「支那中央通信社報(二十日)」を引用する場合 JACAR(アジア歴史資料センター)Ref.A03024331100、各種情報資料・内閣情報部情報綴(国立公文書館)；国立公文書館の資料「漢口ロイテル特報(二十二日)」を引用する場合 JACAR(アジア歴史資料センター)Ref.A03024332400、各種情報資料・内閣情報部情報綴(国立公文書館)；国立公文書館の資料「上海ロイテル支局発放送電報(二十三日)」を引用する場合 JACAR(アジア歴史資料センター)Ref.A03023949600、各種情報資料・支那事変関係情報綴其ノ六(国立公文書館)。

② 参见《长空万里不久公映，中国第一部实地摄制空战片，有飞日散传单镜头及作战英姿》，《电声(上海)》第 8 卷第 15 期，1939 年 3 月 24 日，第 685 页。

③ 参见《我空军征日 影片到港 明日起放映》，《立报》1938 年 5 月 24 日，第 3 版。

④ 参见 Peter South, "Will Russia's Aerial Aid to China Hasten a Clash with Japan?", *China Weekly Review*, May 7, 1938, p.280。

实施，这或许与苏联志愿空军曾对台北进行过空袭行动有关。^① 侵华日军时常面临中国空军空袭，因此其在军队驻地加强了防空警报工作，5 月 11 日，《北华捷报》登载了一幅反映日本士兵使用仪器测听中国飞机的照片^②，而令他们没有想到的是，潜在的危险正悄然越过这些并不稳固的占领区直达日本本土。

尽管《密勒氏评论报》最早提出了中国空军对日本空袭的可能性，但在行动凯旋后，《大陆报》于 5 月 21 日率先报道了此事。该报叙述了中国空军东征日本的全部经过，阐述了使用传单而未使用炸弹的原因，并对武汉的欢迎盛况进行了描绘，同时该报还提及东京方面对于中国官方声明尚未认可。^③ 观其内容，基本与中文报纸相关报道内容一致，情感倾向也颇为相似。次日，《大陆报》《字林西报》《上海泰晤士星期报》等纷纷刊发文章，登载日本政府已承认遭受空袭一事。其中《大陆报》与《字林西报》内容较为相似，且均称消息来自东京，或许为同一渠道。《字林西报》中称 5 月 20 日凌晨 4 时，一架神秘飞机盘旋于熊本上空并曾散发反战传单与小册子，该地警察称共收集到 500—600 份散落于山坡上的反日宣传册，经调查后认为其来自中国。此外，该报还关注了重庆及伦敦地区的反应，相关报道基本持亲华态度。^④《大陆报》对前者关注的事实基本予以复述，但同时关注到熊本和宫崎两地通过反战传单种类及当天日本飞机在该领域的活动情况判定其系中国军机，但声称只有一架。^⑤《上海泰晤士星期报》则关注了日本承认中国军机空袭，但否认其飞临佐世保、长崎、神户等大城市，原因是该地居民及寓居的外国人均未曾见到飞机及散落的传单，更遑论照明弹，只有熊本承认遭

---

① 1938 年 2 月 23 日，中国空军与苏联援华空军曾计划利用其援助的轰炸机实施对台北地区的轰炸，预计分两批实施，但由于配合失误，仅有苏联援华空军对目标地域实行了轰炸，并取得了极大的战果。

② 参见"Waiting For Chinese Air Raids"，*The North-China Herald and Supreme Court & Consular Gazette*，May 11，1938，p.226。

③ 参见"Chinee Planes Raid Japan Proper, Drop Tons Of Leaflets"，*China Press*，May 21，1938，p.1。

④ 参见"Raid Over Japan Admitted"，*North-China Daily News*，May 22，1938。

⑤ 参见"Tokyo Admits Air Raid On Japan Proper"，*The China Press*，May 22，1938，p.1。

受了空袭。① 综合三者报道而言，均认为此次行动确实存在，但对其具体航行轨迹及飞机数量存在疑问，因日方所承认者仅有熊本和宫崎两地，且传单发现地点并非人口密集区。

相较于前述各报，《北华捷报》显然动作有些迟缓，其大规模的报道至 5 月 25 日才出现。当天，该报刊载了 5 篇相关的报道文章，其内容既有对此次空袭的叙述，也有日本方面对这一事件的承认与判断②，基本沿袭了前几种报纸的说法。此外，该报还对中国的宣传手段加以赞扬，认为其携带传单而非炸弹的做法与日军形成了鲜明对比，成功产生了有利于中国的国际舆论。③ 而其中一封致《字林西报》编辑的信函则从"理想主义"与"现实主义"的角度对携带传单而非炸弹的做法展开论述，认为这是一场人道主义教育，表现了其对于中国空军行为的赞赏。④

此后，这些报纸还对后续情况进行了报道，主要聚焦于日方对于这一事件的其他反应，情感倾向总体上有利于中国，如 5 月 28 日，《密勒氏评论报》以《对日空袭使日本发言人尴尬》为题揶揄了日本政府。⑤ 为什么会产生这样的局面？ 除了双方采取行动的人道与非人道性之外，还有一点需要注意。魏舒歌曾对 1928 年至 1941 年上海公共租界区的英文报刊进行细致梳理以考察中国的国际宣传。研究发现，在这次行动发生之时，《大陆报》已经由中资控股，并由军事委员会国际宣传处下属的编辑科负责⑥，因此其报道内容、

---

① 参见"Japanese Admit Air Raid By One Chinese Machine，But Not Over Big Cities"，*Shanghai Sunday Times*，May 22，1938。

② 参见"China Raids Japan"，*The North-China Herald and Supreme Court & Consular Gazette*，May 25，1938，p. 305；"Chinese Planes Raid Japan"，*The North-China Herald and Supreme Court & Consular Gazette*，May 25，1938，p.306；"Raid Over Japan"，*The North-China Herald and Supreme Court & Consular Gazette*，May 25，1938，p.318。

③ 参见"That Chinese Air-raid"，*The North-China Herald and Supreme Court & Consular Gazette*，May 25，1938，p.305。

④ 参见"Leaflets Not Bombs：Lesson in Culture"，*The North-China Herald and Supreme Court & Consular Gazette*，May 25，1938，p.329。

⑤ 参见"Raid on Japan Embarrasses Nippon's Spokesmen"，*China Weekly Review*，May 28，1938，p.373。

⑥ 参见魏舒歌：《战场之外：上海公共租界英文报刊与中国的国际宣传（1928—1941）》，魏舒歌、李松蕾、龙伟译，社会科学文献出版社 2020 年版，第 318 页。

风格和情感倾向与大多数中文报刊相一致。而在该年 4—5 月间，国际宣传处负责人董显光曾秘密前往上海进行宣传，期间他与《密勒氏评论报》《字林西报》等报刊建立了关系，主要依托戴笠的情报组织进行联络。① 这次行动发生时，国际宣传处在上海的宣传行动恰好有所加强，此事自然成为其国际宣传的有力素材而得到普遍关注与表扬，因此产生有利于国民政府的宣传舆论实属必然。

四、日方反应

日本在中国一直存在一张庞大的情报网络，因此，中方宣传及上海公共租界报刊的相关报道引起了日本情报机关的注意。正如前文所述，他们通过收听中国官方的电台广播知悉中国官方发布的对此次行动负责的声明及举行的相应庆祝活动。除此之外，情报系统还利用各种手段收集新闻以获得中国地区对这一事件的报道。② 不过，日本对于中方的宣传显得较为审慎，正如英文报纸所报道，日方并未在第一时间承认空袭飞机来自中国，而仅仅称其为"不明飞行物"。直到熊本地区发现了反战日文传单，才对其进行判定，并结合其他方面情况将主要目标锁定为中国空军。

1938 年 5 月 21 日，日本气象部门已对这一可能的飞行区域进行了判定，并向日本陆军大臣杉山元作了汇报。陆军气象部对这一区域及东中国海域情况进行了分析，绘制了 5 月 20 日 0 时至 6 时的气象情况图，并对佐伯、雁巢、长崎、严原、济州、鹿儿岛、宫崎、名濑等地 5 月 20 日 5 时的航空气象情况加以统计分析。分析显示，东中国海及九州东南海域飞行气象良好，飞机从中国到日本系由高气压区飞往低气压区，当时上层风就风向而言为西风，进入领空地区以大阪地区气象条件较为契合，起飞地点应当在长江南

---

① 参见魏舒歌：《战场之外：上海公共租界英文报刊与中国的国际宣传（1928—1941）》，第 327—330 页。

② 参见国立公文书馆的资料「徐州陥落ノ反響（二）○支那機ノ日本飛翔○英米仏ト支那ノ門戸開放」を引用する場合 JACAR（アジア歴史資料センター）Ref. A03024065600、各種情報資料・支那事変ニ関スル各国新聞論調概要（国立公文書館）。

部，基本判定飞机系从中国起飞。① 该报告对这一区域的航空气象判断在徐焕升参加的座谈会及后来诸多相关者的回忆文章中可以得到验证，尤其是众人提及的视野较差的问题，显然是由于云层较厚引起的。

除了情报部门的消息外，日本报刊对此也进行了报道。现藏于斯坦福大学胡佛研究所的《日美新闻》（*Japanese American News*）是一份双语报纸，每期均包含英文与日文版面，该报对此事作了不少报道。1938 年 5 月 20 日，该报英文版即报道了相关情况，并刊载了东京方面予以否认的消息。② 次日，该报承认了曾有中国飞机进入日本领空并散发反战传单的事实，但其似乎并不愿意相信中国飞行员能够承担这一任务，而是认为行动系国民政府雇用的苏联飞行员所为③，这与《密勒氏评论报》在 5 月 7 日报道的预设相似，应该都受到了此前对台北空袭行动的误导。5 月 22 日，相关报道仍然就中国飞机空袭日本的真实性进行讨论，并对熊本方面的情况加以报道。当时既有反战传单被警察找到，亦有目击者声称其为白色飞机④，显然当时熊本地区未实行灯火管制。随后该报声称参与反战传单制作的日本共产党员梶渡为卖国贼，传单数量约百万份，包括针对农民及劳动者阶级的宣传单，其目的显然在于表明其反共立场，并呼吁国民"爱国"以维持战争。⑤ 同时报纸还对迁居汉口的国民政府的宣传工作颇为嘲讽，认为其小题大做，作用寥寥。⑥

另外，日本官员表现出了对于中国空军空袭行为的不以为意，声称其对

---

① 防衛省防衛研究所の資料「怪飛行機九州飛来前後の気象状態に就いて」を引用する場合 JACAR（アジア歴史資料センター）Ref.C01004508600、密大日記　第 11 冊　昭和 13 年（防衛省防衛研究所）。

② 参见"Report Chinese Planes In Flight Over Japanese"，*Japanese American News*，May 21，1938。

③ 参见「支那機日本に飛来反戦ビラ撒布　多聞蘇聯の雇飛行機か桑港総領事館発表」、『日米新聞』、1938 年 5 月 21 日。

④ 参见天涯生「時の問題：支那機渡洋来襲の実否」「小癪支那飛行密に熊本宮崎県下に飛来！爆弾代りに反戦ビラ」、『日米新聞』、1938 年 5 月 22 日。

⑤ 参见「咄!! 売国奴梶渡の書いた反戦ビラ百十万枚」、『日米新聞』、1938 年 5 月 22 日。

⑥ 参见「漢口政府針小棒大得意に発表　神戸大阪まで飛んだと」、『日米新聞』、1938 年 5 月 22 日。

这一行为并不感到惊讶,并认为其不能动摇日本政府意志。[①] 事实上,这次行动对日本产生了一定影响。1938 年 10 月,《照明学会杂志》刊载了该学会会员八木金藏的演讲稿,主要内容为实施灯火管制的新规则。文中特别提及了曾飞入九州上空的中国飞机及随后东京方面进行的灯火管制演习,而这次修改距离 1937 年颁布的灯火管制规则仅仅一年[②],其间仅有中国飞机曾经造访日本本土,其修改显然受到了此次行动的刺激。此外,读卖新闻社于 1942 年编辑出版的《中国事变实记》也将此次行动单独作为一节加以叙述[③],由此可见其具有一定的标志意义。

结论

作为一场弱国抵御强国的大规模战争,如何平衡战略与政略之间的关系是国民政府面临的重要抉择。此次行动的成功实施对于处于战争劣势的国民政府而言,无疑是一次可以用于激励战争精神的良好素材。综合"人道远征"后的各方反应可以看出其在国内外舆论中产生的较大反响,国民政府利用其已掌握的各种宣传手段对此事作广泛宣传,并极力对外文报刊施加影响以进行国际宣传,成功地促使上海公共租界的诸多主流报纸均对其进行了报道,并形成了一种以"人道"伐"无道"的舆论态势。作为被攻击方的日本在中文报刊与上海公共租界报刊的联合围攻下,并未否认这一行动的真实性,并采取了灯火管制等防空演习措施加以防范。但在公共领域则强调飞机并未进入大城市,并声称日本已经作好应对空袭的准备,此种行动无法动摇其意志。而为了回击国民政府一直以来的反战宣传,日媒体还将参与中国抗日事业的日本志士污蔑为卖国贼,以达到其控制战争认同的目的。

---

① 参见"Air Raids On Kyushu Will Not Surprise Japan, Says Nippon Official", *China Press*, Jun. 3, 1938, p.5.

② 参见八木金藏:「燈火管制新規則に就いて」,『照明學會雜誌』第 22 卷第 10 号、1938 年 10 月。

③ 参见讀賣新聞社編輯局編:『支那事変実記 第 10 輯 大東亞戰史前編』、読売新聞社編輯局、1942 年 4 月、184—185 頁。

　　作为一次规模不大的军事行动，尽管其在徐州沦陷的情况下并不能带来战略上的重大作用，但这一行动的实施在国内及国际舆论上强化了国民政府的抗日形象，起到了非凡的特殊作用。更重要的是，作为中国空军历史上第一次也是唯一一次进入日本领空并积极活动的行动，"人道远征"亦足以彪炳史册。

正　义　审　判

论上海军事法庭审判日本战犯

徐家俊

（上海监狱管理局史志办公室）

抗日战争胜利后，国民政府于 1945 年 11 月成立了战争罪犯处理委员会，从同年 12 月中旬起至 1946 年，先后在南京、上海、北平、汉口、广州、沈阳、徐州、济南、太原、台北 10 个城市设立"审判战犯军事法庭"。其中，除了南京军事法庭直属国防部以外，其他法庭分别隶属各地区的最高军事机构。设在上海的军事法庭于 1946 年 3 月 15 日成立，1949 年 1 月撤销，是全国 10 个军事法庭中存在时间最长的一个法庭，在近三年的时间内于中国抗战历史上留下令人难忘的篇章。

一、上海军事法庭简述

上海军事法庭与各地其他军事法庭的最大不同点是它有前后两个阶段，由两个法庭衔接所组成，即前期的第一绥靖区司令部军事法庭和后期的国民政府国防部军事法庭（即原南京军事法庭），后者系从南京搬迁到上海办公。所以不少书刊、媒体文字及市民口中的"上海军事法庭"，严格意义上是前后两个军事法庭的合称。

（一）第一绥靖区司令部军事法庭

第一绥靖区军事法庭，全称"第一绥靖区司令部军事法庭"。因它属国民政府军事委员会第三战区总部，又称"第三战区审判战犯军事法庭"。
1946 年 8 月改称"徐州绥靖公署第一绥靖区司令部军事法庭"。第一绥靖区
为原第三方面军改组而成，第三方面军在上海接受日军投降后，于 1945 年 12
月奉命移驻无锡，后改为第一绥靖区，归徐州绥靖公署直辖，由汤恩伯兼任第
一绥靖区司令官，张雪中、李觉为副司令官。于 1946 年 2 月完成编制。①

　　第一绥靖区军事法庭设在江湾路 1 号第三方面军司令部原址的四楼，
成立于 1946 年 3 月 15 日，因为上海部分水木工人罢工影响，法庭内部布置
没有如期完成，所以在 3 月 20 日正式开始办公。② 开始办公前夕的 3 月 19
日下午，法庭假座虹口乍浦路"军之友社"邀请各报记者，由第三方面军司令
部军法处长徐镇球及第一绥靖区军事法庭庭长刘世芳报告军事法庭的人事
和组织情况。军事法庭初期设检察官 1 人、审判官 5 人、通译（翻译）2 人、副
官 1 人、军需 1 人、司书 2 人、文书 1 人、传达长 1 人、传达 2 人、庭丁 2 人、工
役 2 人、炊事兵 3 人、合计官佐 18 人，及士兵 11 名。③ 第一绥靖区军事法庭
由上海高等法院刑庭庭长刘世芳任庭长，瞿曾泽、蒋保釐、陆起任审判官、林我
朋为检察官，书记官冯俊岳，翻译罗涤等。法庭主要成员大多系中年人，年富
力强，并有较高的学历。如刘世芳，46 岁，浙江镇海人，先后毕业于美国耶鲁
大学、法国格林诺大学、德国柏林大学，系法学博士；瞿曾泽，63 岁，江苏崇明
人，日本留学生；蒋保釐，47 岁，福建同安人，毕业于美国密歇根大学；陆起，58
岁，江苏昆山人，毕业于日本大学；林我朋，39 岁，江苏丹阳人，毕业于上海政
法学院。战犯拘留所设在提篮桥监狱内，拘留所所长由提篮桥监狱典狱长江
公亮兼任。④ 他们都被授予军衔，如刘世芳、瞿曾泽为军简二阶、少将衔；林我
朋、蒋保釐、陆起、江公亮都为军简三阶、上校衔。后来由于法庭案件数量多、
任务重，经法院申请，上海高等法院又委派顾永泉为上海军事法庭的检察官。

---

① 第一绥靖区司令部编：《第一绥靖区绥靖工作纲要》，1947 年 4 月。
② 《上海军事法庭展期审讯》，《申报》1946 年 3 月 15 日；《上海军事法庭今日第一次侦讯》，
《申报》1946 年 3 月 20 日。
③ 《清算日军罪行，军事法庭近日办公，二十日起开始审判》，《和平日报》1946 年 3 月 15 日；
《日战犯十四余名将受军事法庭审讯》，《申报》1946 年 3 月 16 日。
④ 《上海军事法庭今日开始侦讯　目前已捕日战犯四十八名》，《和平日本》1946 年 3 月 20 日。

1946年6月，刘世芳辞职，去了美国，由陆起代理庭长的工作。随后，原上海高等法院民庭庭长李良（字次升，云南华宁人）于8月27日接任军事法庭庭长。[①] 法庭成员有所调整，审判官为瞿曾泽、陆起、胡永龄，检察官为林我朋、符树德、屠广均，主任书记李业初，书记官汪叔申、袁潇庆，翻译罗涤等。同年11月，又增补夏陆利任检察官。[②] 1947年2月，又增补张世杰、王健为审判官，同年4月，张世杰调任安徽歙县地方法院院长后，又调任上海高等法院推事王可权为军事法庭审判官。[③] 其间部分人员也有一定的调动。

第一绥靖区军事法庭管辖事件涉及：（1）日本战犯；（2）其他国籍战犯；（3）我方军事机关移解之战犯；（4）由司法机关检察署移解之战犯；（5）危害盟国军民之战犯。[④] 第一绥靖区军事法庭案件受理的地域范围较大，具体涉及：（1）日军犯罪案件发生在上海的；（2）日军犯罪地在京（南京）沪（上海）沿线的；（3）中国其他地区的日本战犯。

在第一绥靖区军事法庭调查证据、审讯日本战犯期间，由国民政府军事委员会、行政院共同组织的战犯罪证调查小组于1946年5月12日下午在八仙桥青年会举行茶会，招待各媒体记者。军令部、军政部、司法行政部、外交部等有关人士出席。该小组的工作主要是加强战犯的逮捕和审讯，以及巡视第一绥靖区军事法庭、战犯拘留所、地方法院等部门。该小组称，上海市民已经向地方法院检查处等登记检举的敌人罪行案件共30 600余件，其中列举被告人姓名者仅2 000余件，此种情况使战犯的逮捕倍增困难。该小组将用预定一个月的时间去福州、广州、桂林、衡阳、长沙、武汉、郑州、北平、徐州等地工作。[⑤]

（二）国防部审判日本战犯军事法庭

1947年2月，司法行政部电令各省战犯军事法庭，加快审判战犯进度，

---

① 《军事法庭庭长李良后日接篆》，《民国日报》1946年8月25日。
② 《军法庭加紧清理积案》，《民国日报》1946年11月17日。
③ 《张世杰为审判官，王健补充审判官》，1947年，上海市档案馆藏，档号：Q187-1-18。
④ 《专事审判战犯军事法庭今成立》，《文汇报》1946年3月15日。
⑤ 《战犯罪证调查小组在沪展开工作》，《神州日报》1946年5月13日。

从 1947 年下半年至 1948 年,除南京的国防部审判日本战犯军事法庭外,其余各军事法庭结束审判工作,对其未结案案件集中于南京法庭审判。1947年 8 月 16 日,第一绥靖区军事法庭(上海军事法庭)奉国防部令正式撤销,归并于国防部军事法庭(即原南京军事法庭)①,第一绥靖区军事法庭原有人员大部分遣散,发一个月的遣散费。

南京军事法庭于 1946 年 2 月 15 日成立,开始成立时隶属中国陆军总司令部,1946 年 6 月国防部成立后,该法庭改隶属国防部,正规名称为国防部审判战犯军事法庭,工作上受国防部军法局的指挥和监督,法庭位于南京国防部内正面大楼的三楼,后迁到马标。南京军事法庭设庭长 1 人,审判官4 人,主任检察官 1 人、检察官 1—3 人,主任书记官 1 人、书记官 5—7 人,通译(翻译)2 人、副官 1 人、军需 1 人、司书 4 人、军需文书 1 人、传达 3 人、庭丁 3 人、公役 2 人、炊事兵 3 人。1947 年 8 月南京军事法庭移址上海,不少媒体及民众仍称其为上海军事法庭,但是该法庭的规格显然高于前者。由于工作量增加,扩大编制,增设审判官 2 人,检察官 2 人,通译 1 人,书记官 5人,司书 2 人。该军事法庭组成人员有:庭长石美瑜;主任检察官王家楣,检察官李浚、徐乃堃、高硕仁、施泳;审判官陆起、李元庆、林建鹏、叶在增、孙建中、龙钟煌、张体坤;主任书记官丁家庵,书记官王成华、郭镇寰、郭薪夫、黄耀、杜康钊、苏孝斌、方家模、胡民铎、戴燊、宋定亚、余福明、郑子华;通译王仁明、黄文政、宋景秋、罗涤,军需毛尚玉,副官曹淮泗,司书彭心彰、程振声、余家奎、何承尚、陈耀青、万荣琳、李伯朗、陈玉瑛、刘平。② 第一绥靖区军事法庭和国防部军事法庭这两个法庭尽管工作人员变动较大,但是工作是前后衔接,审判数字是合在一起统计的,故统称上海军事法庭。

1947 年 8 月 16 日,国防部军事法庭移址上海开庭后,接手当时积案127 起,涉案人犯 162 人,至当年年底共审理判决积案 105 起,其中判死刑案6 起,无期徒刑案 3 起,有期徒刑案 56 起,无罪释放案 39 起。③

---

① 《沪战犯军庭裁撤　案件移首都法庭办理》,《前线日报》1947 年 8 月 15 日。
② 胡菊容:《中外军事法庭审判日本战犯》,南开大学出版社 1988 年版,第 117—118 页。
③ 张铨等:《日军在上海罪行与统治》,上海人民出版社 2015 年版,第 352 页。

二、审讯日本战犯的困难及法庭人员的努力

1945 年 12 月 16 日,苏、美、英三国在莫斯科举行会议,决定组成中、美、英、苏等 11 个国家参加的远东国际军事法庭,根据《远东国际军事法庭宪章》,以破坏和平罪、普通战争罪、违反人道罪三种罪行,对日本甲级(又称 A 级)战犯进行审判;对乙级(又称 B 级)战犯、丙级(又称 C 级)战犯由各受害国军事法庭审判。

在民国时期,对日本战犯(包括嫌疑人)的确定主要有两种情况:一种是由国民政府圈定,这类战犯均为罪大恶极并担任较高职务者。对其中具体名单的确定,经历了几次反复,最初国民政府将审判的重点集中在日本政界、军界的主要头目上,后来进行了多次压缩和调整,最后,国民政府战争罪犯处理委员会于 1947 年 7 月公布了日本重要战犯 261 名,列举了各战犯在日本侵华时期的阶级、职务及主要罪行。① 名单基本上包括了侵华日军旅团长(少将)以上的军官,还有少量的日本政府官员、经济战犯和文化战犯。另一种是发动受害者、知情人及广大老百姓检举,这类战犯一般是作恶多端、直接残害群众的日军中的下级军官和普通士兵。按规定,日军军官士兵缴械集中后,每人都要填写国民政府印制的"经历表",以供有关部门核查,发现有关对象则立案审理。许多战犯曾经逃脱了惩罚,内中情况复杂,原因诸多。

首先,证据缺乏。中国自 1931 年九一八事变以来,遭受日本侵略长达 14 年,时间和空间的跨度很大。侵华战争中,日军往往在中国流动作战,沿途有犯罪行为,受害民众在战后也不可能知道该日军部队的所在位置。由于多年来不少受害人及其亲人、家属已经去世或流转各地,再加上语言不同,日军犯罪后,受害者很难提供作案人准确的姓名、职务、年龄、部队番号,而且日军中同名同姓者很多。据国民政府外交部杨觉勇的报告称:"上海法庭自 1945 年 10 月至 1946 年,涉及日本宪兵、军人和侨民,上海人民检举案

---

① 《北京档案史料》1990 年第 1—4 期、1991 年第 1—2 期,刘庆旻整理。

件有 36 038 件,但是其中有被告方姓名的仅 2 000 件。"①检举战犯的案件虽然多,但因被检举的战犯嫌疑人不明确,真正符合起诉条件的仍然是少数。此外,日本投降时,想尽办法销毁了一切可以销毁的罪证,给调查取证工作造成很大困难。1946 年 10 月,行政院战犯处理委员会指出:"我国对战犯处理历时一年,对战犯之罪证及一切资料之收集多不齐全。"同年 11 月,当记者问及"为什么审判战犯如此之少? 为什么不能治以应得之罪?"负责战犯处理的当局回应称:"最大困难在于证据缺乏。"②

其次,法庭办公经费不足,设施较落后,人员不足,严重影响了调查、审讯工作的开展。如 1946 年组建的第一绥靖区军事法庭办公场所大多是旧桌破椅,新上任的法庭庭长刘世芳少将原系上海滩的名律师之一,家境很好,为改善办公条件,提高办事效力,他从自己家里搬来几堂家具到军事法庭。③ 法庭开办初期连一辆办公用的汽车也没有,他们还专门打了一份书面报告,请求有关部门提供。而且第一绥靖区军事法庭受理的案件范围比较广,案中犯罪人的罪行发生地不但遍及整个华东地区,还有中南等地区。由于法庭出差经费少,缺口大,有些案件的调查取证无法落实。还有在调查案件的过程中涉及军事、司法、行政各部门的配合协助,有的时候往往出现相互推诿的情况。这正如 1946 年 11 月《申报》的一篇报道中提到的,"远地的证人,由于交通旅费等等,势难希望他们肯自动出庭作证,而负责机关本身由于经费的缺乏与人事的牵制,亦迟缓了工作的进行。……由于旅费与车辆的缺少,使调查与审讯时感困难。"④

再次,抗战胜利以后,暂时放下武器的百万日军始终是一个不安定因素,而且需要国民政府供养这支军队,这也是一项不小的开销,对于财政不佳、寅吃卯粮,正准备与共产党开战的国民政府来说,及早遣返日军是最佳选择。因此许多战犯尚没有接受任何调查取证,就和其他战俘及日本侨民

---

① 杨觉勇:《战犯罪证调查工作报告》,1946 年 6 月 13 日,台北"国史馆"藏。

② 秦孝仪主编:《中华民国重要史料初编·对日抗战时期·第二编 作战经过(四)》,中国国民党"中央委员会"党史委员会 1981 年印行,第 422 页。

③ 《刘世芳博士风度 把几堂上好家具摆到办公处去了》,《周播》1946 年 12 月。

④ 《暴行在宽大中被遗忘 刽子手倒要回国去了》,《申报》1946 年 11 月 18 日。

一起被遣返日本，造成了永久的遗憾。还有的情况是，审理的日本战犯有的不在国内，有的甚至被遣送回国，需要通过外交途径引渡。正如司法行政部部长谢冠生在引渡业务的报告中所称："查远东分会及战争处理委员会通过之战犯约计8 000名之多，嗣经国防部第二厅重新整理，将姓名、番号、阶级不全及重复者予以剔除外，尚余2 033名，除已知国内逮捕之928名外，尚有1 105名不在国内，势须解送来华受审。"①面对众多需要引渡的战犯，国民政府故一再核减人数。该情况既是对全国而言，也对上海同样适用。最终成功引渡来华，由第一绥靖区军事法庭审判的日本战犯屈指可数。

最后，被害人畏缩怕事。当时抗战刚胜利，许多受害者胆小怕事，认为苦难的日子已经过去，何必再去计较，翻旧账，回顾这些痛苦和心酸的事情；当时出庭还需要出庭者耽误时间、耽误工作，有的还需要自掏差旅费，在路途上来回折腾，吃不好，睡不好，从经济利益上考虑有损失；有的还认为证人多一个、少一个无关紧要，也许我不出庭，还有其他人出庭作证，一样可以审案结案；更有甚者害怕万一日本人打回来，会报复他们。譬如，有人就曾经这样说过，比较有代表性："我出庭作证，仅仅凭我口里说的，是否能判他罪还不能知道。万一将来日本人再得势，我倒又要遭殃。"②

面对当时的种种不利条件，第一绥靖区军事法庭作了不少努力：

一、组织蒙难民众到被关押日本战犯嫌疑人、日本战俘的所在地指认。当时上海在江湾、沪西、浦东各战俘营共关押收容日本战俘15余万人，数量庞大。通过该方法，也收到一定的成效，上海民众对日本战犯的审讯呼声强烈，对指认工作积极配合，踊跃参与。如1945年初浦东三林镇因营救美军飞行员而被日本人残害致死的薛和尚，其亲属就是通过该方法在沪西日本战俘营指认了参与暴行的野间贞二、片冈晃等多名日本战犯，其中2人后来被判处死刑，执行枪决。③ 又如某机关一公务员于1944年2月在青浦被日本宪兵拘捕，解到沪西宪兵队，遭到毒打、刑讯，并被判刑入狱；这次通过指

① 国民政府外交部档案，台北"国史馆"藏，档号：0200101170039007 0x。
② 《暴行在宽大中被遗忘 刽子手倒要回国去了》，《申报》1946年11月18日。
③ 《薛和尚见义勇为营救美飞行员 日宪兵下毒手》，《申报》1946年5月14日。

认,揪出了当事人沪西宪兵队日军曹长管元勘三郎、日侨大三、沼野贞吉、平良正弘,这些人被法庭拘押①,后来均于1947年2月分别被判处6年及5年有期徒刑。该办法主要对一些驻地时间较长的宪兵、特务,受害人比较熟悉的日本人比较有用。此外,第一绥靖区军事法庭还协助周边地区的有关部门到上海指认日本战犯,如苏州抗战蒙难同志会就在江湾战犯拘留所中指认出日本苏州宪兵队曹长佐藤富雄,军曹那须竹藏、薛本真一等4人。②

二、登报发布消息,张贴海报,扩大宣传。法庭考虑到中国地广人多,有的地区地处偏僻,消息不灵,于是在民国时期较有影响力的《申报》上发布消息,告知民众。如第一绥靖区军事法庭为了审判在杭州地区引起极大民愤、被人称为"花花太岁"的日战犯芝原平三郎,在1947年4月30日就提前20多天发布新闻,称:"……定于5月26日借浙江高院开庭,接受当地民众前来检举,搜集实地证据。"同时,法庭还印刷大批宣传品,派人到浙东一带张贴布告,希望受害的妇女齐来揭发。③ 在审理其他案件时,军事法庭也饬令各地军政机关向穷乡僻壤张贴,使大家周知,经提出证据后,可向当地县政府、社会团体检举,依法严办。

三、致函犯罪地所在当局,请其协助调查战犯罪行。如日本战犯福田良三中将任中国方面舰队司令长官,系日本侵华海军最高指挥官。福田良三等6名战犯曾在香港任职,第一绥靖区军事法庭在审理时,就致函香港当局,请其列出他们的姓名和战时职务,希望如果有他们的犯罪证据直接向上海检举及联系。该函件称:福田良三"统帅的舰队遍及整个中国海岸线,所有我国军民之遭日本海军军法会议判处死刑者,均须向其请示及核准后方能执行,地位之高,权力之大,尤为侵华战争中之巨亨。军事法庭深盼各地民众曾受日海军荼毒者收集证据,向该庭检举,俾可治以应得之罪"④。

四、组织法庭人员实地调查取证。如第一绥靖区军事法庭曾派法官、

---

① 《蒙难同志指认日犯 一部分已侦讯完毕》,《申报》1946年11月16日。
② 《苏州蒙难同志来沪指认战犯》,《申报》1946年12月8日。
③ 《日战犯芝原平三郎,将借杭州高院开审》,《申报》1947年4月30日。
④ 《军法庭开始侦查福田罪行》,《申报》1947年5月19日。

书记官去江苏常熟,在当地乡民指引下,不畏艰难寻访被害人被日军活埋的现场,挖掘被害人尸体、尸骨,带来死者骷髅,为审判提供物证。① 这里还须指出,在当时的政局下,法庭采用各种方式搜集证据时,没有涉及共产党抗日根据地及解放区的范围,致使日军的许多罪行没有被收录,造成很大缺陷。

五、到日军犯罪地开庭审理。如常熟宪兵队队长米村春喜在常熟地区民愤极大,杀害许多爱国志士及无辜人民,1946 年 10 月,军事法庭派出法官率队去常熟当地开庭,传讯有关人证并接收乡民的检举。② 芝原平三郎曾任日军驻杭州的特务机关长,在杭州期间作恶多端,为引起受害人的关注,1947 年 5 月第一绥靖区军事法庭专程赴杭州调查战犯罪证,接受各界人士举报,借用浙江省高等法院开庭。③

三、审判日本战犯概况

上海军事法庭前期的第一绥靖区军事法庭,自 1946 年 4 月 29 日至 1947 年 7 月止,共受理案件 250 余起,其中审结 120 余起,尚待审理 120 余起。军事法庭首次开庭审判的日本战犯是日军南上海俘虏所管理员汤浅寅吉,后判处其有期徒刑 4 年半。④ 1946 年 6 月至 1947 年 6 月期间,第一绥靖区军事法庭对常熟宪兵队队长米村春喜、江阴宪兵队军曹下田次郎、杭州宣抚班成员黑泽次男等 4 人判处死刑;对上海日本宪兵队军曹仓科伯次判处无期徒刑,对松江日本宪兵队军曹安田辉忠、青岛海军港务部翻译丸山辰幸等各判处有期徒刑 10 年,对日军北支队派遣队第五旅团独立步兵第 29 大队第 4 中队分队长岩间力男、上海沪西日本宪兵队军曹川谷长次郎各判处无期徒刑。第一绥靖区军事法庭还对为日军生产军火的意大利海军驻沪指挥官巴达底尼判处无期徒刑,对拘禁并殴打中国船工的日本人篠源久夫有

---

① 《常熟日宪兵队长——大肆残杀 证据确凿》,《申报》1946 年 10 月 10 日。
② 《"常熟之狼"昨在虞开审接收乡民检举》,《申报》1946 年 10 月 22 日。
③ 《军法官赴杭搜暴行证据 将定期传讯被害人等》,《申报》1947 年 5 月 24 日。
④ 《军事法庭今审汤浅寅吉》,《民国日报》1946 年 4 月 29 日;《军事法庭开始公审 汤浅寅吉罪恶昭彰》,《和平日报》1946 年 4 月 30 日。

期徒刑 5 年。①

1947 年 8 月,第一绥靖区军事法庭被撤销,国防部军事法庭移驻上海后,在前任工作的基础上,加快了审判步伐。从同年 8 月起至 1949 年 1 月,共审理日本战犯案件 120 多起,其中判处死刑的战犯中有制造"崇明大烧杀"的大庭早志、中野久勇,酷刑拷打营救美国飞行员的浦东乡民致其死亡的久保江保治、野间贞二,还有日军杭州宪兵队情报人员芝原平三郎、宁波宪兵队队长大场金次、松江宪兵队曹长松谷义盛及老牌特务伊达顺之助。还判处上海新市街日本宪兵队军曹尾崎寅次及青岛宪兵队宪兵美浓轮武夫无期徒刑,判处上海日本宪兵司令部曹长石琦良雄有期徒刑 10 年,判处青岛日军宪兵队邮政检查员荒木菊勇有期徒刑 13 年等;另判处侵华日军第 131 师团师团长小仓达次中将、第 68 师团第 61 大队长南部博之等几十人无罪释放。

表 1　上海军事法庭审理的 20 多名将级以上日本战犯②

姓　名	籍贯	年龄	主要职务	军衔	宣判日期	审判结果
粟岩尚治	长野	56	侵华日军第 3 师团辎重联队长	少将	1947 年 12 月 22 日	3 年半
四方谅二	神户	52	侵华日军第 131 师团师团长	少将	1948 年 2 月 25 日	无罪
黑濑平一	山口	54	侵华日军第 20 军第 68 师团步兵第 57 旅团旅团长	少将	1948 年 2 月 25 日	无期徒刑
野地嘉平	宫城	59	侵华日军第 133 师团师团长	中将	1948 年 4 月 12 日	无期徒刑
小仓达次	东京	60	侵华日军第 84 师团、第 131 师团师团长	中将	1948 年 4 月 12 日	无罪

① 《巴达底尼长监　蓧源久夫五年》,《申报》1947 年 2 月 9 日。
② 表格中日本战犯的"年龄",系军事法庭审判时的年龄;有虚岁,也有实岁。下同。各表格资料来源当时媒体报道,参见刘统:《大审判:国民政府处置日本战犯实录》,上海人民出版社 2021 年版,第 978—992 页。

续　表

姓　名	籍贯	年龄	主　要　职　务	军衔	宣　判　日　期	审判结果
船行正之	东京	58	侵华日军第 64 师团师团长	中将	1948 年 5 月 31 日	无期徒刑
三浦忠次郎	宫城	61	侵华日军第 69 师团师团长	中将	1948 年 5 月 31 日	无期徒刑
福田良三	熊本	59	侵华日军中国方面舰队司令	中将	1948 年 5 月 31 日	15 年
大井川八郎	福岛	61	侵华日军独立第 83 旅团旅团长	少将	1948 年 5 月 31 日	无罪
宫川清三	东京	59	侵华日军第 40 师团师团长	中将	1948 年 5 月 31 日初判 12 年，1948 年 11 月 24 日改判无罪	
落合甚九郎	栃木	57	侵华日军第 27 师团师团长	中将	1948 年 6 月 7 日	无期徒刑
菱田元四郎	东京	59	侵华日军第 116 师团师团长	中将	1948 年 6 月 7 日	无期徒刑
梨冈寿男	东京	55	侵华日军第 64 师团第 55 旅团旅团长	中将	1948 年 6 月 8 日	20 年
内田孝行	山梨		侵华日军第 70 师团师团长	中将	1948 年 6 月 30 日	无期徒刑
原田清一		55	厦门根据地司令官	中将	1948 年 7 月 5 日	10 年
神田正种	爱知	59	侵华日军第 6 师团师团长、第 17 军司令官	中将	1948 年 11 月 9 日	14 年
柴山兼四郎	茨城	60	侵华日军第 26 师团师团长	中将	1948 年 11 月 24 日	7 年
专田盛寿	神奈川		侵华日军独立混成第 81 旅团旅团长	少将	1948 年 12 月	无罪
冈村宁次	东京	65	中国派遣军总司令	大将	1949 年 1 月 26 日	无罪

续　表

姓　名	籍贯	年龄	主 要 职 务	军衔	宣 判 日 期	审判结果
樱庭子郎	青森	56	侵华日军第20军独立混成旅团旅团长	中将	1949年1月26日	无罪
土桥勇逸			侵华日军第48军司令官、日本驻越南总督	中将	1947年12月6日经上海军事法庭提起公诉，1948年1月10日被法国政府引渡到巴黎审讯①

四、上海军事法庭审判的部分日本战犯名录

表 2　判处死刑的日本战犯

姓　名	出生日期	籍贯	职　务	判处死刑日期	执行枪决日期	枪决地
下田治郎	1918年11月29日	广岛	江阴日本宪兵队军曹	1946年6月8日	1947年6月17日	江湾刑场
米村春喜	1895年6月1日	熊本	常熟宪兵队队长	1947年1月6日	1947年6月17日	江湾刑场
黑泽次男	1914年2月26日	栃木	杭州艮山门日军宣抚班成员	1947年3月17日	1948年8月12日	提篮桥监狱刑场
富田德	1919年6月25日	爱知	溧阳宪兵队军曹	1947年4月17日	1947年8月14日	提篮桥监狱刑场
芝原平三郎	1900年9月5日	德岛	杭州、金华、宁波等地情报主任	1947年7月19日	1947年11月22日	提篮桥监狱刑场
浅野隆俊	1914年12月24日	栃木	上海日本宪兵队准尉	1947年9月22日	1947年12月10日	提篮桥监狱刑场
久保江保治	1914年5月22日	山口	浦东日本宪兵队特高科班长	1947年10月27日	1948年3月15日	提篮桥监狱刑场

---

① 《日战犯土桥勇逸军庭移交法领馆　今晨登机解巴黎审讯》，《申报》1948年1月10日。

续　表

姓　名	出生日期	籍贯	职　务	判处死刑日期	执行枪决日期	枪决地
野间贞二	1917年10月23日	广岛	浦东日本宪兵队杨思桥支队东昌路分队军曹	1947年10月27日	1948年3月15日	提篮桥监狱刑场
中野久勇	1917年10月23日	岐阜	崇明日本宪兵队特高课课长	1948年2月28日	1948年4月8日	提篮桥监狱刑场
大庭早志	1916年5月6日	福冈	崇明日本宪兵队队长	1948年2月28日	1948年4月8日	提篮桥监狱刑场
大场金次	1909年12月1日	静冈	宁波日本宪兵队大尉分队长	1948年4月19日	1948年6月24日	提篮桥监狱刑场
松谷义盛	1919年4月12日	静冈	杭州、松江派遣队中士附员	1948年5月26日	1948年9月1日	提篮桥监狱刑场
伊达顺之助①	1892年1月6日	东京	奉系军阀张作霖顾问	1948年6月1日	1948年9月9日	提篮桥监狱刑场
星野多喜雄②		神奈川	威海卫日本宪兵分队长	1947年9月13日	—	—

表3　判处无期徒刑的部分日本战犯

姓　名	籍贯	年龄	军衔	主　要　职　务	宣　判　日　期
丸山政十	静冈			杨树浦路沪东宪兵队宪兵曹长	1947年4月26日
服部博吉	大阪			杭州俘虏收容所成员	1947年5月15日
仓科伯次	长野	30		上海北四川路日本宪兵队军曹	1947年5月17日

---

① 又名张宗援。

② 星野多喜雄1948年12月8日改判为有期徒刑10年。参见《战犯星野多喜雄更审判刑十年》,《申报》1947年12月9日。

姓　名	籍贯	年龄	军衔	主要职务	宣判日期
岩间力男	岩手		准尉	日军北支队派遣队第5旅团独立步兵第29大队第4中队分队长	1947年6月20日，1948年9月7日改判15年
川谷长次郎	须贺		准尉	上海沪西日本宪兵队军曹	1947年6月20日
尾崎寅次	兵库			上海新市街日本宪兵队军曹	1947年7月19日
北原文吾	长野			上海新市街日本宪兵队军曹	1947年7月19日
美浓轮武夫	岐阜			青岛日本宪兵队宪兵	1947年7月24日
永久作一	山口			青岛海军情报部嘱托	1947年7月24日
加贺成良	爱媛			青岛海军情报部嘱托	1947年7月24日
后藤重宪	大阪			青岛日本宪兵队曹长	1947年7月26日
东末树	高知			淮阴日本陆军联络部成员	1947年8月2日
上山宽	鹿儿岛	30	准尉	上海沪西日本宪兵队宪兵	1947年8月2日
饼田宝	广岛		大尉	青岛日本海军根据地舰队中队长	1947年12月8日
永田胜之辅	东京		中佐	上海沪北日本宪兵队宪兵	1947年12月16日
三谷春一	东京		中尉	侵华日军独立混成第89旅团旅团长	1948年2月22日
黑濑平一	山口	54	少将	侵华日军第68师团步兵第57旅团旅团长	1948年2月25日
松本一郎	兵库		大佐	厦门海关武官府成员	1948年4月7日
野地嘉平	宫城	59	中将	侵华日军第133师团师团长	1948年4月12日
船引正之	东京	58	中将	侵华日军第64师团师团长	1948年5月31日

续　表

姓　　名	籍贯	年龄	军衔	主　要　职　务	宣　判　日　期
落合甚九郎	枥木	57	中将	侵华日军第 27 师团师团长	1948 年 6 月 7 日
菱田元四郎	东京	59	中将	天津驻屯军参谋长、第 116 师团师团长	1948 年 6 月 7 日
内田孝行	山梨		中将	侵华日军第 70 师团师团长	1948 年 6 月 30 日
伊藤忠夫①	宫城		大尉	日本陆军法务官	1949 年 1 月 26 日

表 4　判处有期徒刑的部分日本战犯

姓　　名	籍贯	年龄	军衔	主　要　职　务	宣　判　日　期	刑期
汤浅寅吉	千叶	34		上海沪南俘虏收容所管理员	1946 年 6 月 17 日	4 年半
篠源久夫	兵库			上海日本水上宪兵队军曹	1947 年 2 月 8 日	5 年
管元勘三郎	岩手	31		沪西日本宪兵队军曹	1947 年 2 月 15 日	6 年
平良正弘	冲绳			沪西日本宪兵队军曹	1947 年 2 月 15 日	5 年
日侨大三	山形	30		沪西日本宪兵队军曹	1947 年 2 月 15 日	5 年
沼野正吉	枥木	30		沪西日本宪兵队军曹	1947 年 2 月 15 日	5 年
安田辉忠	京都	31		松江日本宪兵队军曹	1947 年 3 月 8 日	10 年
青木义一	静冈			上海四川北路日本宪兵队分队长	1947 年 4 月 24 日	10 年
宫本仁平	德岛		大尉	上海杨树浦路沪东日本宪兵队队长	1947 年 4 月 26 日	12 年
丸山辰幸	长野	31		青岛海军港务部翻译	1947 年 5 月 5 日	10 年

---

① 伊藤忠夫 1946 年 7 月 25 日曾又被美军军事法庭判处有期徒刑 20 年。

续　表

姓　名	籍贯	年龄	军衔	主 要 职 务	宣 判 日 期	刑期
沼仓孝义	岩手			上海沪北日本宪兵队队长	1947 年 5 月 12 日	5 年
望月久雄	静冈	31		上海乘警宪兵队军曹	1947 年 5 月 17 日	3 年半
佐藤忠治	宫城			上海沪南日本宪兵分队曹长	1947 年 6 月 14 日	2 年
大寺敏	鹿儿岛	59	大佐	上海海防路俘虏收容所所长	1947 年 7 月 26 日初判 7 年,1948 年 1 月 21 日改判 3 年半	
本田同	东京	39	中尉	上海海防路俘虏收容所总务主任	1947 年 7 月 26 日初判 10 年,1948 年 1 月 21 日改判 4 年	
南迫藤吉	鹿儿岛		少佐	金华日本宪兵队	1947 年 8 月 2 日	15 年
八木义男	兵库		大尉	上海日本宪兵乘警派遣队大队长	1947 年 9 月 13 日	10 年
盐村森作	静冈			上海日本宪兵乘警派遣队军曹	1947 年 9 月 13 日	10 年
金广松一	广岛			上海日本宪兵乘警派遣队军曹	1947 年 9 月 13 日	10 年
星野多喜雄	神奈川	29		威海卫日本宪兵分队长	1947 年 9 月 13 日初判死刑,1948 年 12 月 8 日改判 10 年	
伊藤百郎	大分			青岛日军海军航空队翻译	1947 年 9 月 20 日	12 年
酒井正司	静冈		准尉	上海日本宪兵队宪兵	1947 年 9 月 20 日	7 年
大胜	福冈				1947 年 9 月 24 日	2 月
石崎良雄	京都			上海日本宪兵司令部曹长	1947 年 10 月 27 日	10 年

续 表

姓　名	籍贯	年龄	军衔	主 要 职 务	宣 判 日 期	刑期
荒木菊勇	富山			青岛日军宪兵队邮政检查员	1947 年 10 月 27 日	13 年
小松清已	长野			上海日本宪兵队军曹	1947 年 11 月 3 日	5 年
濑贺勇吉	新潟			上海日本宪兵队军曹	1947 年 11 月 18 日	5 年
片冈辉勇	熊本		准尉	上海日本宪兵队军曹	1947 年 11 月 25 日	6 年
森次郎	静冈			上海日本宪兵队曹长	1947 年 11 月 25 日	5 年
忠之内美久	鹿儿岛			嘉定日本宪兵派遣队军曹	1947 年 11 月 25 日	11 年
村井良吉	静冈			上海沪西日本宪兵队曹长	1947 年 11 月 25 日	15 年
上江洲田正	冲绳			上海沪西日本宪兵队军曹	1947 年 12 月 1 日	10 年
藤原启助	德岛			青岛海军特别根据队军曹	1947 年 12 月 8 日	10 年
上川路信也	鹿儿岛			浦东日本宪兵队曹长	1947 年 12 月 8 日	5 年
藤原惠辅				厦门保安司令	1947 年 12 月 8 日	10 年
阿南虔二郎	大分		少佐	上海沪西日本宪兵队	1947 年 12 月 16 日	15 年
岩本一郎	熊本			宁波日本宪兵队曹长	1947 年 12 月 16 日	5 年
上枝正秋	香川			上海沪西日本宪兵队军曹	1947 年 12 月 16 日	5 年
铃木浅治	宫城			上海日本宪兵队曹长	1947 年 12 月 16 日	6 年
粟岩尚治	长野	56	少将	侵华日军第三师团辎重联队长	1947 年 12 月 22 日	3 年半
黑氏理助	石川			嘉兴日本宪兵队宪兵	1947 年 12 月 22 日	6 年

姓 名	籍贯	年龄	军衔	主 要 职 务	宣 判 日 期	刑期
大江政雄	京都			嘉兴日本宪兵队宪兵	1947 年 12 月 29 日初判 6 年,1948 年 5 月 24 日改判 8 年	
加茂贞治	宫城			嘉兴日本宪兵队宪兵	1947 年 12 月 29 日初判 6 年,1948 年 5 月 24 日改判 8 年	
长村贡	广岛		大尉	杭州日本宪兵队队长	1948 年 1 月 5 日	7 年
田村贞二	群马			上海沪西日本宪兵队军曹	1948 年 1 月 5 日	6 年
朝比奈茂	静冈			上海沪南日本宪兵队曹长	1948 年 1 月 15 日	5 年
久保寺德部	山梨			上海日本陆战队司令部嘱托	1948 年 2 月 2 日初判 7 年,1948 年 9 月 26 日改判 9 年	
鸟泻贤次郎	秋田			上海沪南日本宪兵队曹长	1948 年 2 月 24 日	10 年
甲斐明义	大分			上海沪东日本宪兵队宪兵	1948 年 2 月 24 日	6 年
南健藤吉	鹿儿岛		少佐	金华日本宪兵队队长	1948 年 2 月 25 日	15 年
野口五郎	德岛			苏州日本宪兵队军曹	1948 年 2 月 25 日	15 年
丸山茂	兵库			苏北日本宪兵队军曹	1948 年 3 月 8 日	15 年
管谷瑞人	栃木		大尉	厦门海军警备队成员	1948 年 4 月 7 日	6 年
浅川泽人	长野			厦门海事警察署署长	1948 年 4 月 7 日	12 年
木四道治	宫城			厦门海事警察署巡查	1948 年 4 月 7 日	12 年
友金一	福冈			厦门海事警察署巡查	1948 年 4 月 7 日	12 年
引田佐金吾	千叶			厦门海事警察署巡查	1948 年 4 月 7 日	12 年

续　表

姓　名	籍贯	年龄	军衔	主　要　职　务	宣　判　日　期	刑期
富高增木	大分			厦门海事警察署巡查	1948 年 4 月 7 日	12 年
岛由明	富山			厦门海事警察署巡查	1948 年 4 月 7 日	6 年
佐藤力	东京			厦门海事警察署巡查	1948 年 4 月 7 日	6 年
政本宣夫	广岛			厦门领事馆嘱托	1948 年 4 月 7 日	7 年
三好政一	冈山			厦门警察局警正	1948 年 4 月 7 日	6 年
久保田卯一	广岛			厦门警察局警正	1948 年 4 月 7 日	6 年
高桥英臣	静冈			海州日本宪兵队军曹	1948 年 4 月 12 日	15 年
铃木一男	爱知			嘉定日本宪兵派遣队曹长	1948 年 5 月 3 日	7 年
小芝原芳正				九江日本宪兵队军曹	1948 年 5 月 14 日	10 年
三浦忠次郎	宫城	61	中将	侵华日军第 69 师团师团长	1948 年 5 月 31 日	12 年
福田良三	熊本	59	中将	日本驻华海军司令长官	1948 年 5 月 31 日	15 年
宫川清三	东京	59	中将	侵华日军第 40 师团师团长	1948 年 5 月 31 日	12 年
梨冈寿男	东京	55	中将	第 64 师团第 55 旅团旅团长	1948 年 6 月 8 日	20 年
深泽睦雄				柏城县合作社管理人员	1948 年 6 月 23 日	4 年
小西正明	岛根			无锡日本宪兵队军曹	1948 年 6 月 30 日	10 年
原田清一		55	中将	日本厦门根据地司令官	1948 年 7 月 5 日	10 年
神田正种	爱知	59	少将	侵华日军第 6 师团师团长、第 17 军司令官	1948 年 11 月 14 日	14 年

续　表

姓　名	籍贯	年龄	军衔	主要职务	宣　判　日　期	刑期
赤田清藏	大阪		准尉	蚌埠日本宪兵队	1948 年 11 月 23 日	12 年
柴山兼四郎	茨城	60	中将	侵华日军第 26 师团师团长	1948 年 11 月 24 日	7 年

表 5　判处无罪的部分日本战犯

姓　名	籍贯	年龄	军衔	主　要　职　务	宣　判　日　期
门屋博	宫城			上海市政府经济委员会职员	1947 年 4 月 3 日
森田丰造	兵库	27		侵华日军第 68 师团工兵队上等兵	1947 年 7 月 24 日
南部博之	熊本		大尉	侵华日军第 68 师团独立第 61 大队大队长	1947 年 9 月 13 日
若村文一				侵华日军藤本部队军曹	1947 年 9 月 13 日
吉川原一				侵华日军藤本部队中队长	1947 年 9 月 13 日
武田松治	大阪			盐野义药厂厂长	1947 年 9 月 15 日
大野茂	高知		大尉	浦东日本宪兵队队长	1947 年 10 月 27 日
片冈晃	宫城	27		浦东日本宪兵队杨思桥支队军曹	1947 年 10 月 27 日
大森满雄	宫城	28		浦东日本宪兵队杨思桥支队支队长	1947 年 10 月 27 日
森下宗雄	爱知	24		杨思桥支队东昌路分队一等兵	1947 年 10 月 27 日
世谷传造	石川	29		杨思桥支队东昌路分队一等兵	1947 年 10 月 27 日
早原勋	德岛	30		杨思桥支队东昌路分队一等兵	1947 年 10 月 27 日
水上喜景	山梨	31	大尉	青岛日本海军法务官	1947 年 10 月 27 日

续　表

姓　名	籍贯	年龄	军衔	主　要　职　务	宣　判　日　期
田中初义	福冈	39	准尉	上海日本宪兵队宪兵	1947 年 10 月 27 日
矢吹忠一			少佐	侵华日军独立山炮第 52 大队成员	1947 年 10 月 27 日
挹尾政一			少佐	侵华日军独立步兵第 55 大队成员	1947 年 10 月 27 日
铃木六次				杭州日本宪兵队曹长	1947 年 11 月 26 日
宫西包义				南京日本宪兵队军曹	1947 年 11 月 26 日
持田梅太郎				杭州日本宪兵队曹长	1947 年 11 月 26 日
深井盾雄				杭州日本宪兵队军曹	1947 年 11 月 26 日
佃贞治郎				上海日本宪兵队曹长	1947 年 12 月 1 日
桑田民雄			大尉	侵华日军独立混成第 92 旅炮兵	1947 年 12 月 5 日
政本寅夫				上海日本宪兵队某部军曹	1947 年 12 月 8 日
池崎道成	熊本	27		上海日本宪兵队某部军曹	1947 年 12 月 8 日
花田秀雄			准尉	上海沪西日本宪兵队宪兵	1947 年 12 月 22 日
水谷五郎			少佐	上海日本宪兵队宪兵	1947 年 12 月 22 日
牛尾哲二				上海日本宪兵队军曹	1948 年 1 月 12 日
西冈显三				海州日本宪兵队军曹	1948 年 1 月 12 日
出口务				连云港日本宪兵队军曹	1948 年 1 月 12 日
四方谅二	神户	52	少将	侵华日军华中宪兵司令	1948 年 2 月 25 日
大西正重				日本宪兵队军曹	1948 年 2 月 25 日
池田利平	佐贺			厦门刑务支队兵曹	1948 年 4 月 7 日
长谷川寿夫	冈山		大尉	厦门领事馆	1948 年 4 月 7 日
中岛信一	静冈	44	少佐	杭州日军梅机关机关长	1948 年 4 月 12 日

续　表

姓　名	籍贯	年龄	军衔	主　要　职　务	宣　判　日　期
小仓达次	东京	60	中将	侵华日军第 131 师团师团长	1948 年 4 月 12 日
尾崎助之			准尉	上海日本宪兵队宪兵	1948 年 5 月 10 日
神田次男			准尉	郑州日本宪兵队宪兵	1948 年 5 月 10 日
岛田一郎				日本宪兵队军曹	1948 年 5 月 31 日
大井川八郎	福岛	61	少将	侵华日军独立混成第 83 旅团旅团长	1948 年 5 月 31 日
西村俊文				日本宪兵队外事股伍长	1948 年 6 月 8 日
池田文雄				上海日本宪兵队曹长	1948 年 6 月 23 日
大西传造	京都			天津日本宪兵队军曹	1948 年 6 月 29 日
石山虎夫			大佐	侵华日军山炮第 71 联队成员	1948 年 6 月 30 日
淞浦龙一			大佐	侵华日军第 7 师团第 85 联队成员	1948 年 6 月 30 日
朝生平四郎			大佐	侵华日军第 9 师团第 7 联队成员	1948 年 6 月 30 日
广内茂				江苏日本宪兵队宪兵	1948 年 6 月 30 日
寺同孝	广岛			江苏日本宪兵队宪兵	1948 年 6 月 30 日
樱庭子郎①	青森	56	中将	侵华日军第 20 军独立混成旅团旅团长	1948 年 7 月 5 日
片山贞夫				蚌埠日本宪兵队军曹	1948 年 11 月 23 日
高桥丰一				蚌埠日本宪兵队军曹	1948 年 11 月 23 日
吉田宪明	宫崎			蚌埠日本宪兵队军曹	1948 年 11 月 23 日
中山良一	广岛			蚌埠日本宪兵队曹长	1948 年 11 月 23 日

---

① 樱庭子郎于 1949 年 1 月 26 日再次被法庭宣判无罪。

续　表

姓　　名	籍贯	年龄	军衔	主　要　职　务	宣　判　日　期
松山丰秋	鹿儿岛			蚌埠日本宪兵队曹长	1948 年 11 月 23 日
宫川清三	东京	59	中将	侵华日军第 40 师团师团长	1948 年 5 月 31 日初判 12 年，1948 年 11 月 24 日改判无罪
专田盛寿	东京		少将	侵华日军独立混成第 81 旅团旅团长	1948 年 12 月
冈村宁次	东京	65	大将	日本中国派遣军总司令官	1949 年 1 月 26 日

表 6　判处的部分意大利、韩国籍战犯①

姓　　名	职　　务	宣　判　日　期	审判结果
巴达底尼	意大利海军驻沪指挥官	1947 年 2 月 8 日	无期徒刑
孙田昌植	上海精密机械工艺社负责人	1947 年 5 月 17 日	无罪
张锡球	兴亚公司董事	1947 年 7 月 19 日	10 年
姜将虎	青岛牟平警察局特高系系长	1947 年 9 月 13 日	5 年
杨燮智②	厦门保安队队员	1947 年 12 月 8 日	5 年
李世雄	上海日本宪兵队翻译	1948 年 3 月 10 日	无罪
崔明适		1948 年 5 月 10 日	3 年半
箕岛肇③	天津日本宪兵队翻译	1948 年 6 月 7 日	10 年
崔秉斗		1948 年 6 月 7 日	10 年
金英宰		不详	10 年
李渡	梅方贸易公司成员	不详	3 年半

①　除了巴达底尼为意大利人以外，其他人员均为韩国人。
②　又名杨雪之。
③　又名李春培。

续　表

姓　名	职　务	宣判日期	审判结果
纪和	海南岛贸易商	不详	3 年半
邓君和	厦门警察署警察	不详	10 年
洪寿子	厦门警察署警察	不详	3 年半
吴金水	厦门工部局职员	不详	6 年

表 7　判处的部分中国台湾人

姓　名	职　务	宣　判　日　期	审判结果
川米田	上海俘虏营工作人员	1947 年 7 月 24 日	无罪
何清太	浙江日军翻译	1947 年 10 月 27 日	3 年半
郑军河		1948 年 3 月 10 日	4 年
邱裕	厦门警察署署长	1947 年 7 月 26 日	5 年
王金水	厦门警察署工作人员	1947 年 10 月 27 日	6 年
李龙溪	厦门警察署工作人员	1948 年 4 月 19 日	3 年半
曹赐福	厦门警察署工作人员	1948 年 4 月 1 日	5 年
朱缘林		1948 年 6 月 30 日	无罪
潘来金	南上海俘虏收容所工作人员	不详	不详
廖金龙	厦门警察署工作人员	不详	10 年

　　从有关专家研究及日本人的统计资料来看，上海军事法庭审判日本战犯的总人数目前有两个版本。版本之一，总数为 183 人，其中判处死刑 13 人，无期徒刑 21 人，有期徒刑 88 人，无罪释放 61 人；[1]版本之二，总数为 116 人，其中判处死刑 14 人，无期徒刑 22 人，有期徒刑 75 人，无罪释

---

① 转引自杨竞：《盟军战俘在中国——奉天战俘营口述纪实》，人民出版社 2016 年版。

放 5 人。① 根据笔者多年来的研究及对被审判人员的逐个统计，第一个版本比较符合实际情况；第二个版本差错较多，我们应尽力纠正。

日本侵华战争中，作为被占领地的韩国和中国台湾地区有很多人被征召参军，与日军一起对中国军民犯下罪行。抗战胜利后，国民政府下令调查，将这些人与日本战犯作同样处理。如上海军事法庭于 1947 年 7 月 19 日和 9 月 13 日，对韩国人兴亚公司董事张锡球和警察局特高系系长姜将虎分别判处有期徒刑 10 年和 5 年。② 还对韩国人杨燮智、箕岛肇审讯判刑，对为日军生产军火的意大利海军驻沪指挥官巴达底尼判处无期徒刑。上海军事法庭也对部分中国台湾人进行了审讯，于 1948 年 4 月 1 日对曾任福建厦门警察署工作人员的台湾人曹赐福、1947 年 7 月 26 日对曾任福建厦门警察署署长的台湾人邱裕均判处有期徒刑 5 年，对李龙溪判处 3 年半。③ 由于种种原因，当时各地审判的日本战犯人数，实际上已经把韩国人、中国台湾人包含其中。法庭审理涉及台湾人案件的过程中，有人曾对中国台湾籍战犯与日军同等身份提出疑问。1947 年 5 月 13 日，广州的《中山日报》发表署名文章《对战时台籍日犯不应作战犯论》，文章指出："台湾人作战犯论，实有不当，因敌人始称战犯，台湾人根本是我国同胞，不是敌人。台湾人在战时若有为敌人做爪牙，倚其势力加害民众的行为，即应作汉奸论罪，其中界限不可不分清。"④

五、上海军事法庭审判日本战犯述评

一、上海军事法庭审判日本战犯符合历史潮流和人民意愿，遵循《开罗

---

① 王辅：《日军侵华战争》，辽宁人民出版社 1990 年版，第 2851 页。该统计数有一定误差。以上海军事法庭为例，该版本称，判处死刑 14 人、无罪释放 5 人，从档案资料及当时媒体的报道看，经上海军事法庭一审判处死刑者 14 人，后来被处刑的实际人数是 13 人，其中 1 人改判为有期徒刑 10 年；对日本战犯处以无罪释放者远不止 5 人，据逐一按名册统计，已经查到 50 多人，加上韩国人及中国台湾省人就达 60 余人。

② 《花花太岁两个死刑　北原崎尾两犯监禁终身》，《申报》1947 年 7 月 20 日；《日战犯多名宣判》，《申报》1947 年 9 月 14 日。

③ 《军事法庭昨判四案，野地嘉平无期徒刑》，《申报》1948 年 4 月 13 日；《昨日宣判日战犯一批》，《中华时报》1948 年 4 月 13 日。

④ 《对战时台籍日犯不应作战犯论》，《中山日报》1947 年 5 月 13 日。

宣言《波茨坦公告》的精神,执行国民政府审判委员会制定的有关文件的要求,是在中国人民一致要求惩处战争罪犯的大背景下进行的,它在一定程度上维护中华民族的利益,符合广大人民意愿。上海军事法庭设立以来,在人员紧张、经费紧张的情况下开展了大量工作。对众多日本战犯进行审判,还追究了个别为虎作伥的韩国、意大利籍和中国台湾地区的战犯,为中国人民伸张正义。审判人员、检察人员、书记员、翻译等工作人员付出了艰辛的努力,他们的历史功绩应当充分肯定。

二、上海军事法庭(包括前期的第一绥靖区军事法庭和后期的国防部军事法庭)是当时国民政府 10 个审判日本战犯的军事法庭中存在时间最长的军事法庭。各地军事法庭大都于 1947 年或 1948 年初结束,其中在 1947 年下半年结束的有徐州、济南、南京(后移到上海)军事法庭,在 1948 年上半年结束的有太原、沈阳、广州、汉口军事法庭,在 1948 年下半年结束的有北平、台北军事法庭;而位于上海的军事法庭,从 1946 年 3 月开始,一直工作到 1949 年 1 月底,是全国 10 个军事法庭中持续时间最长的一个。[①] 同时,从被审判日本战犯的人数来说,上海军事法庭在国民政府 10 个军事法庭中也名列第一,共计 183 名;其他各地军事法庭审判的日本战犯人数为:广东171 人、汉口 151 人、北平 112 人、沈阳 136 人、南京 27 人、徐州 25 人、济南24 人、台北 21 人、太原 11 人。[②]

三、上海军事法庭受其审判的日本战犯涉及面比较宽。从地域上讲,华东地区的有:上海浦东特高课课长久保江保治、军曹野间贞二;江苏溧阳宪兵队军曹富田德、海州宪兵队军曹西冈显三;浙江杭州宪兵队情报人员芝原平三郎、宁波宪兵队分队长大场金次、温州日本特务机关长三谷春一;安

---

① 各军事法庭审判日本战犯的起止年月分别为:北平军事法庭,1946 年 4 月—1948 年 12 月17 日;太原军事法庭,1946 年 12 月—1948 年 1 月 14 日;徐州军事法庭,1946 年 7 月—1947 年 7 月12 日;沈阳军事法庭,1946 年 7 月—1948 年 1 月;南京军事法庭,1946 年 5 月—1947 年 12 月;广州军事法庭,1946 年 7 月—1948 年 3 月 10 日;济南军事法庭,1946 年 8 月—1947 年 11 月 13 日;汉口军事法庭,1946 年 6 月—1948 年 5 月 15 日;台北军事法庭,1946 年 12 月—1948 年 12 月 22 日;上海军事法庭,1946 年 3 月—1949 年 1 月 26 日。

② 转引自杨竟:《盟军战俘在中国——奉天战俘营口述纪实》,人民出版社 2016 年版,第272—273 页。

徽蚌埠宪兵队军曹赤田清藏；福建厦门保安司令薛原惠辅；山东青岛海军港务部翻译丸山辰幸、威海宪兵队分队长星野多喜雄等人。甚至还有中南地区的樱庭子郎等人。从受审日本战犯的职务上讲，既有日本军队中下层的军曹、曹长，也有中层的少佐、中佐、大佐，还有大将、中将、少将等高级军官。如曾任第 20 军第 82 旅团旅团长的樱庭子郎中将，1947 年 12 月，上海军事法庭曾对其提起公诉，指控他驻扎湖南郴州一带期间，纵容部下对民众奸淫杀掠无所不为，仅株洲一地中国同胞被杀害者即有 300 余人，妇女被奸者 100 余人，多人被毁尸灭迹；此外，还焚毁房屋 200 余栋，财产损失无法计算。可是迫于多种原因，取证工作无法深入开展，1948 年 7 月法庭只能对其宣告无罪。①

四、上海是各地军事法庭判决后，日本战犯的集中地和移送回国的遣送地。抗战胜利后我国各地成立的军事法庭审判战犯工作，到 1948 年大体上已告一段落，除判死刑的日本战犯已分别在当地执行外，判处无期徒刑和有期徒刑的日本战犯大都被集中到国防部上海战犯监狱监禁。如 1948 年 3 月的《正言报》报道："据国防部审判战犯军事法庭负责人谈话：'关于各地审判战犯工作，现国防部方面已命令及早结束，嗣后全国各地已判决战犯，将逐步集中本市江湾战犯监狱执行，迄目前为止，江湾战犯监狱收押执行之战犯已有三百余名之多。'"②1948 年 3 月，41 名战犯由汉口乘轮船被押解抵沪，送江湾战犯监狱监禁，其中有梶浦银次郎少将、奈良晃中将、伴健雄中将。③ 4 月 29 日，从北平经天津乘轮船到上海的，还有内田银之助中将、茂川秀和少将等 41 人。④ 根据 1948 年 7 月份的调查，集中于国防部上海战犯监狱的日本战犯共有 251 名。其中各军事法庭判处的日本战犯人数分别为：上海 91 名，广东 55 名，徐州 14 名，台湾 5 名，济南 7 名，汉口 36 名，北平 38 名，南京 1 名，太原 4 名。其中无期徒刑 75 名，有期徒刑 10 年

① 《将级日本战犯三名军事法庭提起公诉》，《申报》1947 年 12 月 7 日；《战犯原田中将判处徒刑十年 樱庭子郎宣判无罪》，《大公报》1948 年 7 月 6 日。

② 《军事法庭六月结束 江湾监狱收押三百余名》，《正言报》1948 年 3 月 30 日。

③ 《日战犯四十一名，由汉押到送监执行》，《申报》1948 年 3 月 14 日。

④ 《日战犯四十一名，昨由平解沪》，《立报》1948 年 4 月 30 日。

以上者 92 名,5 年以上 55 名,3 年以上 18 名,1 年以上 11 名。已刑满释放的 7 名。①

　　五、上海军事法庭对将级日本战犯审判工作从进度迟缓,到步履匆匆,有的则一晃而过。自 1946 年开始,上海军事法庭就陆续接收并受理了部分少将以上的日本战犯。如侵华日军第 133 师团师团长野地嘉平于 1946 年 5 月从浙江嘉兴被拘捕后,押送上海关押。当时媒体曾报道"此为法庭受理敌酋中将阶级第一人"②。侵华日军第 20 军第 60 师团师团长船引正之中将、第 68 师团第 57 旅团旅团长黑濑平一少将于 9 月 3 日收押于提篮桥监狱。③侵华日军第 21 军第 116 师团师团长菱田元四郎于 1946 年 10 月 19 日解上海军事法庭审理。④ 但是上海军事法庭对这些将级日本战犯的审理,相比对宪兵、军曹、曹长等下层人员的审理要迟缓。最后野地嘉平于 1948 年 4 月 12 日被判处无期徒刑⑤,审理时间长达近 2 年。船引正之中将于 1948 年 5 月 31 日被判处无期徒刑⑥、黑濑平一少将于 1948 年 2 月 27 日被判处无期徒刑⑦,两人之案从开始审理到判处终结,时间皆在 1 年半以上。而后期人民解放军乘胜进军,国民党政权摇摇欲坠、朝不保夕的大形势下,法庭对日本战犯的审判,明显是走过场。如上海军事法庭于 1948 年 3 月 31 日对福田良三、落合甚九郎等 8 名日军将领发布了集体起诉书,4 月中旬正式起诉⑧,5 月 31 日对福田良三等 5 人作出判决⑨,6 月 7 日对落合甚九郎等 2 人作出判决⑩,6 月 8 日对梨冈寿男作出判决⑪。从审理到判决的办案过程仅为 1 个半月。

---

① 许中天:《日本人在上海》,《上海警察》第 3 卷第 3 期,1948 年。
② 《日战犯野地将审讯》,《民国日报》1946 年 5 月 12 日。
③ 《船引正之、黑濑平一押提篮桥监狱》,《申报》1946 年 9 月 4 日。
④ 《中美分审纳粹日敌战犯》,《民国日报》1946 年 10 月 20 日。
⑤ 《军事法庭昨判四案,野地嘉平无期徒刑》,《申报》1948 年 4 月 13 日。
⑥ 《日将级战犯五名　军事法庭昨判刑》,《申报》1948 年 6 月 1 日。
⑦ 《日战犯一批判罪　明日审中野久勇》,《申报》1948 年 2 月 26 日。
⑧ 《日籍将级战犯八名　军事法庭提起公诉》,《中华时报》1948 年 4 月 19 日。
⑨ 《日将级战犯五名　军事法庭昨宣判》,《申报》1948 年 6 月 1 日。
⑩ 《杀人过千　战犯两名均判无期徒刑》,《中华时报》1948 年 6 月 8 日。
⑪ 《战犯梨冈寿男判徒刑 20 年》,《大公报》1948 年 6 月 9 日。

六、法庭对部分日本战犯姑息养奸。如对日本中国派遣军总司令官冈村宁次等人无罪释放。冈村宁次曾任日本驻沪领事馆武官、上海派遣军副参谋长。七七事变后,他先后出任侵华日军第 11 军司令官、华北方面军司令官、中国派遣军总司令官,罪行累累,罄竹难书。冈村被捕后,延迟到 1947 年 8 月 23 日才首次出庭受审。法庭初审时 1 000 多人旁听。相隔近一年半以后,即 1949 年 1 月 25 日,军事法庭对冈村宁次进行第二次公审,开庭时只有 20 余位新闻记者到场,与第一次公审时的场面形成巨大反差。法庭上,石美瑜庭长象征性地问了几个问题后,就宣读了“宣判冈村宁次无罪”的判决书,法庭内全场哗然。石美瑜拒绝回答现场的质疑,立刻宣布退庭。法庭的判决说到底就是秉承国民政府高层的决定。一个罪大恶极的战犯逃脱了法律的制裁。对冈村的无罪判决,引起国内舆论的强烈不满,中国共产党也对此发表声明。这是上海军事法庭,也是国民政府审判日本战犯最大的败笔。1949 年 1 月 30 日,冈村在上海乘美国“维克斯”号轮船回国。次年,冈村出任蒋介石的军事顾问,1961 年 6 月,他还作为贵宾出访台北。

随着辽沈、平津、淮海三大战役的开战和人民解放军的胜利进军,国民党反动派节节败退,其在大陆的统治日薄西山、朝不保夕,原设在南京的国民政府匆匆迁往广州,在这种形势下,他们根本无暇顾及日本战犯的监禁和管理。1949 年 1 月底,上海军事法庭被撤销,上海的国防部战犯监狱在押的无期徒刑、有期徒刑日本战犯被移送到日本,由驻日本的美军和日本新政府共同管制,有的仅仅象征性地关押了一段时间。这些双手沾满中国人民鲜血的日本战犯都先后被释放。

泽田茂等在沪虐杀美国杜立德航空队飞行员案考析：1946 年上海美军军事法庭的一例[①]

马 军

（上海社会科学院历史研究所）

1946 年 1 月，中国战区参谋长兼驻华美军总司令阿尔伯特·科蒂·魏德迈（Albert Coady Wedemeyer）奉位于美国华盛顿的陆军部之命在中国上海提篮桥监狱设立美军法庭（亦译为美军战犯委员会），审判战时日本军队在中国大陆和台湾地区杀害、虐待美国被俘人员的相关案件。至是年 9 月间，该法庭共计审判了 8 批 47 名日本战犯，判处死刑 10 人（实际执行 6 人），判处无期徒刑 6 人，判处有期徒刑 29 人，无罪释放 2 人。之后又继续开审了 20 多名德国纳粹战犯。[②] 开庭时间早于东京审判的上海审判，无论在战史层面，还是在司法实践中都占据着非常独特的位置。泽田茂等人在上海虐杀美国杜立德航空队飞行员案即为其中的一个案例。

---

① 本文原载于上海市档案馆编：《上海档案馆史料研究（第 25 辑）》，上海三联书店 2021 年版。
② 相关研究请参见：徐家俊：《提篮桥监狱对日本战犯的关押、审判与执行》，载上海市政协文史资料委员会编：《上海纪念抗日战争胜利 60 周年研讨会论文集》，上海人民出版社 2005 年版；刘萍：《战后美军在华处置战犯问题初探》，《民国档案》2016 年第 3 期；马军：《"二战"以后全世界审判日本战犯第一案》，载金永明主编：《日本社会观察（2016 年）》，上海社会科学院出版社 2017 年版；张颖军：《史海钩沉：驻华美军战后在上海审判为日本服务的德国间谍案》，上海交通大学东京审判研究中心等主办"战后对日本战犯审判文献"研讨会与会论文，2020 年 1 月 6 日至 8 日。

一

　　为了报复1941年12月7日日本海军对珍珠港的突然袭击，1942年4月18日，美国第8航空队的16架B-25轰炸机在詹姆斯·哈罗德·杜立德(James Harold Doolittle)中校的率领下，各自携带500磅炸弹3枚、500磅燃烧弹1枚，从航空母舰"大黄蜂"号(CV-8，USS Hornet)上起飞，轰炸了日本本土的东京、横滨、神户、名古屋等地。从战术角度看，这次空袭炸毁的目标并不多，投弹量亦远不及1944年以后的战略大轰炸，却极大地鼓舞了美国军民的士气，具有极为深远的战略意义。

表1　此次空袭任务概况①

机号/目标城市	迎击日机（架）	地面炮火程度	空 袭 对 象	着 地 状 况
1号机/东京	9	激烈	工厂地带	衢县北110公里处跳伞
2号机/东京	0	无	工厂和仓库	宁波附近机体着陆
3号机/东京	几	相当厉害	煤气、化学工厂和船坞	衢县东南跳伞
4号机/东京	许多	无	机枪故障、放弃投弹	上饶东南跳伞
5号机/东京	0	激烈	油槽、发电所、工厂	衢县东南跳伞
6号机/东京	0	激烈	制铁所	宁波海面迫降
7号机/东京	0	相当厉害	工厂、制铁所	象山海面迫降
8号机/东京	1	无	大工厂	海参崴以北64公里处跳伞

---

　　①　岡田舜平『二つの戦犯裁判—ドゥーリトル事件はいかに裁かれたか』、東京光人社、2009年、50，51頁。

续　表

机号/目标 城市	迎击日机 （架）	地面炮火 程度	空 袭 对 象	着 地 状 况
9 号机/东京	1	激烈	煤气工厂、发电 所、制油所	鄱阳湖以南 160 公里处跳伞
10 号机/东京	16	激烈	铁工所、工厂地带	衢县以北 48 公里 处跳伞
11 号机/横滨	5	轻微	制油所、警戒艇	衢县以北 80 公里 处跳伞
12 号机/横滨	0	轻微	船坞区	衢县西北的淳安 跳伞
13 号机/横须贺	0	激烈	船坞区、航空母舰	新建附近跳伞
14 号机/名古屋	0	激烈	飞机工厂、兵营、 战车	上饶附近跳伞
15 号机/神户	2	轻微	铁工所、工厂	象山海面迫降
16 号机/名古屋	3	激烈	油槽、飞机工厂	南昌地区跳伞

　　完成任务后，16 架战机悉数向西飞向亚洲大陆，除有一架在苏联符拉迪沃斯托克（海参崴）降落遭扣留外，其余 15 架飞机因油料耗尽在中国浙江、安徽、江西等地或迫降或飞行员弃机跳伞。大部分美国飞行员得到中国抗日力量的解救后经大后方重返美国，受到了英雄般的欢呼，杜立德中校直接晋升准将。但仍有 8 名飞行员在落地后被日军所俘，他们分别来自其中的两架飞机。其一是 6 号机，该机迫降在浙江宁波附近海面；其二是 16 号机，当飞至南昌附近时油尽，飞行员跳伞。

　　4 月 25 日，8 名飞行员作为"战犯"先被押至东京监禁，6 月 19 日又移至上海，1942 年 8 月 20 日上午在上海江湾被日军第 13 军设置的军事法庭运用《处罚敌飞机乘员的有关军律》①，以"实施无差别轰炸"为由判处死

---

① 1922 年，日本、美国、英国、法国、意大利和荷兰在荷兰海牙联合签订了《空战法规》，其中第 22 至 24 条明确规定无差别轰炸是违法行为，即禁止从空中攻击军事设施和军事机关以外（转下页）

刑。其中 3 人于 1942 年 10 月 15 日下午在上海第一公墓执行；5 人被改判终身监禁①，并受尽非人折磨，健康严重受损。1943 年 4 月 17 日，5 人从上海江湾监狱被移送至南京中国派遣军监狱，有 1 人于 1943 年 12 月 1 日在监禁中因营养不良病死于南京，另 4 人后又被移送至北平的集中营，在日本投降后的 1945 年 8 月 20 日被美军营救战俘的空降小组解救，此时已身陷囹圄达 40 个月之久。

表 2　6 号机乘员(5 名)情况②

职　　务	英文姓名	中文报刊中的译名	军衔	落地后状况	被俘后状况
飞行员	Dean Edward Hallmark	霍马克、荷马、迪安·霍马克	中尉	被俘	1942 年 10 月 15 日在上海江湾被处死。
副驾驶	Robert John Meder	梅特、罗伯特·米德尔	中尉	被俘	1943 年 12 月 1 日在南京监狱病死。

(接上页)的民间目标。日本军方遂以该条约为依据，制定了旨在惩罚盟国飞行员的法律法规。换言之，后者将被剥夺战俘待遇，而作为战犯受到惩戒。该军律的母本是陆军省法务局的官员们参考若干国际法后制定的，并与军务局、兵务局、俘房管理局、参谋本部作战科进行过讨论、修正。然后由陆军参谋次长和陆军省次官于 1942 年 7 月 28 日联合发布给各战区，由各战区最高司令官依据具体情况，略作改动后予以公布。其基本内容是，一旦敌国飞行员被确认实施了无差别轰炸，即可判处死刑，或酌情处以 10 年以上有期徒刑及无期徒刑。中国派遣军总司令官畑俊六大将遂在 8 月间发布了《处罚敌机乘员的有关军律》，并传达给下辖各军。杜立德飞行员是在第 13 军辖区内被抓的，所以由该军设立军律法庭负责审理。后来在 1946 年的上海美军法庭上，军律和军律法庭的合法性及严苛度成为检辩双方争论的焦点。参见冈田舜平『二つの戦犯裁判―ドゥーリトル事件はいかに裁かれたか』、東京光人社、2009 年、19,78,88,107 頁。

①　据说，担任日本本土防卫任务的陆军参谋本部(总长杉山元大将)为了面子问题，一直主张严惩被俘美国飞行员，而陆军省(首相兼陆相东条英机大将)考虑到美方可能会因此对在美日本人实施报复，所以反对如此处罚。对 8 人的死刑判决作出后，东条和杉山分别面见过天皇裕仁，前者请求减刑，而后者反对减刑。最终，天皇决定减刑。1942 年 10 月 10 日，中国派遣军总司令官接到电报，3 人维持死刑，其他 5 人改判终身监禁。10 月 15 日上午，第 13 军律法庭第二次开庭，宣布了最终判决。参见冈田舜平『二つの戦犯裁判―ドゥーリトル事件はいかに裁かれたか』、東京光人社、2009 年、17,18,122 頁。

②　表 2、表 3 内主要资料来自：冈田舜平『二つの戦犯裁判―ドゥーリトル事件はいかに裁かれたか』、東京光人社、2009 年、49,50 頁；http://www.doolittleraider.com/80_brave_men.htm。

续　表

职　务	英文姓名	中文报刊中的译名	军衔	落地后状况	被俘后状况
领航员	Chase Jay Nielsen	尼尔逊、蔡斯·尼尔森	中尉	被俘	被处无期徒刑，1945 年 8 月 20 日在北平获救。
投弹手	William J. Dieter	威廉·迪特尔	下士	当场溺死	尸体在 1946 年初被寻获。
机师/机枪手	Donald E. Fitzmaurice	唐纳德·菲茨莫里斯	中士	当场溺死	尸体在 1946 年初被寻获。

表 3　16 号机乘员(5 名)情况

职　务	英文姓名	中文报刊中的译名	军衔	落地后状况	被俘后状况
飞行员	William G. Bill Farrow	法罗、威廉·法罗	中尉	被俘	1942 年 10 月 15 日在上海江湾被处死。
副驾驶	Robert L. Hite	哈埃特、罗伯特·海特	中尉	被俘	被处无期徒刑，1945 年 8 月 20 日在北平获救。
领航员	George Barr	巴尔、乔治·巴尔	中尉	被俘	被处无期徒刑，1945 年 8 月 20 日在北平获救。
投弹手	Jacob Daniel DeShazer	第歇泽、雅各布·萨泽	下士	被俘	被处无期徒刑，1945 年 8 月 20 日在北平获救。
机师/机枪手	Harold A. Spatz	史巴兹、哈罗德·斯巴兹	中士	被俘	1942 年 10 月 15 日在上海江湾被处死。

　　早在 1943 年 3 月 12 日，日本政府曾借中立国瑞士政府通报美国国务院，日本方面已对 8 名美国飞行员处刑。美国国务院遂于 4 月 12 日通过相同途径，向日本政府提出强烈抗议，抗议文中包含了罗斯福总统的声明："美国政府严重警告日本政府，对美国战俘的处理严重违反了文明国家应该遵

守的战争法规。针对强加在美国战俘上的野蛮罪行，在战争结束后，美国政府会追究日本政府反文明、非人道行为的责任者，并予以惩罚。"[1]4 月 20日，罗斯福总统发表讲话，再次强烈谴责对美飞行员野蛮处刑的日本政府，"总有一天要用法律制裁那些对美飞行员处刑的日本军人"[2]。

有因于此，战后在美国议会"尽力尽早查明真相"的催促下，上海美军法庭在成立之初，即试图以违反国际法、虐杀被俘美军飞行员为由，追究当年日军相关人员的法律责任，于是由约翰·H. 亨德伦（John H. Hendren）中校和罗伯特·T. 德怀尔（Robert T. Dwyer）少校牵头，开展了一系列的调查和准备工作。实际上，早在 1945 年 8 月，即获救的 4 名幸存者蔡斯·杰伊·尼尔森（Chase Jay Nielsen）、罗伯特·L. 海特（Robert L. Hite）、乔治·巴尔（George Barr）、雅各布·丹尼尔·德沙泽（Jacob Daniel DeShazer）抵达重庆之时，就曾对被俘后的受虐状况以及日军法庭的"非法"审判给出了陈述。经过接洽，1946 年 1 月，时年 29 岁的蔡斯·杰伊·尼尔森受美国陆军部之命从得克萨斯重来上海为出庭作证作准备，因为他是返美疗养的 4 人中当时身体状况最好的。他告诉上海新闻界，1942 年 4 月他从"大黄蜂"号上起飞时体重有 186 磅，但 1945 年 8 月获救时只剩下了115 磅，现在由于家人的悉心照料已恢复到了 139 磅。他说："我现在最大的愿望就是协助庭审，为那 4 个死去的战友讨还公道，公正地惩罚杀害他们的日本凶手"，"当华盛顿要求我来法庭作证时，我告诉他们，即使坐担架，我也要来上海"。

关于被俘后的状况，他是这样概述的：他自己所乘的 6 号机因为油料耗尽，迫降在宁波附近的海面，离海岸线有 1.5 英里[3]。机组人员中有 2 人当场溺死，活着的 3 人游到岸边，遭日军抓捕后被送往东京审问，在那里遇到了 16 号机的 5 名幸存者。1942 年 6 月，8 名美国飞行员又被押回上海，

像犯人一样被关在大桥大楼监狱（Bridge House Prison）[①]，"食物粗劣，不过是些泡饭和粥，有时候会加一些腌鱼。最初的 140 天，我们连洗澡和刮脸的机会也没有"。后来，7 个人被押往江湾监狱，只有迪安·爱德华·霍尔马克（Dean Edward Hallmark）留在原地，因为他病了，动不了。8 月 20 日那天，8 个人被带到江湾的一个军事法庭，霍尔马克是被人用担架抬去的。但当时，大家并不知道那是个军事法庭，没有翻译，也没有辩护律师。10 月 15 日，他自己最后一次见到迪安·爱德华·霍尔马克、威廉·G. 比尔·法罗（William G. Bill Farrow）、哈罗德·A. 施帕茨（Harold A. Spatz）三人，他被告知他们转移走了，后来才知道是被处决了。大概一周以后，一个翻译告诉他，剩下的 5 人原本也是要执行死刑的，但现在日本天皇下令将其减为无期徒刑。"日本人把主要责任推在了飞行员和枪手身上，这大概就是 5 个人被改判无期的原因吧。"5 人中的罗伯特·约翰·米德尔（Robert John Meder）中尉 1943 年末在南京因脚气病和营养不良病故了。"我们获救以后曾听说，日本人指控我们轰炸并用机枪扫射了学校和其他非军事目标，这是不符合事实的。我们只攻击军事目标，例如东京的钢铁厂、弹药厂和飞机制造车间，还有名古屋的油库，我们没有使用机关枪。"

尼尔森还说，当年参加此次空袭的 80 名成员中，有 61 人还活着，上一年 12 月份他们在迈阿密庆祝了杜立德中将的 49 岁生日，他们决定此后每年 4 月 18 日都要聚会一次，纪念对东京的首次轰炸。但每每想到 3 位被处死的战友，大家都心情沉重，希望正义得到伸张。他又说道，"此次在上海自由漫步，没有卫兵监视，真是好极了，上次根本没有机会好好看一下上海"。[②]

被关押在提篮桥监狱的立田外次郎（时年 59 岁，日本名古屋人，前日军江湾监狱看守长、大尉）是当年对 3 名飞行员执行死刑时在场的 7 名日本军官之一，他告诉美联社记者，他在临刑前曾对 3 人说，"你们死得像个英雄，

---

① 系日本宪兵司令部，位于今上海四川北路 85 号。

② "Doolittle Survivors Want Japs Punished", *North China Daily News*, Jan. 19, 1946, p.1; "Doolittle Survivor Tells Tale", *The China Press*, Jan. 19, 1946, p.2; "Slayers of Doolittle Fliers in Shanghai", *North China Daily News*, Jan. 18, 1946, p.1.

你们的名字将在美国的历史上闪光"。他还把自己说成是美国飞行员的崇拜者，给过他们不少温暖和善意。"我先是把 8 个人关在我们监狱的一个小房子里。我们交了朋友，飞行员给我看他女朋友的照片。1942 年 10 月 15 日，我的长官告诉我，其中 3 人将在次日被处决。""我不愿意告诉他们真相，但暗示他们，敦促他们写下了自己的愿望。""我把他们的遗愿上交上级，希望通过国际红十字会，送到他们美国的家里。""10 月 16 日黎明，一个 15 人的行刑队准备好了，我也准备好了十字架和骨灰盒"，"行刑前，我告诉他们，军事法庭判处他们死刑，他们回答说：'That's OK.'"。①

各种证据显示，当年美国飞行员是作为战犯，而不是作为战俘受到处理的。

二

检方花费了大量的人力物力，在中、日两国间调查取证，最终确定了此案的 4 名被告②，于 1946 年 2 月 27 日上午 10 时首次开庭。合议庭由埃德温·R. 麦克雷诺兹（Edwin R. McReynolds，中文报刊中译为马兰诺、麦克兰诺次等，主审官）上校、约翰·F. 甘伯（John F. Gamber，中文报刊中译为加勃、金巴等，陪审官）上校、理查德·R. 怀斯（Richard R. Wise，中文报刊中译为华爱斯、惠斯等，陪审官）上校、约瑟夫·M. 墨菲（Joseph M. Murphy，中文报刊中译为穆菲、麦菲等，陪审官）上校、加布里埃尔·P. 迪索斯韦（Gabriel P. Disosway，中文报刊中译为迪梭斯威、狄素韦等，陪审官）上校、C. 雷福德·贝里（C. Radford Berry，中文报刊中译为贝利、巴利，陪审官）中校 6 人

---

① "Jap Kills Doolittle's Flier, Professes Warm Feeling For Them", *The China Press*, Jan. 19, 1946, p. 1.

② 必须提到的是，当年日军法庭的组成人员中，主审官中条丰马法务中佐和检察官畑逸郎法务少佐此时已经因病死亡，而书记官和翻译官战时也已在南太平洋阵亡，故而被免于起诉。当年代替外出中的第 13 军司令官泽田茂中将下令设立这个法庭，并命审判官的直接责任者是第 13 军法务部长伊东章信法务大佐，其上司则是军参谋长唐泽安夫中将。他俩当然也可能被起诉，但泽田茂强烈表示"在日本军队中，法务部长和参谋长不过是军司令官的幕僚，责任应由军司令官负责，他们是没有责任的"。所以，伊东和唐泽亦被免于逮捕和起诉。此举后来令美国检察官非常懊悔。参见冈田舜平『二つの戦犯裁判—ドゥーリトル事件はいかに裁かれたか』，東京光人社，2009 年、59 頁；坂邦康『上海法庭』，東京東潮社、1968 年、55 頁。

组成。4 名被告或在沪日俘集中营被捕，或于 2 月初由美军从日本东京巢鸭监狱押送来沪，关在提篮桥监狱。①

表 4　4 名被告基本信息

中文姓名	日文姓名	案发时军衔	出生时间	原籍	姓名罗马字	案发时所属部队或单位
泽田茂	沢田茂	中将	1887 年	东京	Sawada Shigeru	日军第 13 军司令官
立田外次郎	立田外次郎	非军人	待查	石川县	Tatsuta Sotojiro	日军南京监狱支所（上海江湾监狱）看守长
和光勇精	和光勇精	法务大尉	待查	山梨县	Wakao Yusei	上海日本军事法庭陪审官
冈田隆平	岡田隆平	中尉	1903 年	爱知县	Okada Ryuhei	上海日本军事法庭陪审官

此案的检方由约翰·H. 亨德伦（中文报刊中译为韩德伦、哈特连、汉德伦等）中校和罗伯特·T. 德怀尔（中文报刊中译为杜威）少校 2 人组成；辩护方则有 4 人，分别是埃德蒙·J. 博丁（Edmund J. Bodine，中文报刊中译为鲍廷、白丁、波特尼、波宁等）中校、查尔斯·R. 费洛斯（Charles R. Fellows，中文报刊中译为费洛斯、飞洛士）上尉，以及两个日本的特别辩护人神代护忠和羽山忠弘。②

---

①　1945 年 10 月 15 日和 10 月 24 日，泽田茂中将与和光勇精大尉在上海分别被美军逮捕，12 月 8 日被押往东京巢鸭监狱。1945 年 2 月 5 日，两人被押回上海。冈田隆平大尉和立田外次郎大尉被捕后则始终关在上海。

②　神代护忠并不是一个律师，而且与日军和美军均无关系。1940 年以来他一直作为台湾银行的派员在上海工作，并曾受日本政府的委托，参与处理过上海公共租界的善后问题。1946 年 1 月正待遣返的神代从《字林西报》上偶然看到了冈田隆平的名字在战犯嫌疑人之列，而冈田正是他非常尊重的前辈校友（名古屋第八高等学校），且两人在战时上海也有过密切交往。所以，神代决心勇敢地站出来为冈田辩护，经与美军司令部联络，并在两名美国辩护人的推荐下终于获准。其间，神代娴熟的英语水平起到了决定性的作用。羽山忠弘是原陆军法务少尉，毕业于东京大学法学部，后入司法省，担任过审判官，有法律和审判方面的丰富经验。当然，美军允准日本辩护人介入，也是试图向世界展示上海法庭是个模范法庭。参见冈田舜平『二つの戦犯裁判—ドゥーリトル事件はいかに裁かれたか』、東京光人社、2009 年、61—69 頁。

庭审时，4 名被告除冈田隆平身着军服外，其余均穿西装。检察官亨德伦中校首先起立宣读起诉书，列数泽田茂 7 条罪状，指控其于 1942 年 8 月至 10 月间非法成立军事法庭，违反国际战俘公约，以虚假的证据在上海判处被俘之美国飞行员迪安·爱德华·霍尔马克、哈罗德·A. 施帕茨、威廉·G. 比尔·法罗死刑，并判处罗伯特·约翰·米德尔、蔡斯·杰伊·尼尔森、罗伯特·L. 海特、乔治·巴尔、雅各布·丹尼尔·德沙泽无期徒刑，监禁期间还对上述诸人横加虐待，对伤员不加治疗，并最终下达了执行死刑的命令。检方又控告立田外次郎没有给予美飞行员公正的战俘待遇，并实施虐待、殴打，下令对 3 人实施了枪决；和光勇精和冈田隆平则被控不按正式审讯手续，不为被告提供翻译和辩护人，违反国际法和国际惯例，无理判处美国飞行员死刑。由此，检方要求法庭判处 4 名被告死刑。

继而由被告辩护律师博丁中校发言，他先是对某陪审官的陪审资格表示异议，接着又对美国放弃在华治外法权后在华设立法庭的法律依据提出疑问，不遂后则又要求检方取消若干指控，但多遭合议庭否决。双方辩论至 12 时半始告休庭。其间，4 名被告曾相继被招至庭前询问是否认罪，4 人均称："无罪。"面对辩方提出的要到日本国内进一步搜寻材料的请求，法庭允许暂时休庭。[①]

20 天以后，3 月 18 日上午法庭续审，检方率先宣称：美国政府在 1942 年 2 月 4 日曾通过中立国瑞士政府照会日本政府，询问其是否愿意遵守《日内瓦公约》中关于战俘待遇的部分（1929 年 7 月 27 日），以及《万国红十字条例》，日本政府对此予以肯定的复函。检方继而又安排美国飞行员尼尔森上尉出庭作证。上尉说：那次对东京的空袭绝对以军事设施为目标，并没有扫射和轰炸平民，这可以以当时上司发给每人的地图为证；轰炸完毕后，各机飞往中国寻求降落，8 名俘虏旋即被解送上海，继而押往东京，后又送返

---

① 《日战犯四名首次受审》，《申报》1946 年 2 月 28 日，第 4 版；《杀害杜立德飞行员案，日战犯昨受审》，上海《大公报》1946 年 2 月 28 日，第 3 版；《前日军司令官泽田茂等昨受审》，《新闻报》1946 年 2 月 28 日，第 3 版；"Doolittle Trial Opens At Ward Rd.", *North China Daily News*, Feb. 28, 1946, p. 1；岡田舜平『二つの戦犯裁判—ドゥーリトル事件はいかに裁かれたか』、東京光人社、2009 年、124—126，170—172 頁。

上海,先后关押在大桥大楼和江湾监狱两地,饱受虐待和殴打;后来由上海日军军事法庭开审,审判时既无辩护人,又无翻译,8 人均被判处死刑,其中5 人后因获日本天皇特赦而被减至无期徒刑……

是日,远东国际军事法庭检察长约瑟夫·季南(Joseph Keenan)亦从东京赶来上海旁听,休息时他告诉记者:美国人对此案甚感兴趣,想了解当时执政之东条英机内阁对虐杀美俘是否须负责任,1942 年 8 月 8 日日本曾颁布《处罚敌飞机乘员的有关军律》,欲置被俘敌飞行员于死地。此外,1946 年 4 月 1 日起东京国际军事法庭将开审日本甲级战犯,所以他将很快返回东京筹备一切。①

3 月 19 日,尼尔森继续出庭作证,其称:被俘后日本人曾对他们百般虐待,并强迫签下悔过书,承认美机曾轰炸东京的医院、学校、教堂等;当时他们并不知情,只是被强逼在日文纸张上签字,后来日方即以一纸为凭,设立法庭判处各飞行员有罪,众人当时绝无申述的机会。而被告辩护人博丁中校在随后的发言中则竭力想阐明两点:(1)美军飞机当时曾轰炸非军事区。(2)被俘飞行员曾承认轰炸非军事区,其签字并非出于被迫。显然其是想以此为 4 名日本被告开罪。博丁还问尼尔森,心中是否对日本人充满愤恨?试图以此证明尼尔森有可能因泄愤而对东京的非军事目标实施了轰炸。但尼尔森的回答非常巧妙,他说:"我对日人之观感与汝之观感无二致。"②

3 月 20 日,检察官德怀尔少校在法庭上朗读了一份 51 页的书面证词,出自另一名获救的美国飞行员乔治·巴尔。由于证词冗长,翻译人员颇感疲劳。巴尔讲述了从训练到轰炸,再到坠机,直至被日本人监禁,以及在上海、东京等地备受虐待的全过程。他说被俘后,日本人很想知道美国飞行员是从哪里起飞的,他承认来自一艘航空母舰,却说不出舰名。后来日本方面

---

① 《轰炸东京失事飞行员被杀案,开始审讯》,《申报》1946 年 3 月 19 日,第 3 版;《泽田茂等再受审,季南出席旁听》,《新闻报》1946 年 3 月 19 日,第 3 版;《泽田茂等今晨续审》,《新闻报》1946 年 3 月 18 日,第 6 版;"Nielsen Tells of Jap Brutalities As Local Doolittle Trial Opens", *The China Press*, Mar. 19, 1946, p. 1.

② 《美军续审日战犯》,《申报》1946 年 3 月 20 日,第 3 版;冈田舜平『二つの戦犯裁判―ドゥーリトル事件はいかに裁かれたか』、東京光人社、2009 年、126—129 頁。

终于知道他们是从"大黄蜂"号起飞的，可能是从飞机残骸中获取了航行图。关于日本军事法庭的程序，巴尔的话证实了尼尔森所说的，即军事法庭完全是名义上的，"犯人"甚至不知道他们当时是在一个法庭上。①

3 月 21 日上午伊始，美籍韩人咸龙俊上尉等 3 名翻译将前几日尼尔森等人的长篇发言译成日语，在法庭朗读。继而检方又宣读了从华盛顿寄来的杜立德将军的书面证词，内称：当年美军飞行员在起飞前，均接到过严格命令，轰炸仅限于指定的军事目标，绝对不许轰炸皇宫、医院、学校及类似目标；轰炸时所用的全部炸弹不过 16 吨，飞行员均受严格训练，以期轰炸能发挥其最大威力。之后，法庭又传唤了 3 名日本证人，最主要的是 1942 年 10 月担任过江湾监狱卫兵的间山重次。间山目睹了 3 名美国飞行员被杀经过，称：1942 年 10 月中旬某日，他奉命在上海市第一公墓准备刑场，是日上午便在公墓空地上树立起十字架三个、棺木三具。行刑时，曾有人命令 3 名飞行员跪于十字架前，他们双手被绑于十字架之横杆上，头上蒙以白布，额头中间处画一黑圈，行刑者 6 人持枪立于 30 米之外，一声令下即开枪射杀。事后，经军医检查确已身死，乃装入棺木，送至上海日本居留民团火葬场焚化。翌日将骨灰装盒送回监狱（该项骨灰于日本投降后交送美军当局）。行刑之时有约 30 人在场，其中包括看守长立田外次郎。至于何人发令及行刑者姓名，间山表示记不清了。再之后，法庭传唤了曾与美飞行员同监的 13 名中外人士，其中有 2 个俄国人，一个名叫海因德拉瓦（Haindrava），另一个叫斯特勒尼（Sterelney）。诸人均称当时日本人给以极差的饭菜，而且每日每人仅获许用水一瓶半，沐浴、剃须皆不可能。另 2 名获救的美国飞行员罗伯特·L. 海特和雅各布·丹尼尔·德沙泽的证词也在此日被宣读，亦讲述了日人的种种虐待。②

3 月 23 日是此案的六度开审，所传证人有前日军第 13 军在江湾监狱的

---

① "Japs Knew Doolittle Raided from Hornet"，*North China Daily News*，Mar. 21，1946，p. 2；"Barr's Wordy Testimony Corroborates Nielsen's Words at Doolittle Trial"，*The China Press*，Mar. 21，1946，p. 5.

② 《续审日战犯，尼罗逊证件数十万言》，《申报》1946 年 3 月 22 日，第 3 版；"Jap Eye-Witness Tells Court of Execution of Three Doolittle Men"，*North China Daily News*，Mar. 22，1946，p. 5。

几名卫兵,证言均表明 3 名美国飞行员确为日军所杀。被告方的辩护人颇有谋略,所提出的问题着重于被告泽田茂等是否具有下令置美国飞行员于死地的权力。美军失踪士兵搜查处的韦拔中尉亦被传出庭,他曾于 1945 年年底在上海万国殡仪馆搜出被害者之骨灰盒,其上刻有 3 人姓名,以及死亡日期。最后出庭的是万国殡仪馆的馆主 R. O. 史特(R. O. Scott),他曾在 1942 年 10 月将死者骨灰藏于小木箱中,此次出庭便将骨灰呈堂以为物证。是日,被害飞行员霍尔马克之妻在尼尔森上尉陪同下亦到庭旁听,目睹之下,悲痛万分。[①]

3 月 26 日庭审时,检方出示了在东京附近搜寻到的 3 名被害美军的亲笔遗书。霍尔马克中尉在信中称:"我执笔不知所云,彼等告余行将处我于死,余几不能置信,余以身为战俘,只望死后得安葬耳。""余之轰炸东京,乃为服从军令,盖余乃美国空军,余知将冒最大的危险,但战争者,战争也。"其他两人的文字也简短而凄惨。显然,日军并未将这些遗书通过国际红十字会转交给 3 人的亲属。检察官还朗读了 1943 年 4 月 12 日美国国务院的一份公告,有关美国对日本处决美飞行员的态度。其中,美国总统罗斯福予以了强烈谴责,指斥日本政府违反了《日内瓦公约》中关于战俘待遇的部分,战后要追究涉案犯罪者的责任。是日,当年 6 号机迫降后 2 名溺死飞行员的遗体也在沙滩被寻获,并被带回上海。[②]

鉴于辩方又提出了继续收集重要证据的请求,法庭休庭 5 天,并于 4 月 1 日再度开庭。此时庭审进入了辩护方举证的阶段。为了替第 13 军司令官泽田茂脱罪,辩方律师援引了日本前首相兼陆相东条英机大将的亲笔书证,以证实当年日本军事法庭对美国飞行员的整个审判,其责任和后果完全是在东京的陆军参谋本部,泽田茂只是执行了命令而已,个人并无责任。而前日军中国派遣军总司令官畑俊六元帅的书面证词,则把泽田茂说成是一

① 《杀害杜立德飞行员案,美军昨六度审讯》,《申报》1946 年 3 月 24 日,第 3 版;"Local Resident Witness At Doolittle Trial", *North China Daily News*, Mar. 27, 1946, p. 1.

② 《美飞行员被害案,呈遗书作证》,《申报》1946 年 3 月 28 日,第 3 版;"Doomed Fliers' Farewell Notes Read in Court", *The China Press*, Mar. 27, 1946, p. 2;"Remains of 2 Doolittle Men Brought Here", *The China Press*, Mar. 27, 1946, p. 2.

个英明、友好、和平,熟悉外交和国际法的人。为了证明美军飞行员违反了国际法,对日本平民实施了无差别轰炸,辩方还提出了许多人证。例如,名古屋西南的某小学人员宣称,该校在1942年4月18日下午遭到了美国飞机的袭击,美机从名古屋方向接近学校,飞得很低,几乎要碰到房顶,并实施了机枪扫射;又如,东京品川区某小学的一位老师表示,两架美国飞机实施了轰炸,导致他和三四个学生受伤;等等。[①]

　　4月2日出庭的是前中国派遣军总司令部副参谋宫野正年少将,他曾在1942年4月18日到东京出差,目睹了美机的轰炸,然后回到南京。他说,1942年7月27日陆军参谋总长杉山元大将给南京的中国派遣军总司令官畑俊六大将发来指示,"基于军律的审判应该尽快开办,尽快做出判决,并向参谋总长报告"。不仅如此,他还派遣参谋有末精三大佐,传达了"希望判处全员死刑"的意向。有因于此,8月间,畑俊六制定了该派遣军的《处罚敌飞机乘员的有关军律》,并传达给下属各军。宫野指出,下令对杜立德飞行员进行审判,是上级长官杉山元和畑俊六的责任,当时泽田茂正在浙江前线指挥作战,而在他外出时有下属替他负责处理此事。其间,主审官曾问宫野,"日军法庭是把美飞行员作为战犯还是作为战俘处理的?"宫野表示自己不懂法律。辩方特别辩护人神代则表示,"美国飞行员明显违反了战时国际法,所以当然不能作为战俘,而应作为战犯来审判"。为此,检辩双方展开了激烈的争论。同日,辩方提出的其他一些证据和证人也试图证明泽田中将当时并不在场,即使后来归来,也无权改变日军法庭已经作出的判决结果。[②]

　　第12次(4月3日)和第13次(4月4日)开庭,为辩方出庭作证的是第13军前法务部长伊东章信少将和第13军前法务官岛田正纯大尉。前者的

　　① "Tojo, Hata Say Sawada Did Right", *The China Press*, Apr. 2, 1946, p. 5;《杀害美飞行员案,被告律师搜获新证据》,《申报》1946年4月2日,第3版;冈田舜平『二つの戦犯裁判—ドゥーリトル事件はいかに裁かれたか』,東京光人社,2009年,133、134頁。

　　② 冈田舜平『二つの戦犯裁判—ドゥーリトル事件はいかに裁かれたか』,東京光人社,2009年,134—136頁;"Defense Claims Sawada Acted On Orders", *The China Press*, Apr. 3, 1946, p. 5。

发言大旨如下：在日本的军律法庭上没有配备辩护人，法庭是根据日本政府的命令设定的，自己作为法务部长无权设定；泽田军司令官不能改变判决结果，因为他正在前线；一旦被军司令官任命为军律法庭的审判官员，是不能拒绝的；军律法庭与一般法庭不同的是，法庭的设定、刑期的最后决定，以及相关事项的公布，都是在陆军参谋本部就决定了的，现地最高司令官只能决定行刑的日期。后者则描述了对 3 名美飞行员执行死刑时的场景。①

综合辩护方的主张，其可分为如下几点：美军空袭日本时轰炸了一般性住宅，用机枪扫射了非战斗人员，日本军律法庭是依此立证并作出裁决的；美国飞行员是作为战犯而非战俘受到审判的，他们所受的待遇也许不佳，但审判是按照日本的法律习惯，因而是公平的；美飞行员在上海监禁期间并未受到虐待，而且监狱并不属于日军第 13 军管辖，在南京对飞行员们进行调查的是属于日本总军的宪兵队，和第 13 军无关；第 13 军司令官泽田茂因离开上海奔赴浙江前线，所以委托军法务部长任命了军律法庭的审判官，而泽田本人对杜立德飞行员一直是怀有善意的；负责关押任务的立田外次郎对美飞行员是体贴的，和光、冈田之所以赞成判处美飞行员死刑，只是服从了上级的命令；审判结果汇报给了东京的陆军参谋本部，20 日后由本部传来了处刑的决定。②

第 14 次（4 月 5 日）、第 15 次（4 月 6 日）、第 16 次（4 月 8 日）和第 17 次（4 月 9 日）开庭主要是检辩双方对 4 名被告进行了质询。

被告和光勇精对当年的庭审作了这样的回忆：对美国飞行员的审判，在程序上和日本军事法庭审理的其他案子并无二致；他本人对美国飞行员进行了盘问，依据的是东京宪兵队的调查书，其中写有"轰炸的目标是军事目标和战斗人员，但投下的炸弹也落到了平民的头上，这是没有办法的事"；畑逸郎检察官以 8 名美飞行员触犯 1942 年 8 月 13 日的军律为由，要求将

---

① 岡田舜平『二つの戦犯裁判—ドゥーリトル事件はいかに裁かれたか』、東京光人社、2009年、136—138 頁。

② 岡田舜平『二つの戦犯裁判—ドゥーリトル事件はいかに裁かれたか』、東京光人社、2009年、139,140 頁。

他们全部处死；第 13 军法务部长伊东章信法务大佐也曾有命令，若判定有罪，只有处以死刑；10 月 15 日开了第二次军律法庭，宣布 3 人维持死刑，5 人改为终身监禁；对 3 人处刑时其本人也在现场。面对检方的盘问，和光表示，自己对战时国际法和《日内瓦公约》中有关战俘待遇的部分完全没有知识；完全不知道美国政府曾通过瑞士与日本政府达成了关于遵守《日内瓦公约》保护战俘的默契；此次军律会议的档案最初保存在日军第 13 军，1944 年末被送到东京，听说后来在大轰炸中被烧毁了；对美飞行员执行死刑的命令是第 13 军后任司令官下村定将军在 1942 年 10 月 15 日上午 10 时下达的。

被告冈田隆平表示，当年开庭前三天，自己才被任命为陪审官，自己完全没有法律知识，完全是凭"良心"来判断美国飞行员有罪还是无罪；军律审判是公平的，尽管庭审时间很短，但证据表明美军在东京和名古屋轰炸了民家、学校和医院，他们投下了燃烧弹，用机枪扫射，杀死杀伤了孩子和一般民众；东京宪兵队的调查书上有美国飞行员的签名，所以自己对证据并无怀疑，真心地认为美飞行员是有罪的，赞成判处死刑；法庭上是有翻译的，幸存的美国飞行员作证说当时没有翻译，这不是事实；虽然法庭上没有辩护人，但如果美国飞行员想为自己辩护，当时是有机会的；军律法庭第二次开庭时，自己没有出席，执行死刑时也没有在场。

在对冈田进行质询时，辩方曾提出了第 18 号证据，这是旅沪日本文化人的一份请愿书，署名者有国际文化振兴会的堀田善卫、内山书店的内山完造、日本基督教青年会的长谷川，等等，大意是：冈田隆平在战时上海对于保护中国的文化设施颇有贡献，所以希望法庭能予以宽大处理。原来冈田并不是典型的日本军人，他 1927 年毕业于东京大学文学部哲学科，曾在东京高等农林专门学校、高轮商业专门学校教授德语和伦理。1940 年来上海担任中国派遣军报道部文化担当官，负责文化宣传工作，与文人交往颇多。

被告立田外次郎则自承：自己是 1923 年被日本陆军雇用的，担任过军法会议的秘书，但最初并不是军人，1938 年 12 月到南京监狱的分支——上海江湾监狱工作，1942 年成为看守长；美国飞行员是在 1942 年 8 月 28 日被送来的，关于他们的居住和食物有特别指令，他们和日本人、中国人分开住，最初吃的是西餐,后来改成一日两次的日食,和日本囚犯相同;夏天,给美国人 5 条毛巾,冬天给 6 条毛巾,而一般的囚犯是夏天 3 条,冬天 4 条;囚犯上午、下午各有一次 30 到 60 分钟的户外活动;美国飞行员和日本看守关系很好,后者没有实施过殴打,自己也没有实施过虐待和殴打;在对 3 名美军实施枪决时,自己奉上级之命做了些准备和事后工作,当时自己仍不是军人,下令开枪的是田岛少尉;在行刑前自己曾给 3 名美军一些安慰之语,并为他们制作了十字架。

此案首犯、59 岁的泽田茂中将,在日军中已服役了 40 年,曾任日本驻沙俄、土耳其、波兰、伪满洲国、巴西等国武官,并两度游历英、美、法、瑞士等国,1941 年被派来上海担任第 13 军司令官,有妻一、子二,均在日本。整个庭审期间,他和辩护人竭力将罪责推给东京上级部门,4 月 8 日他向法庭辩称:当年组织军事法庭及对被俘美国飞行员的处理、待遇等,都是按照东京方面参谋本部杉山元大将通过中国派遣军总司令官畑俊六大将传来的指示而办理的,而且命令抵达时,自己已于 1942 年 5 月 12 日离沪,正在前线指挥作战。其间的法律关系预先委托给了军法务部长伊东章信大佐办理,伊东可以使用军司令官的官印。9 月 17 日他回到上海,此案已审结了数星期,遂由伊东报告了军律及其判决结果。他到南京向畑俊六总司令官报告时,畑又告诉他,关于杜立德飞行员的处置权在东京,自己不必做什么,等着东京送来决定就可以了。事实上,他虽是军司令官,但并无权力撤销判决。而对 3 名美飞行员执行死刑时,自己已于 1942 年 10 月 12 日卸任第 13 军司令官,离开上海回日本了,由下村定将军接任。收容美国飞行员的监狱也并非第 13 军管辖,而是隶属于中国派遣军。泽田还当庭表示,对处决美国飞行员甚为"遗憾",并辩称自己是一"仁慈之人",对战俘向极"爱惜",上级曾批评其"过分宽纵"。[①]

---

① 岡田舜平『二つの戦犯裁判—ドゥーリトル事件はいかに裁かれたか』、東京光人社、2009 年、144—167 頁;《杀害美飞行员案,泽田茂归罪东京,今日将为最后一庭》,《申报》1946 年 4 月 9 日,第 3 版;《敌司令官泽田茂,今日作最后审讯》,《新闻报》1946 年 4 月 9 日,第 4 版;"Sawada Says Orders Came From Tokyo", *The China Press*, Apr. 9, 1946, p. 5; "Doolittle Trial Nearing Conclusion", *North China Daily News*, Apr. 10, 1946, p. 2。

4 月 11 日，庭审进入了检辩双方最后的辩论阶段，交锋异常激烈，主要围绕着三个问题而展开，即美飞行员当时是作为战俘还是战犯处置的？把飞行员交给军律法庭审判是否违反了国际法？在监禁期间是否对美国飞行员实施了虐待？羽山忠弘的辩护要旨是：当时日本的法务人员并不知道 1942 年 2 月 4 日、美之间关于遵守《日内瓦公约》中关于战俘待遇的默契，所以许多条款并没有得到履行；日本的军律会议没有辩护人，审理也作得不够充分，对病员没有给予充分的照料，庭审确实存在着一些不足；如果要公正地审判泽田等 4 名被告，还应该充分考虑日本旧陆军的特殊性，旧陆军完全没有民主观念，指导的原则是等级和命令，上级的命令是绝对的，合适不合适、有没有道理，下级完全没有商讨的余地，若不服从可能会受到重罚甚至死刑；本案中的 4 名被告作为下级军人，对于长官的意志是难以违背的。

神代护忠的辩护词中与羽山有些雷同之处，他指出：日本陆军的法规、组织、秩序、习惯、传统，和国际社会普遍的正义观念是背离的，但日本社会和军队的缺陷与罪恶，不应该让 4 名被告个人来承担刑事上的责任，因为他们无法反抗上级的压力，所以法庭应该考虑当时的大环境和大背景。与此同时，神代也提出了一些独到的见解，他认为：所谓的战犯审判，迄今在世界的审判法规和审判制度中并没有确立起来，上海美军法庭贯彻的是美国的法律解释和运作制度，换言之，本案的被告是在美国的法庭上受到了美国法律的审判；4 名被告是日本军人，按照日军的军规和命令行事，日军的组织、法规、习惯也许是野蛮的、不文明的，但 4 人是职务行为，如果他们有犯罪嫌疑的话，应该按照国际法，在国际法庭上接受国际审判官的审判；无论美国的法庭如何优秀，运营如何公平，但这是战胜国按照自己的审判程序进行的审判，在国际法上还没有确立战犯审判制度之前，用国内法予以审判，美国不是重复了日本军律法庭当年的错误吗？

抑或是出自真心，抑或是为了讨好庭方，神代在发言中对上海美军法庭予以了很高的评价，并多次表示深深的感谢。他说：美军庭审过程中映衬、暴露出日本社会制度内部存在着许多矛盾和缺陷，以及旧陆军组织、法规、秩序、风纪等的野蛮性，旨在由此促进日本封建制度的崩溃和社会的民主化，这和美国建国以来追求高迈的理想、不断努力的国策是相同的；本法庭虽然起自战胜国对敌国的复仇意图，但实际情况并不是这样，本案审判前后耗时数星期，审判官、检察官、翻译、美籍辩护人等相关人员都表现出了诚实和公平的态度，对此，被告及辩护人深有体会，除了表示敬谢外，愿意作出深刻的反省。他最后表示：正是日本社会潜在的各种矛盾和不合理，在极端的战争情况下，发展成为暴力横行和国民的盲目服从，以致酿成了不幸的结果。①

4月12日（第19次开庭）上午9时至10时半，是宗宫信次辩护人发表辩护词的时间，他是经GHQ（驻日美军司令部）允许，从东京来沪的原日本陆军省法务部人员，与其他4名辩护人并无关系。他表示：军律是1942年8月13日由中国派遣军总司令官畑俊六公布的，此前在关于空战的法规中对违反战时国际法的行为有所规定，所以制定该军律是为了把已经普遍认可的战时国际法作为国内法来实施；《日内瓦公约》中关于战俘待遇的部分，日本并没有正式批准，关于战犯审判的手续在国际法上也没有确立，所以根据日本军律而进行的审判是妥当的；美国飞行员的自白书和东京宪兵队的空袭报告书表明，那次轰炸明显违反了战时国际法；日本的司法审判制度和美英国家是不同的，在军事审判中没有辩护人的场合很多，整个程序非常简单，初审就是终审，在证人和证据的处理上和美英也很不同，检察官的起诉书和宪兵的调查书占据着重要地位。

在涉及被告和光、冈田部分时，宗宫强调：日本军律法庭是合法组成、合法运作的，证据和程序并无不妥，也没有强制和暴力行径，所以审判和判决是公平的；虽然没有辩护人，但被告可以自我辩护；法庭上有一个叫三浦的日本人充当了英语和日语之间的翻译；在文明国家，审判官的职务行为在民法上和刑法上都是没有责任的，这是法治国家的通行原则，所以起诉和光、冈田是完全没有理由的。涉及被告立田时，他说：上海江湾监狱的所长是由南京监狱长大冈时次郎兼任的，立田只是负责运行工作而已，对美飞行员执行死刑时，他甚至还不是军人，直接责任者是下令开枪的田岛少尉；面

---

① 冈田舜平『二つの戦犯裁判—ドゥーリトル事件はいかに裁かれたか』、東京光人社、2009年、179—185頁；《杜立德飞行员案，律师激烈辩论》，《申报》1946年4月12日，第3版。

对第 13 军司令部所属检察官下达的死刑执行命令，即使抱有疑问，他也是不能拒绝的；而且并没有立田虐待美飞行员的证据，相反他倒是做过一些富有人情味的事。

关于被告泽田，宗宫认为他没有法律责任，因为：开庭和死刑执行时泽田均不在上海现场；江湾监狱也不在他的管辖之内；事件的处理，几乎全都是听命东京方面的指令，他并无行使自由意志的余地。该辩护人还援引了前参谋总长杉山元的证词，即"事情起因于自己的命令，完全是自己的责任"①。

紧接宗宫之后，罗伯特·T. 德怀尔少校代表检方作了 50 分钟的最后陈述，他强烈批判了日本的法律体制，依然呼吁法庭判处 4 名被告死刑。德怀尔在发言中，有针对性地对辩方的一些说辞进行了驳斥。鉴于辩方曾提出，当年的日军法庭是以《处罚敌飞机乘员的有关军律》为基准展开的，而该军律则是将国际法、国际惯例法律化了，德怀尔认为，国际法和国际惯例最基本的思路是"军人被敌人逮捕前所做的行为，任何军法会议都不能审判"，而美飞行员们被逮捕后，并没有发生逃亡、反抗的行为，所以无论什么样的日本军律、法规，都不能审判这 8 名飞行员。至于那个旨在处置美国飞行员的军律，表面上看是法律，实际上是恐怖的代名词，从国际法的惯例来看，是不能被认可的。即使是把它看作国内法，那它也不应漠视国际法、国际惯例和人道的原则，而执行贯彻这种军律的人是不能免责的。

鉴于辩方曾说，日军法庭对美国飞行员的审判，和其他审判日本人的案例在程序、方法上是相同的，所以是公平的，德怀尔表示对此不能认同，因为《日内瓦公约》规定应该为战俘配备辩护人。例如在本次美军法庭上，针对 4 名被告，开庭将近 20 次，从提出证据物件、证人出庭，到被告为自己辩护、检辩双方的辩论，以及全程配备翻译，耗时数十天。相比之下，在当年的日本法庭上，事关 8 名被告（其中 3 名死刑）的大案，仅仅一两个小时就审结了，这怎么能说是公正的审判呢？审判过程中最重要的是证据和证言的可信性，在日军宪兵所作的有关空袭的被害调查书中，关于 8 名飞行员特定

① 岡田舜平『二つの戦犯裁判—ドゥーリトル事件はいかに裁かれたか』、東京光人社、2009年、192—197 頁。

的、有针对性的证据一条也没有。而且东京等地人口密度极高，轰炸造成的伤害很轻微，所以不能说非战斗人员蒙受了很大损失。日军法庭的审判官，按照上面的命令，一旦判定被告有罪就处以死刑，这样的审判明显是制造了不正义。

辩方虽曾坦承旧日本的社会制度以及军国主义是坏的，但又说个人在其中没有选择，只能服从命令，是牺牲品而已，因为在旧日军中宣扬的是"长官的命令就是天皇的命令"，所以应该控告的是社会的组织制度，而非个人，因此对 4 名被告应该给予宽容的判决。德怀尔则相应指出，制度、组织、主义等自身并没有生命，日本军国主义无论多么罪恶，也都是通过 4 名被告这类人的行动表现出来的，否则这种制度和主义就不能存在。如果制度和主义是坏的，那么实行它们的人同样也不能免罪。事实上，在一个事件中，没有责任人是不可想象的，把全部责任推给已自杀而死（1945 年 9 月 12 日）的陆军参谋总长杉山元也是不对的。

针对被告泽田的部分，德怀尔批评他：军司令官全权委托给司法部长，不给予任何的制约，对杜立德事件完全不管，"这是日本的正义吗？"作为指挥官应该为他下属的行为负责。他还援引法务部长伊东章信的证词："泽田军司令官从我这里获悉了杜立德事件的审判结果，获取了记录文件，然后盖上了印，但没有读内容。""军司令官有权下令废除、减刑和再审，但他没有做。"德怀尔还提醒法庭，江湾监狱虽不在第 13 军的管辖之下，但美国飞行员们是被第 13 军起诉并被执行死刑的，这个事实不容置疑。①

4 月 15 日下午 2 时，此案第 20 次开庭，终于进入了最后判决阶段。驻华美军总司令魏德迈将军也赶来旁听。主审官麦克雷诺兹上校宣布开庭后，发言大旨如下：我们审判官面对双方提出的证据，经过两天的深思熟虑，决定作出判决。4 名被告的行为很多是为了服从他们政府和上级长官的命令。很明显，面对命令，他们几乎没有表示出一点反抗的意思，所以不能说他们是完全无罪的，但是被告每个人的程度是有所差别的：泽田茂，面

---

① 岡田舜平『二つの戦犯裁判—ドゥーリトル事件はいかに裁かれたか』、東京光人社、2009年、198—207 頁；"Verdict Due On Doolittle Trial Soon", *The China Press*, Apr. 13, 1946, p. 5.

对残酷的判决，对参谋本部等上级机关没有提交抗议文书，部下告诉他被俘美国飞行员所受的待遇与日本军人相同，他对此并没有确认，所以存在着部分过失；和光勇精，受过法律训练，但遵从了上司的特别命令，依据了虚伪的证词进行判决，投票赞成死刑，扮演了最重要的角色；冈田隆平，完全没有受过法律训练，尽管是按照"良心"作出判断，但投票赞成死刑，与和光一样，是服从了上级的命令；立田外次郎，虽然并未发现他个人有虐待行为，但他是美国飞行员的直接看管人，他服从了上级的命令，并没有给予飞行员们战俘的待遇。

麦克雷诺兹表示，经过合议庭秘密投票，三分之二以上的意见认为，尽管检方的若干指控不能成立，但仍判定 4 名被告有罪，具体判决如下：泽田茂处有期徒刑 5 年，和光勇精处有期徒刑 9 年，冈田隆平、立田外次郎亦均处有期徒刑 5 年。

聆此轻判后，检辩双方均大大出乎意料。审判官询问检方有什么话说，求死刑未遂的检方竟一言不发。又问辩方意见，诸被告及辩护律师均喜出望外，频频鞠躬道谢。辩护人神代护忠边流泪边说：此次审判是公平、恳切的，对此由衷地表示感谢，有利于被告的多数证据都被采用了，感谢审判官们的宽宏和忍耐。他向为 4 名日本被告尽了全力的美籍辩护人，也表示了至深的感谢，最后还感谢了检察官、翻译和其他有关人士。另一辩护人羽山忠弘亦潸然泪下，摘下眼镜擦去眼泪。①

此案一经宣判，第二天中外各大媒体即向世界公布了判决结果。不少舆论认为，和亚洲各地正在进行的对日本 B、C 级战犯的审判相比，以及对照上海美军法庭的其他案子（例如汉口虐杀美俘事件，数名被告被判死刑，多人被判长期徒刑），这次判决实在是太轻了，欠缺公平，"未能为首次空袭东京殉难的英雄雪冤，人人引以为缺憾"②。而其主要原因是，允许了数名日

---

① 岡田舜平『二つの戦犯裁判—ドゥーリトル事件はいかに裁かれたか』、東京光人社、2009 年、214—220 頁；《被告律师喜极而笑，杀害美飞行员案，日战犯判徒刑》，《申报》1946 年 4 月 16 日，第 3 版；"Doolittle Japs Get Light Raps", *The China Press*, Apr. 16, 1946, p. 5; "Lenient Sentences In Doolittle Trial", *North China Daily News*, Apr. 16, 22, 1946, p. 1.

② 岡田舜平『二つの戦犯裁判—ドゥーリトル事件はいかに裁かれたか』、東京光人社、2009 年、221—223 頁；《杜立德飞行员案，各犯仅判徒刑》，《和平日报》1946 年 4 月 16 日，第 3 版。

本人作为特别辩护人出庭,为辩方收集反证提供了极大便利。与此同时,若干比 4 名被告更具直接责任者却并未受到起诉。在美国,该判决也立刻引起了强烈的反应,美国议会宣称应该贯彻此前罗斯福总统提出的实施"相应的报复"的意图,故而迅速将重审的要求传达给了驻华美军司令部,再由该部法务部长传给了主审官麦克雷诺兹上校。主审官为此征询了检察官、辩护人的意见,认为原审并无不当,最终决定不予再审。

三

　　判刑以后,4 名被告被关押在提篮桥监狱,后转移到东京巢鸭监狱,1950 年 1 月被全部释放。泽田茂晚年双目失明,过着平静的生活,1980 年死去,享年 93 岁;和光勇精回乡后充当辩护律师,直至病故,生前他曾写过一篇有关当年庭审的综述[①];立田外次郎在乡务农,数年后去世;冈田隆平后来曾在私人大学任教,以书为友,1996 年以 92 岁高龄离世。

　　辩护人羽山忠弘后来回日本法务省工作,当过审判官和辩护律师。神代护忠回国后则在大藏省工作。本案美国检察官罗伯特·T. 德怀尔少校次年在上海美军法庭结束后,即受聘担任麦克阿瑟将军的法律顾问,正准备奔赴东京,却不料一病不起,1947 年 3 月 19 日病逝于上海美军医院,享年仅 42 岁,遂下葬万国公墓。[②]

　　4 名死去的美国飞行员的遗体在 1949 年 1 月被运回美国,一同安葬在阿灵顿国家公墓。另 4 名幸存者大都非常长寿。乔治·巴尔在 1967 年因心脏病去世;曾来沪出庭作证的蔡斯·杰伊·尼尔森活到了 2007 年 3 月 23 日,享年 90 岁;罗伯特·L. 海特至少到 2015 年 1 月依然健在……

　　这里要特别提到的是雅各布·丹尼尔·德怀沙,他在被日军监禁期间,接触到了《圣经》,由此皈依了基督教。战后不久,他作为美以美会的传教士

---

　　① 载坂邦康『上海法庭』、東京東潮社、1968 年、53—69 頁;巢鴨法務委員會編『戰犯裁判の実相』、東京槇書房、1986 年、275—280 頁。

　　② 《美军法庭检察官杜少校辞世》,《中华时报》1947 年 3 月 21 日,第 4 版。

重返日本，力图以爱报怨，拯救昔日的敌人。此后他在日本传教达数十年之久，2008 年 3 月 15 日去世，享年 96 岁。2009 年，他的回忆录《原谅你的敌人》(*Forgive Your Enemis*)正式出版。

作为飞行员们的领军人物、指挥首次空袭日本的杜立德中校，平安抵美后被破格授予准将军衔。1942 年至 1945 年间他曾在北非、地中海、英国和日本冲绳指挥美国空军作战，因功晋升至中将。1946 年退役，1993 年 9 月 27 日在加利福尼亚去世，享年 96 岁。

这里还应该要提到一个人，他就是冈田隆平的儿子冈田舜平。舜平 1931 年 2 月 17 日出生于东京涩谷，1949 年在东京大学哲学科求学。1953 年入时事通信社工作，1987 年退休。2008 年 11 月 3 日去世。父亲作为战犯入狱的事件，令少年时代的舜平印象深刻，成年后他便产生了搞清楚这一案子的想法。他的著作《两个战犯审判：杜立德事件究竟是怎样审判的？》（『二つの戦犯裁判―ドゥーリトル事件はいかに裁かれたか』）终于在他去世的次年——2009 年由东京光人社出版。这本书总共 252 页，以杜立德空袭事件为经，以 1942 年 8 月 20 日的日本军律法庭和 1946 年 2 月至 4 月的上海美军法庭为纬，通过表现两个法庭上审判官、检察官、辩护律师、被告等人的诸面相，揭示战争与法律，以及国际法和国内法的关联与差异，尤其是通过比较展现了美国社会和日本社会在运作制度及思维方式方面的轩轾。最具学术和史料价值的是，作者大量引用了辩护人神代护忠早年摘译的美军法庭的庭审速记稿①，故而让读者能比较全面地看到当时各方交锋的面貌。该书在某种程度上还具有填补空白的意义，此前关于东京审判和 B、C 级战犯审判的书籍数量庞大，关于杜立德空袭日本的研究和回忆录亦复不少，但针对杜立德案审判过程的公开出版物却几乎为零，只有个别书籍有所涉及。

该书具体结构如下：前言；第一部分　战争（什么是杜立德事件？ 对日本的第一次空袭究竟是如何实施的？ 美军旨在"报复"的审判准备）；第二部

---

① 1946 年上海美军法庭的庭审原始记录现存华盛顿的美国国家档案馆。

分　战时法规(基于"军律"的战犯审判,国际条约的成立,战争犯罪的责任者,无差别轰炸的事实,美飞行员的处刑问题,日本的"军律"是如何制定的? 对杜立德飞行员的审判);第三部分　军事审判(上海美军法庭,对各被告的个别讯问,对各被告诉因的证据检讨,辩护方的最后辩论,检察方的最终陈述,最终判决);第四部分　和平(半世纪的伤痕);附录:关于 B、C 级战犯审判;后记;参考文献。

冈田舜平在全书中的一个基本做法是,铺陈了当年检辩双方尤其是辩护方的许多说词。与之相应,他基于特殊的立场,字里行间不时流露出的其本人的观点,也大致与辩护方相似。作者承认日、美两国在人权和价值观念上存在着巨大的差异,反映在军事法庭的程序上,日本方面是低水平的,极端不充分的(例如没有辩护人,没有证人出庭,根据检察官和主审官的讯问确定证据,缺乏质疑和应答环节,包括翻译时间在内 2 个小时就结案了),因而相比美国方面的程序要简略得多,也严苛得多,甚至会被视为不正当的审判。

但冈田又认为,尽管存在着上述弱点,但日本的军律审判从国际法上看却并无不当,是正规的,因为当时世界上针对战时犯罪的国际法规并未确立起来,所以日军制成了自己独特的军律,并据此进行审判,这是被国际法所认可的,而且国际法对军律的内容及审判程序并无明确规定。事实上,许多国家的军队也都开办有军律法庭,用以战时在作战地和占领地以国内法处罚本国国民以外的人员。而且当年美军空袭之下确有许多民家遭袭,所以不能说第 13 军的军律法庭建立在虚伪、不公正的基础上,也不能说参与军律审判的日本军人做了"违法行为"。如果一定要说有罪错的话,首先是没有人权和民主传统的国家政权有问题,其次是个人的人权感有问题,也就是个人在道德上是不能免责的,但是从"法无禁止无罪"的刑罚原则出发,4 名被告不能说负有法律责任,将国情和习惯的差别归之于个人责任是不可取的。此外,日本和美国在日常食物的标准和质量上本来就存在不同,据此认为美飞行员受到了虐待也是不妥当的。①

---

① 岡田舜平『二つの戦犯裁判—ドゥーリトル事件はいかに裁かれたか』、東京光人社、2009年、18,24,62,79,101—103,110,140—141,191 頁。

冈田尽管承认 1937 年中日战争全面爆发后，日军较早地对中国实施了无差别轰炸，但又指斥美军在战争后期对日本本土实施了地毯式轰炸，特别是使用了原子弹，造成了大量伤亡，所以尽管美方批评日本军律存在着"非人道性"，但其自身亦有矛盾之处。①

很明显，该书存在着特定的政治倾向性，主旨依然是为了替诸被告脱罪辩护，并为战前、战时的日本社会和军事制度作些缓颊。但作为一本出版物，其毕竟又为重现该案的进程提供了较为宽阔的视野和若干宝贵的资料，特别是令读者体会到了国际法视野下相关战争问题的复杂性。坦率地说，上海美军法庭当年审理的大多数案子迄今尚缺少这样"放大镜"式的研究论著。

---

① 岡田舜平『二つの戦犯裁判—ドゥーリトル事件はいかに裁かれたか』、東京光人社、2009 年、97，113 頁。

苏联在押日军 731 部队战俘供词与伯力审判：远东国际军事法庭国际检察局备案证据材料分析

王 选

（浙江省历史学会抗日战争史研究会）

一、纳粹战争犯罪与日本帝国政府档案公开法案

1969 年 11 月 25 日，美国总统尼克松宣告美国放弃生物武器并限制化学武器的进一步生产。1971 年 12 月《禁止生物武器公约》在联合国第 26 届大会通过，1972 年在华盛顿、伦敦、莫斯科开放签署。1975 年随着该条约的生效，美国最终正式承认了 1925 年的《日内瓦议定书》，即《禁止在战争中使用窒息性、毒性或其他气体和细菌作战方法的议定书》。此后，1977 年起，美国国家档案馆陆续公开了一批有关日军 731 等部队细菌战，以及与此相关的美国官方档案文献，其主要来源包括：战时的美国，包括盟国的军事情报；战后盟军占领军总司令部、总司令部法务局、情报部门、远东国际军事法庭国际检察局、美国外交情报等。[①]

20 世纪 80 年代初起，日军 731 部队细菌战问题成为欧美、日本社会关注的热点。在来自亚洲太平洋地区战争受害者的声音和社会舆论的推动下，2000 年美国国会通过了加州民主党参议员戴安娜·范斯坦（Diana Feinstein）

---

① ［日］近藤昭二、王选主编：《日本生物武器作战调查资料》，社会科学文献出版社 2019 年版。

关于解密有关日本帝国政府档案的提案，将之合并入 1998 年的《纳粹战争犯罪档案公开法案》(Nazi War Crimes Disclosure Act)，并延长其跨部门工作组(interdepartmental working group，IWG)的工作期，将其名称改为"纳粹战争犯罪与日本帝国政府档案跨部门工作组"，正式确定美国政府有关日本战争犯罪档案的公开为上述工作组的一项任务。①

2003 年 5 月起，该工作组根据美国国会通过的《日本帝国政府公开法案》(Japanese Imperial Government Disclosure Act，JIGDA)，开始系统检阅并公开美国国家机构所藏的相关档案，内容分成四大部分，其中一个部分即为日本在战争中对于生物和化学武器的开发和使用，特别是石井四郎将军的作为和 731 部队的生物战试验。②

2007 年 3 月 31 日，该工作组有关纳粹和日本战争犯罪档案文献的整理、审核、解密、公开工作结束。这项当时美国有史以来最大的单一主题档案文献解密共公开资料 800 万页以上，其中有关日本战争犯罪的为 10 万页。以下本文将介绍上述解密档案文献中远东国际军事法庭国际检察局的备案证据材料——苏联在押日本关东军防疫给水部，即 731 部队的战俘供词。

二、国际检察局备案证据材料中 4 名苏联在押日本关东军战俘供述

以上提及的日本关东军战俘中有 731 部队人员共 2 名，供述书 3 份(英文翻译文本)，为国际检察局备案文件。其中 2 份为曾任 731 部队第四部即细菌生产部部长的川岛清少将 1946 年 9 月 12 日、12—16 日于苏联伯力的供述：Doc.9305、Doc.9309；还有 1 份为其部下第四部细菌生产课课长柄泽十三夫少佐的供述：Doc.9306。③ 柄泽的供述没有注明具体时间、地点，也

① Dr. Greg Bradsher, "A Brief History of the Nazi War Crimes and Japanese Imperial Government Records Interagency Working Group", www.archives.gov/iwg.
② James Lide, "Recently Declassified Records at the U. S. National Archives Relating to Japanese War Crimes, Researching Japanese War Crimes", p. 57, www.archives.gov/iwg.
③ ［日］近藤昭二、王选主编：《日本生物武器作战调查资料》第六册，社会科学文献出版社 2019 年版，9.37。

有可能在翻译中被遗漏。3 份供述的讯问官员及翻译,根据其姓名可知,应为苏联人。3 份供述书内容涉及该部队的人体实验、细菌武器的大量生产、细菌武器的攻击等战争犯罪行为。鉴于上述供述书的序列号,也有可能是川岛清先说出人体实验、细菌武器攻击真相。

2017 年前后,远东国际军事法庭国际检察局美国检察官小弗兰克·S. 塔夫纳(Frank S. Tavenner,Jr.)的母校,美国弗吉尼亚大学法学图书馆的网站上公开了塔夫纳检察官个人所藏远东国际军事法庭的工作文献。其中有一份系当时代理休假的首席检察官主持工作的塔夫纳检察官于 1946 年 12 月 13 日给苏联检察官 A. N. 瓦西里耶夫(A. N. Vasiliyev)少将的回复①,根据这份文件的内容,上述 3 份供述是由瓦西里耶夫检察官向国际检察局提交的,同时其提出提交证人的要求。塔夫纳检察官的回复意见大致如下:几位检察官认真研究了柄泽十三夫少佐、川岛清少将的证词,有关石井部队的活动,用细菌做实验,将之作为攻击手段等内容。我们认为目前的证据尚不足以达到法庭有关战争暴行和战俘虐待的标准。当然,需要进一步调查取得更多的证据……目前尚无必要要求苏联方面提交证人。

1946 年 12 月 13 日塔夫纳检察官予苏联检察官瓦西里耶夫的回函,对于笔者等人来说,尚属第一次发现,此前并未在美国国家档案馆等的官方解密文献中检索到。从这份文献中,无法得知在 12 月 13 日以前,瓦西里耶夫检察官向国际检察局提交上述 3 份供述的具体日期。来自瓦西里耶夫检察官给塔夫纳检察官的信函也有待发现。

1949 年 12 月,苏联独自于伯力举行"前日本陆军军人因准备和使用细菌武器被控案审判",简称"伯力审判",川岛清与其部下柄泽十三夫为 12 名被告中的 2 位。②

从上述 3 份供述的文件编号来看,按照序列,应该还有 Doc.9307、Doc.

---

① [日]近藤昭二、王选主编:《日本生物武器作战调查资料》第二册,社会科学文献出版社 2019 年版,5.3.10。

② 《前日本陆军军人因准备和使用细菌武器被控案审判材料》,莫斯科外国文书籍出版局 1950 年印行。

9308 这 2 份文件。

美国弗吉尼亚大学法学图书馆网站公开的塔夫纳检察官个人所藏远东国际军事法庭的工作文献中，列有国际检察局的 Doc.9307、Doc.9308 这 2 份文件①：Doc.9307 为苏联在押日军战俘、日本关东军军医部部长梶塚隆二中将的供述之英文翻译文本，其中也没有注明供述的时间、地点。Doc.9308 为苏联在押日军战俘、日本关东军参谋长秦彦三郎中将的供述之英文翻译文本，供述时间为 1946 年 10 月 10 日，地点为中国哈尔滨。以上 2 份供述的讯问官员也均为苏联人。2 份供述均有关日本关东军细菌战，其中梶塚隆二后来也是伯力审判的 12 名被告之一。② Doc.9307、Doc.9308 应该也是由苏联检察官提交国际检察局的，提供日期目前不详，上述 1946 年 12 月 13 日美国检察官塔夫纳，予苏联检察官瓦西里耶夫少将的回复中并没有提到这 2 份证词。梶塚隆二、秦彦三郎的供述均承认了日军的细菌武器攻击准备，讯问内容还是与他们在关东军中的职位有关。值得注意的是，秦彦三郎的证词中提到：有关细菌战的准备，石井中将与东京的上级部门保持直接联系。

笔者于 2003 年、2010 年两次与日本同仁近藤昭二先生赴美国国家档案馆检索解密文献（2010 年教育部项目组北京大学 3 位研究生同行），未发现上述 2 份供述，2017 年于美国弗吉尼亚大学法学图书馆网站上的塔夫纳检察官个人远东国际军事法庭工作文献中第一次发现。据说此前美国曾有当事人私人收藏这 2 份文件。

三、东京审判期间最迟出现的国际检察局涉及日军细菌战战争犯罪文献

目前笔者等发现的美国国家档案馆等所藏相关英文文献中，最迟出现

---

① ［日］近藤昭二、王选主编：《日本生物武器作战调查资料》第六册，社会科学文献出版社 2019 年版，9.33，附录 1、2。

② 《前日本陆军军人因准备和使用细菌武器被控案审判材料》，莫斯科外国文书籍出版局 1950 年印行。

的远东国际军事法庭国际检察局涉及日军细菌战战争犯罪的文件为以下（其中包含 Doc.9305、Doc.9309 川岛清供词；Doc.9306 柄泽十三夫供词）：

1947 年 6 月 3 日，盟军占领军司令部法务局主任阿尔瓦·C. 卡彭特（Alva C. Carpenter）接到美国陆军部电文，称：如果给予书面保证免于追究其战争犯罪责任，石井愿意详告细菌战项目。要求卡彭特了解并尽快提交盟国方面掌握的任何可能关于石井等人战争犯罪的证据和指控的详细情报。[①]

6 月 6 日，卡彭特回复美国陆军部上述电文，称：国际检察局执行主管塔夫纳曾告知苏联在押石井下属川岛清少将、柄泽十三夫少佐、秦彦三郎中将供述，以及中国卫生署原署长金宝善的证词已在国际检察局备案，涉及细菌实验、攻击等。[②] 塔夫纳检察官的个人工作文献中有一份备案证据材料是由中国卫生署代理署长方颐积 1946 年 4 月 4 日出具，证明 1942 年 3 月 31 日金宝善博士的证词为中国卫生署官方档案文件。[③]

6 月 27 日，卡彭特再次向美国陆军部发送电文，题目为《日本战争犯罪（在宁波上空撒播谷物）》。内容提及 6 月 22 日，他与检察官塔夫纳再次会谈，对方报告了柄泽十三夫、川岛清的证词内容，称国际检察局认为，根据以上情况，石井为首的日本细菌部队确实违反了陆战法规。需要说明的是，表明如此观点并非主张起诉和审理。[④]

6 月 30 日，塔夫纳将川岛清和柄泽十三夫的证词转发负责日本国内战争犯罪调查的法务局主任卡彭特，并在信中建议提交华盛顿。[⑤] 当天，卡彭

---

① ［日］近藤昭二、王选主编：《日本生物武器作战调查资料》第六册，社会科学文献出版社 2019 年版，9.32。

② ［日］近藤昭二、王选主编：《日本生物武器作战调查资料》第六册，社会科学文献出版社 2019 年版，9.33。

③ ［日］近藤昭二、王选主编：《日本生物武器作战调查资料》第六册，社会科学文献出版社 2019 年版，9.33，附录 3。

④ ［日］近藤昭二、王选主编：《日本生物武器作战调查资料》第六册，社会科学文献出版社 2019 年版，9.36。

⑤ ［日］近藤昭二、王选主编：《日本生物武器作战调查资料》第六册，社会科学文献出版社 2019 年版，9.37。

特即将 3 份供述提交华盛顿战争犯罪局内务科。①

　　以上 1947 年 6 月 3、6、27、30 日文件为目前笔者等人所发现的东京审判期间，国际检察局涉及日军细菌战战争犯罪的最终文献，系美国国家档案馆等所藏相关英文文献中，时间上最晚的文件。

四、国际检察局备案证据材料中中国检方的证据材料：金宝善证词

　　前文所述时任中国卫生署署长金宝善的证词（英文版），最初是由 1942 年 3 月 31 日中国宣传部部长、发言人王世杰在国际新闻记者发布会上公布②，其发言主题为："谴责日军飞机投放细菌弹，引发腺鼠疫"。上述 1946 年 4 月 4 日由中国卫生署代理署长方颐积出具证明的金的完整报告包括 5 个附件，分别为湖南常德教会医院总管 E. J. 班南（E. J. Bannan）、卫生总署防疫专家 R. 波利策（R. Politzer）博士、中国红十字会救助总队检验指导员兼军政部战时卫生人员训练所检验学组主任陈文贵博士等的调查报告，均确认常德当地鼠疫暴发流行为日军投放物质引起。金的报告指控 1940 年日军用细菌攻击浙江衢州、宁波、金华，1941 年攻击湖南常德，引发鼠疫暴发流行，地方百姓感染死亡。金指出：更为恶劣的是，这种犯罪的行为，一旦使鼠疫在地方鼠类中生根，将在很长的时期内，对人间社会造成威胁。中国尚缺乏一些鼠疫防疫必需的药物和材料。

　　金的报告中以上内容与上文提及的川岛清、柄泽十三夫 1946 年供词的相关内容是一致的。其中对于日军 1940 年 10 月 4 日对浙江省衢县、27 日对宁波、1941 年 11 月 4 日对湖南省常德使用鼠疫细菌攻击的指控，均已为战后日本国内的日本军方资料所证实，包括 1993 年日本历史学者吉见义明等发现的中国派遣军司令部作战参谋井本熊男业务日志中的相关记载③，以及 2011 年

---

　　① ［日］近藤昭二、王选主编：《日本生物武器作战调查资料》第六册，社会科学文献出版社 2019 年版，9.38。

　　② ［日］近藤昭二、王选主编：《日本生物武器作战调查资料》第一册，社会科学文献出版社 2019 年版，3.10。

　　③ 解学诗、［日］松村高夫等：《战争与恶疫——日军对华细菌战》，人民出版社 2014 年版。

日本研究者奈须重雄发现的 731 部队核心研究人员金子顺一的博士论文①。

金子顺一的博士论文中直接与日军细菌武器攻击有关的内容是鼠疫跳蚤(代号 PX)的撒播,与《井本日志》中日军 1940 年 10 月 4 日对浙江省衢县、10 月 27 日对宁波、1941 年 11 月 4 日对湖南省常德,以及 1942 年浙赣会战期间,于 8 月 19—21 日对江西广信(上饶)、广丰、玉山的鼠疫跳蚤攻击的记载一致。

《井本日志》还记录了 1942 年浙赣会战期间,日军在浙赣铁路上饶以东沿线一带,以及军用机场周围地区,浙江省境内江山、常山、衢县、丽水等地多种细菌的使用,除鼠疫细菌外,还有伤寒、副伤寒、霍乱。②

值得注意的是,1946 年 4 月 4 日,东京审判开庭(5 月 3 日)之前,中华民国卫生署代理署长方颐积即为金宝善博士 1942 年 3 月 31 日的证词出具证明,并将其提交国际检察局备案。说明中国检方在坚守战时中国政府外交立场,准备在远东国际军事法庭追究日本细菌战战争犯罪。

五、远东国际军事法庭国际检察局中国检方对于日本细菌战战争犯罪的追究

根据目前发现的美国国家档案馆所存档案文献③,1946 年 2 月,远东国际军事法庭以中国检察官向哲浚为首的中国检察团到达东京,之后,3 月 2 日,国际检察局分工负责日本对中国军事侵略的美国检察官托马斯·H. 莫罗(Thomas H. Morrow)在向首席检察官约瑟夫·B. 基南(Joseph B. Keenan)提交的工作报告中④,列举了一系列日军在中国"骇人听闻"的违

---

① 全国政协文化文史和学习委员会编:《侵华日军细菌战文史资料选编》,中国文史出版社 2020 年版,附录:[日]波多野澄雄:《细菌战研究进入新阶段:〈金子顺一论文集〉中的"ホ"号作战真相》,王选:《"石井机关"与研究报告》。

② 解学诗、[日]松村高夫等:《战争与恶疫——日军对华细菌战》,人民出版社 2014 年版。

③ [日]近藤昭二、王选主编:《日本生物武器作战调查资料》第二册,社会科学文献出版社 2019 年版,5. 远东国际军事法庭国际检察局调查。

④ [日]近藤昭二、王选主编:《日本生物武器作战调查资料》第二册,社会科学文献出版社 2019 年版,5.3.1。

法战争行为，包括"南京大屠杀"，其中专门列一项，标题为"细菌战"，里面引用由中国新闻部编制、于 1943 年在美国发行的《中国年鉴（1937—1943）》（*China Handbook，1937 - 1943*）[①]，介绍了中国战时六年概况，并举出上文所提及金宝善博士于 1942 年 4 月 9 日提出的，中国和外国医学专家的报告确凿证明日本至少在中国实施了 5 次细菌攻击，1942 年 8 月 30 日，还实施了一次攻击。1940 年 10 月 27 日，对宁波投下了谷物、麦粒，此后迅速暴发疫病，症状通过检验证实。谷物、麦粒和跳蚤被散布于数个城镇，腺鼠疫随后暴发。莫罗在报告中建议确认金宝善博士及曾与他一起处理上述事件的专家的下落，准备让其全体出庭作证。还提到需要从国际法的角度加以研究，确定日本化学战和细菌战的违法性。莫罗的报告中有更多篇幅涉及日本在中国战场的化学战，并提及 1938 年顾维均博士向国际联盟提出谴责日军化学武器的使用。

莫罗报告基南，他已经向国际检察局调查部门提出讯问石井将军的要求，并称：据 2 月 27 日的美国军报《星条旗》报道：石井是日本医学研究机构的头目，其用美军和中国军队战俘做鼠疫人体实验。石井承认他发明了一种陶瓷鼠疫炸弹，自 1941 年起，可能他从事的生物实验即与日本陆军有关。

报告的最后，莫罗郑重提出：细菌战及化学战的问题非常重要，因为开发和利用如此的战争手段不可能是战场上的将军的权限，显然是根据东京高层指令执行的。这一点，上文提及的秦彦三郎的供词中也有相关内容。

莫罗 3 月 2 日的报告注明抄送中国检察官向哲浚、裘邵恒先生。3 月 8 日，莫罗又向基南提交了关于"B"组任务现状的报告[②]，此"B"组应指"日本对中国的军事侵略"组。莫罗称：就"细菌战和石井中将的活动证词，如《星

[①]　The Chinese Ministry of Information，*China Handbook，1937 - 1943: A Comprehensive Survey of Major Development in China in the Six Years of War*，Macmillan Company，1943，p.679；［日］近藤昭二、王选主编：《日本生物武器作战调查资料》第一册，社会科学文献出版社 2019 年版，3.35。

[②]　［日］近藤昭二、王选主编：《日本生物武器作战调查资料》第二册，社会科学文献出版社 2019 年版，5.3.2。

条旗》最近报道,会见了汤普森中校"①,其指的应为美国军方派遣日本的第二任细菌战调查官阿尔沃·T.汤普森(Arvo T.Thompson)中校。"但是面谈被否决","面谈"指的是上述莫罗3月2日报告中提到的要求对石井四郎进行的"讯问"。

3月12日,中国检察官向哲浚一行会同莫罗及美国助理检察官大卫·N.萨顿(David N.Sutton)赴中国调查一月,收集各种日本战争违法行为的证据材料。4月16日,莫罗向基南提交了中国调查报告:《中国之行报告》(*Report of Trip to China*)②。其中E项为日军化学武器的使用,已证据充分;F项为细菌战,萨顿约谈了金宝善博士及他的同事,将负责另行提交报告。

莫罗在报告中说明,调查计划主要是与中国检察官向哲浚商量采取行动,向检察官为调查作了很多安排,使得调查能够顺利进行。向检察官的秘书裴邵恒,以及通过向检察官安排会见的中国政府官员都非常配合。调查团队为完成这次调查任务通宵达旦。

萨顿的报告题为《中国调查报告:细菌战》(*Report from China: Bacteria Warfare*)③,共37页,于4月23日提交。报告列举了前述塔夫纳检察官个人工作文献中1942年3月31日金宝善博士证词的内容,包括5个中外医学专家关于湖南常德细菌战鼠疫调查报告的附件。除之以外,还有浙江省卫生厅的三份细菌战鼠疫数据表,分别为:(1)"浙江省鼠疫",列举了四个受害地,1940年日本对宁波、衢县实施攻击,1941年衢州鼠疫传播至义乌、东阳,1942年、1943年鼠疫在两县蔓延,1944年在义乌继续蔓延;(2)"复现",列举了以上四地1940—1944年的鼠疫死亡人数;(3)"1941年衢县疫鼠",列举了当地4—12月检测的老鼠数量,其中包括鼠疫阳性的数量和比例,以及疑为感染鼠疫者的数量和比例。

---

① 〔日〕近藤昭二、王选主编:《日本生物武器作战调查资料》第二册,社会科学文献出版社,2019年版,6.2。

② 〔日〕近藤昭二、王选主编:《日本生物武器作战调查资料》第二册,社会科学文献出版社,2019年版,5.3.3。

③ 〔日〕近藤昭二、王选主编:《日本生物武器作战调查资料》第二册,社会科学文献出版社,2019年版,5.3.4。

萨顿的《中国调查报告：细菌战》应为 2003—2006 年美国跨部门工作组整理发现公开的日本细菌战有关档案文献之一，笔者等人 2010 年在美国国家档案馆第一次检索到。其中提及的日军细菌武器鼠疫攻击受害地：1940 年浙江衢州、宁波，1941 年义乌、东阳（衢县传播），以及 1941 年湖南常德，与日本细菌战中国受害者对日诉讼涉及的案情完全一致。此时，该诉讼已经结束 3 年零 5 个月。细菌战中国受害者向日本法院提出的以上受害事实已于 2002 年由东京地方法院一审判决得到全面认定，2005 年东京高等法院、2007 年日本最高法院的判决均维持了东京地方法院判决中的这一结果。

战时中国政府的调查记录、向国际社会的揭露和战后的追责诉求，为 1997 年起诉的民间受害者最终获得日本三级法院对相关日本细菌战史实的全面认定打下了基础，经历了两代人的持续努力。

必须提及的是，未追究日本细菌战战争责任的东京审判结束 50 年后，这一历史性的成果成为可能，有三个时代条件：一是改革开放，经济发展，细菌战受害者作为普通老百姓有条件走出国门，发出了自己的声音；二是中日两国关系友好，互相信任，日本法院向中国的战争受害者开门，受理他们的诉求；三是日本社会和平力量对于细菌战中国受害者诉求的全面支持——律师志愿代理、731 部队老兵出庭作证、学界向法院提交数十年学术研究发现（包括日军方面的证据材料）、市民团体各种参与，从受害田野调查、发掘史料到组织诉讼活动等。

应该说，日本司法在历史上首次对于日本细菌战相关事实的认定，是在战后的和平时代，中日两国民间共同努力所取得的成果。

六、《前日本陆军军人因准备和使用细菌武器被控案审判材料》[①]

苏联不满美国独占日本细菌战人体实验技术资料，在远东国际军事

---

① 《前日本陆军军人因准备和使用细菌武器被控案审判材料》，莫斯科外国文书籍出版局 1950 年印行。中共中央党史研究室抗日战争时期中国人口伤亡和财产损失调研课题组影印（放大）出版了该书，书名为《伯力审判档案：日军细菌战罪行披露》，中共党史出版社 2016 年版。

法庭对日军细菌战战争犯罪未加追究。该法庭结束一年之后，于 1949 年 12 月 25—30 日，在黑龙江与乌苏里江交接口对岸的苏联哈巴罗夫斯克市（Khaborovsk）①设立军事法庭，对 12 名在押日本关东军军人，就准备和使用细菌武器举行了审判。

12 名被告②为：山田乙三（关东军总司令）、梶塚隆二（关东军军医部部长）、高桥隆笃（关东军兽医部部长）、佐藤俊二（关东军第五军军医部部长，原 8604、1644 部队部队长）、川岛清（731 部队本部第四部部长）、柄泽十三夫（731 部队本部第四部课长）、西俊英（731 部队孙吴支队支队长）、尾上正男（731 部队牡丹江支队支队长）、菊地则光（731 部队牡丹江支队队员）、久留岛祐司（731 部队林口支队队员）、平樱全作（100 部队队员）、三友一男（100 部队队员）。

1950 年，莫斯科国立政治书籍出版局公开出版《前日本陆军军人因准备和使用细菌武器被控案审判材料》（以下简称《审判材料》）俄语版，同时出版发行的还有中文、日语、朝鲜语、英语等多种语言的版本。

《审判材料》的序言中说明："本集内仅刊载有审判案正式材料。""预审文件即起诉书以及某些文件证据和关于各项基本罪状审讯记录，按本案存件公布。""庭审材料即各被告供词和最后陈述，各证人在法庭上所作证词（摘录），检验委员会结论，国家公诉人演词及各辩护人发言，按本案正式速记录公布。"

日本陆军 731、100 等细菌部队的人体实验，宪兵、特务机关提供人体实验用活人的"特别移送"，细菌武器的大量生产，如上文所述，对于浙江、湖南常德的细菌攻击等与细菌战有关的犯罪行为，通过该审判得以确认。

（一）苏联、美国的日本细菌战调查

1945 年 8 月 9 日，苏联出兵中国东北，日军 731 部队奉令销毁所有证据，杀害了 404 名用于人体实验的囚禁者，有中国、苏联、朝鲜等国人。为保

---

① 中国称伯力，当时苏联在那一带设有 24 个日本战犯收容所。

② 12 名被告军职名称参照《前日本陆军军人因准备和使用细菌武器被控案审判材料》日文版。

日本天皇不被国际社会追究战争犯罪责任，731 部队队员被严令终身守住部队的"秘密"。8 月 14 日，"销毁证据"作业基本完成后，最后一批 731 部队队员坐上一直开入平房营地内的火车，潜往釜山，从那里坐船回到日本。

1945 年 9 月 2 日，停泊在日本横须贺港海面的美国海军旗舰"密苏里"号上盟军与日本的受降仪式结束后，到达日本的美国科学调查团调查官即开始对日本细菌战进行调查。美国调查官讯问日军细菌部队人员时，首先表明，他们进行的是纯科学的调查，与战争犯罪无关。①

这个时候，占领东北的苏军，正在将 60 多万缴械投降的关东军押往西伯利亚。据近年公开的苏联克格勃档案，押解西伯利亚的日本人总数有 70 多万人，包括非军事人员。根据日本学者近藤昭二的研究②：苏军用了各种手段，在收押的日军战俘里搜寻原细菌部队人员，共调查了近 1 000 人，在其中选出 100 多名，集中关押，进行审讯。苏联人的审讯方法与美国人不同，有伯力审判的原告称：为了令其招供，动用令人无法忍受的刑罚。③

如上文所述，苏联方面于 1946 年末，通过远东国际军事法庭苏联检察官向国际检察局提交了苏联在押关东军战俘有关细菌战人体实验、细菌武器大量生产，以及细菌武器试验性攻击的供述。1947 年 1 月，苏联检察官又向盟军最高司令部（G - 2）出示上述关东军战俘的供述，要求讯问石井四郎等人。④

此时，美国已经两次派遣日军细菌战调查官赴日，讯问中，日军细菌部队人员发誓没有"人体实验""细菌武器攻击"。美国方面从苏联方面获知上述日本人向他们隐瞒的犯罪行为后，非常被动，再度从美国派遣调查官继续讯问。如上文所提及，石井也伺机提出条件——单独向美方提供"人体实

---

① ［日］近藤昭二、王选主编：《日本生物武器作战调查资料》第三册，社会科学文献出版社 2019 年版，6.1。

② ［日］近藤昭二：《细菌战资料发掘之旅》，刊载于日本《NPO 法人七三一部队·细菌战资料中心会报》第 3、4 号。

③ 三友一男『細菌戦の罪：イウノボ将官収容所虜囚記』、泰流社、1987 年。

④ ［日］近藤昭二、王选主编：《日本生物武器作战调查资料》第一册，社会科学文献出版社 2019 年版，"资料解说 10　苏联的追究与美国的对策"。

验"技术资料,免于在远东国际军事法庭追究其战争犯罪责任。此后,苏联方面虽被准许讯问石井等人,却什么也没到手。[①]

美国历史学家谢尔顿·H. 哈里斯(Sheldon H. Harris)关于日军细菌战历史的专著《死亡工厂:1932—1945 年日本细菌战与美国的掩盖》(*Factories of Death: Japanese Biological Warfare, 1932–1945, and the American Cover-up*)[②]的第 2 部分,根据美国官方文献梳理了有关美国高层和盟军占领军最高司令部的以下决策过程:以石井四郎等仅向美方提供日军细菌战人体实验等技术资料为条件,免于在远东国际军事法庭追究其战争犯罪责任,并阻挠苏联检察官起诉石井四郎等。

另据美国国家档案馆近年解密公开的日军细菌战有关档案文献[③],1948年 4 月 15 日盟军占领军最高司令部情报部门的一份报告显示,战争结束时,苏联捕获的 30 名 731 部队人员,是在莫斯科附近的细菌研究机构工作;1949 年 11 月 25 日的一份报告显示,1948 年 9 月,9 名原为石井部队人员的日本战俘被从伊尔库茨克送至伯力,实际上是被带到原来进行细菌战研究的工作地点指证实验室。

苏联生物武器计划工程原第一副主任肯·阿利别克(Ken Alibek)在著述[④]中提及,苏军从缴获的日军细菌战证据资料及日军战俘的证词中,方才了解到日军 731 部队细菌战研究的详细情况。缴获的日军细菌战相关资料被送到莫斯科,予以细致的研究分析。

(二) 冷战中的《审判材料》

根据《审判材料》,12 名被告在最后的法庭陈述中,均对日本军国主义

---

① 〔日〕近藤昭二、王选主编:《日本生物武器作战调查资料》第一册,社会科学文献出版社 2019 年版,"资料解说 10　苏联的追究与美国的对策"。

② 〔美〕谢尔顿·H. 哈里斯:《死亡工厂:1932—1945 年日本细菌战与美国的掩盖》,王选等译,上海人民出版社 2022 年版。

③ William H. Cunliffe (ed.), "Select Documents on Japanese War Crimes and Japanese Biological Warfare, 1934–2006", Researching Japanese War Crimes, www.archives.gov/iwg.

④ Ken Alibek and Stephen Handelman, *Biohazard: The Chilling True Story of the Largest Covert Biological Weapons Program in the World-Told from the Inside by the Man Who Ran It*, Random House, 1999.

的战争犯罪予以谴责，忏悔个人参与的细菌战的罪恶，并表示愿意承担应有的责任。

12 名被告被分别判处 2—25 年的徒刑，相较于其所犯的罪行，量刑很轻。关押期间高桥隆笃患病死亡；据说第一个说出"人体实验"秘密的柄泽十三夫在得知将被遣返回国后，自杀身亡；其余判决 10 年以上刑期的，于 1956 年日苏恢复邦交时被遣返日本。

由于冷战，《审判材料》在西方国家一度被当作苏联的宣传，不予置信，在日本更是如此。活着回到祖国的被告们也几乎重新沉默。但是，《审判材料》中原日本军人供述涉及的日军细菌战，此后被各国陆续发现的相关文献资料（包括原日军部队人员的证词等）不断得到证实，使之成为第一部全面揭开日本细菌战真相的历史文献。除了日本军人被告的供词外，《审判材料》中附有译文的影印日文原文"文件证据"也已成为珍贵的历史资料。

不过，比之 731 部队，被告之一佐藤俊二曾担任部队长的南京"荣"字 1644 部队、广州"波"字 8604 部队的全貌至今仍然远未为人所知。

上述苏联当年在日军战俘中进行的细菌战调查以及审判资料档案，包括搜查阶段的各种证据材料，数量庞大，据说保存完整。《审判材料》所公开的，包括日军军人的法庭供述，只是其中的一小部分。《审判材料》总共 580 多页，据日本研究者近藤昭二所言，他在苏联克格勃档案中发现的山田乙三审讯记录有 71 页，川岛清审讯记录为 74 页，柄泽十三夫审讯记录为 118 页。

2017 年 8 月，日本放送协会（NHK）播放了有关伯力审判的纪录片：《731 部队的真相——精英医者与人体实验》，该片利用了新发现的伯力审判法庭录音材料。2018 年 1 月，日本放送协会又播放了同题材纪录片《731 部队（前篇）——人体实验是这样展开的》《731 部队（后篇）——队员们的真实面目》。以上两部纪录片采用了大量有关被告的真实素材，特别是当时法庭的录音，证实了《审判材料》作为史料所具有的价值。

结语

从目前解密公开的美国官方机构所藏日本细菌战档案文献来看，有充分的证据表明，战后美国军方派赴日本的四任调查官所获得的日本细菌战资料有待进一步公开。当时苏联在国内对日本关东军战俘有关日军细菌战调查的记录，也有待全面系统的整理和公开。

战 后 事 宜

战后中国银行沪行接收清理伪行与复业

刘　华

（上海市历史博物馆）

　　1937 年八一三事变前，中国银行总管理处和上海分行一起驻汉口路 50 号（公共租界内），事变后迁到分行法租界境内的霞飞路办事处合址办公。同年 11 月，中国银行总管理处将大部分处室移驻香港办公，成立了"驻港总处"，成为中行当时实际的指挥中心。同时，沪行也成立了驻港处，陆续将发行钞券、政府放款、政府存款、外汇资产、有价证券等重要账目暨管辖部分各项事务移归驻港处继续办理；嗣后香港形势又紧，于是复将账务部分移驻内地另设驻渝处。① 1939 年 9 月，国民政府颁布《战时健全中央金融机构办法纲要》，规定中央银行、中国银行、交通银行、中国农民银行四行总行未移设国民政府所在地者，应在最近期内移设。1940 年 7 月，中行总处奉命由香港内迁重庆办公，沪驻港处大部分人员也同时迁渝，而中行留在上海的部分则被敌伪劫持。

　　日本军方在太平洋战争爆发当天召开的金融会议上决定："重庆系银行由日本军接收，按照银行方面的态度，决定银行营业是否再开"②。实际的接收由军方委托正金银行等敌伪银行进行。1941 年 12 月 22 日，在日军命令下，在沪中、交两行停止一切收付。"自是以后，除依照敌伪命令支付

---

①　《沪行业务报告》，上海市档案馆藏，档号：Q54-3-83。
②　傅文玲：《日本正金银行在华活动史料》下，中国金融出版社 1992 年版，第 774 页。

小额存款外,其他业务几陷停顿状态。"①这种状态一直持续到伪中行总行的成立。日军接管的中行在沪机构,除上海分行及其所属的虹口、同孚路、霞飞路、成都路四个本埠办事处外,还有撤退在沪办理收付的行处,包括上海分行管辖的南通支行、芜湖支行。② 1942年9月1日,伪"中国银行总行"在汉口路50号宣告"复业",原中国银行南京分行经理吴震修出任代理董事长。

一、复员预备

1943年1月,遵照孔祥熙(时兼任四联总处副主席)"应即拟定计划草案"(指战后金融复员计划)的指示,四联总处组织了战后复员计划设计委员会。经过该委员会多次商讨,拟具了《战后金融复员计划纲要草案》和依据该项计划纲要草案分别拟定的《四联总处推进战后金融复员实施计划》及《四行两局战后业务复员实施计划》等草案共七种;同年2月下旬,四联总处理事会第202次会议修正通过以上草案,并决定"在本总处设立战后金融复员委员会,将本案交付整理,予以充实,期臻完备;由该会在战事停止前后,分别审议有关各行局复员计划实施之案件,并由四行两局各设复员委员会,审议有关各该行局复员计划实施之案件,以资配合进行"③。

1943年7月27日,重庆中行总处根据四联总处的部署,组设了复员设计委员会,中行副总经理贝祖诒任主任委员,委员则几乎包括了当时中行的所有高级职员。根据四联总处的复员计划大纲、设计委员会讨论意见和一些委员的书面意见,该委员会拟定了《中国银行复员计划大纲》,分准备工作、收复区的复员工作、后方的复员工作、进一步的复员工作四项内容,对于

---

① 《沪行业务报告》,上海市档案馆藏,档号:Q54-3-83。
② 另外还有芜湖支行所属的安庆办事处,南昌支行所属的九江办事处,以及南京分行所属部分支行办事处,杭州分行和所属部分支行、办事处等。参见中国银行行史编辑委员会:《中国银行行史(1912—1949)》,中国金融出版社1995年版,第587页。
③ 重庆市档案馆、重庆市人民银行金融研究室合编:《四联总处史料》下,档案出版社1993年版,第325、326页。

战后复员的机构设置、业务规划、人事安排等问题作了规划,以期战后尽快恢复战时沦陷的行处,发展业务,加速中国银行的组织建设。[1]

除了四联总处和中国银行总处对战后复员有所规划以外,1944 年 7 月 31 日,国防最高委员会也通过一个由中央设计局拟定的《复员计划纲要》草案,对战后金融等各部门复员的工作要点和计划项目作了规定;在此纲要计划旨在各部门提出其复员计划的基础上,再由中央设计局拟定复员总计划。[2] 然而,日本的投降,其来之速出乎中国及其同盟国的预期。[3] 中央设计局之总计划尚未编写完成,抗战已然胜利,复员接收工作随即展开。

另外,战时及胜利初期的报刊对于战后金融也有展望。如《东方杂志》1943 年 6 月 15 日所发表的《我国战后财政政策和金融问题措施的商榷》,《银行周报》1945 年 9 月 1 日、10 月 1 日所刊《重见光明后之币制与金融问题》和《祝捷声中对于上海金融业之瞻望》。[4]

另一方面,随着战局的变化,伪中行对于将来也有所准备。1945 年,日军的战事处境日益不利,伪中行于 2 月 22 日对各行处指示:存款不必广事招揽,同业存款力求减少;放款以收入足敷开支为度,期限以 1 星期或 10 天为宜;汇款如调拨困难,不必多做;库存宜宽为贮存,以备应付提存及开支。[5] 实际上已在为即将到来的被接收作准备。8 月 15 日,日本投降,18 日蒋介石任命蒋伯诚为其驻沪代表[6]。19 日蒋伯诚以国民政府军事委员会委员长驻沪代表身份发布公告称:"查中国银行为国家金融机关,关系市面甚钜,兹指定吴震修君负责维持现状,静待中央派员接受[7],任何机关部队勿得干涉

① 中国银行行史编辑委员会编著:《中国银行行史(1912—1949)》,中国金融出版社 1995 年版,第 614、615 页。

② 秦孝仪主编:《中华民国重要史料初编·对日抗战时期·第七编 战后中国(一)》,中国国民党"中央委员会"党史委员会 1981 年印行,第 351、361 页。

③ 汪朝光:《国民政府对抗战胜利之初期因应》,《抗日战争研究》2003 年第 2 期,第 1 页。

④ 分别见于《东方杂志》第三十九卷第 7 号,1943 年 6 月 15 日,第 35 页;《银行周报》第 29 卷第 33、34、35、36 合并号(通卷第 1408、1409、1410、1411 号),第 178 页。

⑤ 中国银行行史编辑委员会编著:《中国银行行史(1912—1949)》,中国金融出版社 1995 年版,第 593 页。

⑥ 20 日公署成立,9 月 7 日撤销。

⑦ 原文如此。

接受特此布告。"①抗战胜利之初,上海接收形势极为纷乱。蒋伯诚此份布告在中国银行复业主持人到来之前,对于维护伪中行资产不无作用,但是比较有讽刺性的是,蒋本人以军事委员会委员长驻沪代表名义垫借的伪中储券直到1948年6月仍未能收回②。

二、接收清理本埠伪行

1945年8月16日,即日本宣布投降翌日,根据四联总处"金融复员须加紧进行,所有各行、局前往收复区复业"的紧急通知,中国银行总处委派渝行经理徐维明为上海区复员复业主持人,"行使分行经理职务"并"办理政府委办的接收敌、伪金融机构和保管、清理等事项"③。具体包括"主持接收清理上海伪中国银行,并筹备复业事宜","接收上海德华银行"和"接收上海正金银行";要求上海中行的复员接收工作"所有一切措施,悉遵照财政部及四联总处金融复员措施方案,随时秉承财政部驻京沪区财政金融特派员指示,并与其它行局一致办理"。④ 徐维明旋任四联总处上海分处副主任委员,1945年12月30日被正式任命为中行上海分行经理。⑤

徐维明自知上海中行复员接收事关重大:"惟上海为全国金融经济枢纽,华洋荟萃之区,政府及人民瞩望弥殷,本行使命重大,举凡一切措施关系

---

① 孙敏:《一份抗战胜利中国临时接管文档——蒋伯诚将军布告手令》,《中国钱币》2000年第3期,第50页。

② 中国银行总行、中国第二历史档案馆合编:《中国银行行史资料汇编(1912—1949)》上编,档案出版社1991年版,第858页。

③ 财政金融特派员特办公处沪财特字第43号委任令:"兹派徐维明接收上海伪中国银行及其分支机构仰即尊办具报备核为要此令",上海市档案馆藏,档号:Q54-3-94。

④ 《奉命赴沪主持接收清理上海伪中国银行并筹备复业事宜》,徐维明1945年10月19日呈中行总处函,上海市档案馆藏,档号:Q54-3-75。

⑤ 四联总处上海分处主任委员为财政金融特派员陈行,委员有交通银行李道南、中国农民银行吴任沧、中央信托局沈熙瑞、邮政储金汇业局沈镜。参见《四联总处任命徐维明为四联总处上海分处副主任委员派令附件》,1945年8月27日,上海市档案馆藏,档号:Q54-3-277。战后金融复员接收初期四联总处发挥了一定作用,但1945年12月1日四联总处第三次改组后,对于金融接收就不再发挥重要的督导作用了。参见伍野春、阮荣:《蒋介石与四联总处》,《民国档案》2001年第4期。

国计民生至巨。"①由于其时交通条件所限,徐维明只能偕同少数随员于同年9月10日莅沪,而在后方的大部分中行工作人员及其家属,则辗转几个月后才抵达上海。因此,有关复员接收工作一时只能通过留用伪中国银行旧沪行职员来解决。9月24日伪中国银行清理处成立,徐维明为处长,邵曾华为副处长。清理处负责接收清理该伪总行及本埠办事处,"办理旧账清算暨存款支付等事宜"②。

9月15日徐维明率领工作人员前往位于上海汉口路50号的伪中行总行办理接收事宜:"将总行原有库房及保险箱、文件、档卷并营业用各项图章印信等有关重要各件先行逐一粘贴签封接收,以便实施检核;一面驰赴本埠四办事处将各该处同样办理签封接收手续,并嘱在沪原有人员一律照常服务,一面促令该伪行填报各项详细表报,分别切实审核验封,尚属相符。"③根据接收时该伪行1945年9月24日原报资产负债各表和财产账册、库存等项清册,该伪中行的接收清理具体情形如下:

(一) 资产与负债

1942年9月1日,日伪将原中国银行"改组复业"成立伪中行时,曾将原中行所有资产、负债按1941年8月29日日计表所列各数,按2∶1折合伪中储券转入伪中行账内;根据总管理处通函所规定的划分新旧账办法,将伪行账内资负各科目分为旧沪行与伪行两部分,以厘清界限,便于清理。接收清理时,凡1942年9月1日以后未曾变动的资产与负债,均按1∶2折回法币,转入旧沪行国币户头恢复原状。按2∶1折回国币户头的差额,计100 020 069.95元,暂时以"暂记收款"列账,此项差额即为伪行代旧沪行付出存款及收回放款轧抵数。④

原属伪行之资产或其他原以伪币存入或1942年9月1日以后有变更

---

① 《关于成立中国银行上海分行复业筹备处事项》,1945年10月19日徐维明呈中行总处函,上海市档案馆藏,档号:Q54-3-75。

②④ 《沪行业务报告》,上海市档案馆藏,档号:Q54-3-83。

③ 徐维明:《接收及清理上海伪中国银行报告》,上海市档案馆藏,档号:Q54-3-94。

各户头,则就其原科目性质分别加以清理转账;伪币负债中显有敌伪关系者,予以扣留解送中央银行,普通存户之存款则予以发还。[1]

伪中行在沪各机构所收取存款共计中储券 91 亿 7 000 余万元,包括业务、信托、储蓄三部门及本埠四办事处的定活期存款。其中显有敌伪关系予以扣留的存款,伪币部分有东棉洋行等 60 户,计伪中储券 848 217 439.73 元;国币部分计有汉口银行等九户国币 14 565.36 元。以上两项一并开单于 1945 年 12 月 14 日解送中央银行保管。[2]

为了安定市面,对非有明显敌伪关系的储户,会同交通银行陈请财政部驻京沪区财政金融特派员办公处核准,于 10 月 15 日集中在中行汉口路 50 号开始支付存款。凡存款伪币 50 万元以下者全数一次付给;伪币 50 万元以上存款,先付半数,若此半数不及伪币 50 万元,准支付伪币 50 万元。[3]

所接收的伪行资产黄金 289 两、房屋两处,先后陆续处分用来抵偿存款。上述支付存款办法原系特派员规定,嗣后奉总管理处通函转奉财政部令,曾被敌伪劫持的各收复区行处,对于尚未结清的存款放款,因为"伪行资债项下各种伪币存款未付之数尚钜,财政部对于支付办法就已加以补充,允许从宽规定,乃又遵照重行结算,继续支付"[4]。

11 月 23 日中行库存稍裕后,开始发还存款伪币 50 万元以上储户的余额存款;对于截至 1946 年 3 月 22 日仍没有结清存款余额的各储户,则按 200∶1 折成法币后移送已复业的中国银行沪行继续支付。[5] 另外对于 1941 年 12 月 8 日以前的法币存款,如果截至接收时一直没有变动,则仍按原法币存额结算支付。[6] 即这些存款虽曾于 1942 年 6 月 21 日被伪行按 2∶1 比

---

[1] 中国银行总行、中国第二历史档案馆合编:《中国银行行史资料汇编(1912—1949)》上编,档案出版社 1991 年版,第 589 页。

[2] 徐维明:《接收及清理上海伪中国银行报告》,上海市档案馆藏,档号:Q54-3-94。

[3] 《关于成立中国银行上海分行复业筹备处事项》,1945 年 10 月 19 日徐维明呈中行总处函,上海市档案馆藏,档号:Q54-3-75。

[4] 《沪行业务报告》,上海市档案馆藏,档号:Q54-3-83。

[5] 中国银行总行、中国第二历史档案馆合编:《中国银行行史资料汇编(1912—1949)》上编,档案出版社 1991 年版,第 859 页。

[6] 《关于接收上海伪中国银行清理及人事处理情形》,1945 年 10 月 30 日中国银行复业筹备处致四联总处上海分处函,上海市档案馆藏,档号:Q54-3-277。

例折成伪中储券,现在仍按原比例而不是按 200 ∶ 1 折回法币。因此作为国家资产的中国银行资产得到了优先照顾的同时,部分存户利益也得到了一定顾及。

接收时该伪行库存资产计伪中储券 4 124 175 900.8 元,内包括银行小洋、铝镍币及次洋共 161.133 元;法币 756 242.42 元,包括破券及旧沪行被劫夺的八行杂券;标金乙两八钱九分;美钞 312.1 元;港币 4 661.3 元。标金、美钞、港币以及银元、辅币、次洋暨破杂券等均为旧沪行所有,分别发还沪行。其他生财器具,大部分为旧沪行所购置,接收后经分别检点交还沪行。其他资产,会计簿籍根据原清册点收封存;印信根据原清册点收后缴陈,其余文卷封存。①

所接收资产中分旧沪行所有和伪行营运所有两部分。旧沪行未被劫夺前的重要资产,计有“各项放款 152 135 149.51 元”和“库存现金 3 717 796.61 元”;其中部分资产在被劫持时期为伪行处置,接收后经过点收整理,截至 1948 年 3 月 31 日,伪沪行结欠沪行法币 28 400 余万元;另计有价证券账面余额伪中储券 148 700 余万元。②

伪中行历年营运所增益资产,其中有价证券(截至 1945 年 4 月 24 日)账面尚有余额伪中储券 1 489 328 136.58 元。③ 生金(截至 1945 年 9 月 24 日)账上结存计为 289.516 两,经送中央银行过秤,实际毛重 289.5 两,合纯金 286.012 两,1946 年 2 月将该项生金向中央银行押款国币 858 万元,后奉特派员办公处令,于 2 月 9 日按官价每两 8.5 万元售与中央银行,得价款合法币 24 311 020 元;所得价款扣缴押款本息外,余款于 1946 年 2 月 27 日转账,作发还存款之用。另有西康路及定安路房地产两处,为伪行于 1945 年 3

---

① 徐维明:《接收及清理上海伪中国银行报告》,上海市档案馆藏,档号:Q54-3-94。

② 中国银行总行、中国第二历史档案馆合编:《中国银行行史资料汇编(1912—1949)》上编,档案出版社 1991 年版,第 855、859 页。

③ 所有账面余额为 1 510 940 125.28 元,系伪行购入中国国货公司等股票,除了中国机器造船厂股票一万股已经在清理期间收回两千万元,其余计账面余额为伪中储券 1 489 328 136.58 元,上项股票均经分函各该公司暂时更换,徐维明为代表人并更换印鉴。参见徐维明:《接收及清理上海伪中国银行报告》,上海市档案馆藏,档号:Q54-3-94。

月以伪中储券 135 354 800 元购入;接收后,因清还伪行存款的需要,奉特派员办公处 1945 年 10 月 15 日沪财特字 614 号令估价出售;开始由上海银钱业同业公会联合准备委员会估定为国币 52 165 000 元。①

因有争议,嗣又经敌伪产业处理局评价委员会估价 70 492 000 元出售给已复业的上海中国银行。② 伪行的其他资产亦被处理(如将放款抵押品生丝 20 件售与中国蚕丝公司,详后),所得之款多用于发还伪行存款及偿还中国银行上海分行所垫付的清理费用需款,剩余部分则拨交中国银行上海分行所专门开列的"接收伪行清理处帐"。③

根据财政部命令,上海中行还清理并承担了伪中行对伪中央储备银行的债权、债务关系,结果伪中储行债权为伪中储券 8 811 051 万元,债务为伪中储券 2 215 万元;两相轧抵,伪中行结欠伪中储行伪中储券 8 808 836 万元。上海中行遂将所接收的房地产、黄金、库存物资及所投资企业的部分股票作价冲抵。④ 接收的敌伪金银货币等需要解交中央银行,而伪行债务却需中行承担,借助接收复员机会,国民政府再次加强了对中国银行的削弱和控制。

其他资负方面情形。放款(包括沪驻渝处部分)原有 321 户共结欠 4 100 余万元,自 1945 年 10 月起陆续收回 112 户,计 460 余万元。⑤ 放款为旧沪行所有,仍按 1∶2 折回转入沪行,其余原属于伪行放出者在清理期间设法陆续收回。往透项下(投资户),原欠伪中储券 10 亿元以生丝 20 件作抵,经特派员办公处核准出售给中国蚕丝公司;中国蚕丝公司以每旦 215 万元作价代售得价款国币 42 467 445 元,扣除佣金及检验费后得净款

---

① 徐维明:《接收及清理上海伪中国银行报告》,上海市档案馆藏,档号:Q54-3-94。
② 1947 年 8 月 5 日,伪中国银行清理处复上海市地政局函,上海市档案馆藏,档号:Q54-3-94。中国银行在上海的房地产,名义上原已大部分过户给美商上海地产公司。太平洋战起,美商财产同样被接管。伪中行既称"复业",就把这些房地产的产权收回。但外滩 23 号新厦被日军驻沪机构占用;1944 年 7 月,又被伪中行侵占并迁入营业,直至抗日胜利后始收回。参见中国银行行史编辑委员会编著:《中国银行行史(1912—1949)》,中国金融出版社 1995 年版,第 591 页。
③ 《关于成立中国银行上海分行复业筹备处事项》,1945 年 10 月 19 日徐维明呈中行总处函,上海市档案馆藏,档号:Q54-3-75。
④ 中国银行行史编辑委员会编著:《中国银行行史(1912—1949)》,中国金融出版社 1995 年版,第 620 页。
⑤ 《沪行业务报告》,上海市档案馆藏,档号:Q54-3-83。

41 790 095 元,将原欠伪中储券 10 亿元按 200∶1 折合国币 500 万元扣还,余款 36 790 095 元如数归入伪行清理范围内清算。往透项下垫借军事委员会委员长驻沪代表的伪中储券 2 亿元尚未收回。① 领券项下原有 34 户,计领券 1 510 万元,经清理洽妥,取消合同者有 20 户,计 929 万元,其余则函催来行办理注销手续。② 伪行曾向伪中央储备银行领用伪中储券 20 亿元,于 1946 年 2 月 23 日连同利息折合国币 10 532 876.71 元送上海区伪中央储备银行清理处,并且销毁原订契约;汇出汇款方面,账面余额计伪中储券 6 992 515.20 元,伪联银券 136 141.56 元,经清理分别向解款行查清未达款项后逐笔转账,属于退汇者亦分别退还原汇款人收回。③

所有清理处各账目,外币部分于 1946 年 1 月 19 日移并沪行,并由沪行转交国外部;国币部分于同年 1 月 19 日、3 月 27 日分别移并沪行;原有保管品及其营业用具等也陆续移交完毕。"现在清理处帐目负债部分除少数外其余均告清结,资产部分除已结清者外,其尚未处分之资产:计(1) 生丝二十件,为往透项下(投资户)伪券 10 亿元,合国币 5 百万元之抵押品,已陈奉特派员核准变卖抵还可多余 4 500 万元。(2) 有价证券帐面余额为 14 亿 8 千 9 百 30 余万元,合国币 744 万 6 千余万元,除中国丝业公司 47 350 股内,政府没收不计外,其他各项股票计约值 1 亿 4 千万元,约可多余 1 亿 3 千 920 余万元。损益部分:(1) 伪币部分包括储蓄部连同全体损益在内,约益伪币 152 亿 3 千万元,合国币 7 615 万元。(2) 国币部分连同全体损益在内约损 8 700 万元,其中大部分为维持费。(3) 欠沪行复业筹备处国币 2 675 万元。以上损益轧抵约可剩余国币 1 亿 4 650 万元;倘以折回国币差数并计约可剩余国币 2 亿 4 650 万元。但此仅就伪总行而言,其他分支行处并未并入,倘将来合并清理则剩余不及此数。"④

(二) 人事处理

复员工作刚开始展开的时候,总管理处规定的人事原则是:"除主任以

①③　徐维明:《接收及清理上海伪中国银行报告》,上海市档案馆藏,档号:Q54 - 3 - 94。
②④　《沪行业务报告》,上海市档案馆藏,档号:Q54 - 3 - 83。

上人员外,普通行员如系本行旧员经加甄别并查明无附逆嫌疑者,即予复职在案。"清理工作正式展开后,复订定办法如下:

> 本行旧员有无附逆嫌疑,以该员曾否经司法机关检举为断,在被检举时期先行停职,如罪状不成立再行按照本行规定任用接收行人员办法办理;主任以上人员应审查个人情形及经过事实个别酌定复用与否。
>
> 主任及主任以下人员的处理原则分别以下几种情形:年老力衰或身体孱弱不堪任事者酌于资遣或退职;在伪中行任职时期,如有利用环境私自营业或牟利因而致富者经查有实据不予复用;已到后方本行任职而借故到沦陷区参加伪中行任事者不予复用;如经复用不论其在伪中行职位如何,复用时以照未参加伪中行时原职务原本俸为原则;各员仍先在清理处听候调派,在未派新职以前只领维持费,由清理项下支销,清理费用不敷时暂行垫付,俟日后统筹办理。如经复用其原在本行之年资与复用后之年资得前后并算,但中间在伪中行任事时期应予剔除不计①,又太平洋大战发生以后,伪中行成立以前,新进人员未经陈报总处有案者,应严格审查,其在伪行成立以后新进者不予复用。前项人员支领维持费以接收后起三个月为限,其间应尽快甄别决定录用或遣散。②

当初日伪将原中行"改组复业"时,各部处的经理、处长、主任仍由旧沪行人员充任,中行原有在沪员工也都分别安排,继续供职。战后中国银行复员时因人手不足,伪行 315 名职员中,除曾经兼任伪职及 1942 年 9 月 1 日以后添用的 17 人被告知暂勿到行,其余中行旧员 298 人以及警工 224 人,在总处未准复用以前,统自 10 月份起暂时发给维持费。因战后物价变动,维持费标准前后有所变更。原伪行留任人员先以雇员名义办理清理工作,

---

① 1949 年 4 月 9 日中行总行通函各分行对抗战胜利后接收任用的原中行职员,其于抗战期间在伪中行工作的年资,准予恢复计算。参见中国银行行史编辑委员会编著:《中国银行行史(1912—1949)》,"中国银行大事记",中国金融出版社 1995 年版,第 826 页。

② 《订定接收伪行处理原有人员办法希秘洽办理由》,1945 年 11 月 26 日中行总处致徐维明函,上海市档案馆藏,档号:Q54-3-277。

随着复业开展和业务的发展，逐步恢复了行员身份。日方留用办理清理人员在接收实施之前，按照京沪区财政金融特派员的命令，给予生活费，但不超过同人所得。①

管理人员方面，截至 1945 年 12 月 24 日，中行所有复员接收行处曾任伪职主任（即经副襄理）以上人员计 48 人。经过审查，退老 5 人，开除停职 2 人，另有 5 人继续审核或另案处理，其余人员大多回任原职，个别调任他职。曾任伪中行常务董事和代理董事长的吴震修虽一度遭到软禁，后在国民党政界显要如张群、张嘉璈、陈其采及中行总经理宋汉章等人的疏通下，上海地方法院以吴的汉奸嫌疑证据不足不予处理。②

三、接收清理外埠伪行

伪上海中国银行除以上所涉及上海本埠总行部分外，外埠尚设有南京分行及苏州、无锡、南通、芜湖、汉口、蚌埠、嘉兴、杭州、常州、扬州十支行，常熟、泰州两办事处。③ 旧沪行战前除了本埠办事处外，还有南通、芜湖、汉口、湖南、江西五支行及其各支行所辖办事处。1937 年七七事变后，南通、芜湖两支行先后沦陷停业。至 1938 年，云南、广西两支行先后设立，为方便管理起见，连同湖南、江西、汉口三支行均由沪驻港处管辖；1942 年 7 月，奉总处命令，云南、广西、江西、湖南四支行改归总处直辖；汉口支行④于 1945 年 10 月改组为分行。⑤ 是以战后直接由沪行负责接收清理的伪中行所属除本埠伪中行总行外，计有南通、芜湖两支行。"其南通、芜湖两地因原为旧沪行管

---

① 《关于接收清理上海伪中国银行》，1945 年 10 月 19 日徐维明呈中行总处函，上海市档案馆藏，档号：Q54-3-75。

② 《关于收复区接收行处主任以上人员审查处理情形》，1945 年 12 月 24 日中国银行总管理处文，上海市档案馆藏，档号：Q54-3-79。

③ 徐维明：《接收及清理上海伪中国银行报告》，上海市档案馆藏，档号：Q54-3-94。

④ 汉口中行的接收清理在集中清理处成立之前，该行于 1945 年 10 月 15 日在财政部鄂湘赣区财政金融特派员指导下开始执行接收清理。参见《接收汉口伪中国银行清理经过报告》，上海市档案馆藏，档号：Q54-3-94。

⑤ 《沪行业务报告》，上海市档案馆藏，档号：Q54-3-83。

辖地区,经维明陈奉核准先后派徐述文、顾鸿渐分别前往接收。"①外埠接收清理程序和处理办法与前面所论述总处部分略同,以下仅就两支行接收清理的结果略作整理。

(一) 南通支行②

奉财政部驻京沪区财政金融特派员令,沪行委派徐述文、王昌仁办理接收南通伪中国银行及清理事宜。1945 年 11 月 12 日,设立南通伪中国银行清理分处,迄 1946 年 5 月清理完毕。所有未了事宜及清理费用,尊令合并到华中区伪中国银行清理处办理。该伪行接收清理情形如下:

1. 资产负债

南通伪中国银行营业、储蓄部资产负债各科目余额,经核对相符,于 1945 年 11 月 17 日列表陈报。

负债科目清理情形。同业存款,计伪中储券 9 437.97 元已经全部付清。往来存款,计伪中储券 181 175.27 元,其中 556.8 元敌伪性质存款,奉财政部金融特派员令送缴中央银行业务局保管,于 1945 年 12 月 31 日划沪转送中央银行;另旧国币账 36 352.65 元,于 1945 年 11 月 15 日转回国币账;再有 44 031.29 元于 1946 年 3 月 6 日按 200∶1 折入国币账。特种活期存款,计伪中储券 439 250.64 元,其中 5 657.4 元为旧国币账,于 1945 年 11 月 15 日转回国币账;其中 235 699.6 元于 1946 年 3 月 6 日按 200∶1 折入国币账。定期存款,计伪中储券 43 482.85 元全部系国币账,于 1946 年 3 月 6 日转回国币账。金库存款,计伪中储券 66 788.25 元,系敌伪性质存款,送缴中央银行业务局保管,经于 1945 年 12 月 31 日连同往存项下一并划沪转送。汇出汇款,计伪中储券 12 813 850 元,解迄或退迄。保证款项,计伪中储券

---

① 至于外埠该伪行分设之机构,南京、苏州、无锡、扬州、蚌埠、常州、泰州、常熟等八处,杭州、嘉兴等两处又汉口一处,前经财政部京沪及湘鄂赣两区财政金融特派员办公处分别委由宁行、澎湖浙行金百顺,汉行赵祖武接收清理。参见徐维明:《接收及清理上海伪中国银行报告》,上海市档案馆藏,档号:Q54-3-94。

② 《函陈南通伪中国银行接收清理报告一式二份祈核转由》,1947 年 2 月 28 日南通支行致沪行函,上海市档案馆藏,档号:Q54-3-94。

15 000 元,与未收保证对转。应收款项,计伪中储券 917 886.51 元,其中 368.37 元为旧国币账,于 1945 年 11 月 15 日转回国币账;其中 71 500 元于 1946 年 3 月 6 日按 200:1 折入国币账。应付利息,计伪中储券 192 282.3 元,转回付出利息账。备抵呆账,计伪中储券 143 362 元[①]。暂收款项,计伪中储券 4 255 443.72 元,其中 369 元系旧国币账,于 1945 年 11 月 15 日转回国币账;内 367.65 元于 1946 年 3 月 6 日按 200:1 折入国币账。

资产账目清理情形。现金,计伪中储券 3 554 499.94 元,全部交付存款。催收款项,计伪中储券 61 276.5 元,和有价证券伪中储券 22 039.1 元全系旧国币,于 1945 年 11 月 15 日转回国币账。未收保证款项,计伪中储券 15 000 元,与保证科目对转冲回。营业房地产,计伪中储券 1 000 元,系虚设科目,仍行转回。营业用器具,计伪中储券 387 527.58 元,已转折旧。暂付款项,计伪中储券 760 000 元,全部收回。存出保证金,计伪中储券 1 600 元,全部收回。开办费,计伪中储券 8 657.31 元,如数摊销。

损益各科目经清理后,纯损计伪中储券 55 403 195 元,于 1945 年 12 月转入上海伪中国银行清理处账。

以上资产负债是伪行成立时,将旧南通支行所有资负,按 1942 年 8 月 31 日日计表所列各数按 2:1 折合伪中储券转入伪行账内。此次清理遵特派员办公处所颁布清理办法,对于 1942 年 9 月 1 日以后没有再变动的资负,均按 1:2 折回复业的南通支行国币账户恢复原状。伪币资负中,显有敌伪关系的存款,计有伪中储券 72 294.33 元[②],并于 1946 年 1 月 10 日转送中央银行保管。库存现金,计伪中储券 550 余万元,已经作为发还存款及发放员工清理费用等。[③]

2. 其他

接收的营业用图章 15 颗,于 1946 年 11 月 13 日销毁。房地产方面,敌

---

① 处置情形不详,原文无法辨识。

② 另一份报告中此项敌伪关系存款,计伪中储券 67 344.33 元,参见南通伪中国银行:《接收清理报告》,上海市档案馆藏,档号:Q54-3-94。

③ 中行沪行致总行清理报告中关于接收清理南通支行情形,上海市档案馆藏,档号:Q54-3-94。

联络支部在占驻时曾建有瓦屋大小六间,该房屋经敌支部长野马邦次书面声明让渡给南通支行,作为赔偿占住破坏损失的一部分。清理费用方面,南通清理处自 1945 年 11 月 12 日成立至 1946 年 5 月,计国币 6 795 554.5 元。

(二)芜湖支行

奉财政部驻京沪区财政金融特派员令,沪行委派顾鸿渐、程秉耕办理接收芜湖伪中行事宜。两员于 1945 年 11 月 21 日到芜湖,22 日成立芜湖伪中国银行清理分处。计接收营业用图章 9 颗,暨储蓄部图章 4 颗、保险经理处图章 1 颗、营业储蓄图章 2 颗;另有账册、证券、文件、房屋及少数破旧器具。证券及营业储蓄两部存款均为战前旧芜湖支行的旧有存款,并无新存款加入,亦无显有敌伪性质存款。放款部分亦为战前芜湖支行旧欠款,并无新放款。库存现金只有伪中储券 418 663.86 元,而与欠发员工薪金等项两抵后,不敷之数甚巨。行屋以及仓库方面,均系战前芜湖支行旧有,为日方毁损甚重,仅有极少数稍为完整。其他资负处理情形同南通支行,不再赘述。清理费用,计国币 14 619 670.54 元。[①]

(三)华中区伪中国银行集中清理处

上海伪中国银行为华中地区总行,所辖伪南通、芜湖两支行,亦为战后中国银行上海分行所辖,其接收清理情形已如上述。其他伪中行所辖各分支行及其办事处,战后分属中国银行南京分行、浙江分行和汉口分行负责接收清理;其中南京、浙江两分行的复员接收清理和上海分行一样属于京沪区,而汉口分行则受财政部鄂湘赣区财政金融特派员领导。[②] 1946 年 6 月,华中区伪中国银行集中清理处成立,沪、宁、浙、汉四行经理联合华中地区伪行清理处在沪集中清理,宁、浙、汉未了清理事宜移交沪行清理处集中清理;如汉行于 1946 年 8 月中旬"派会计股朱副主任开孚将伪汉支行全部传票、

---

① 沪行致总行清理报告中关于接收清理芜湖支行情形,上海市档案馆藏,档号:Q54-3-94。
② 仿照沪区办法于 1945 年 11 月间成立汉伪行清理处,参见接收汉口伪中国银行清理经过报告,上海市档案馆藏,档号:Q54-3-94。

帐册、表报携带赴沪移交与沪伪行清理处接收",内称:

> 关于其他各地之分支行处,曾奉钧示(特派员办公处)所有华中区各地伪行应集中上海清理等因。经遵拟订清理办法陈奉核定,兹各地伪行帐务清理事宜,截至最近大致可称就绪,并已集中记帐制成合并表册。综计目前该伪行全部负债方面仅欠沪行约国币 1 亿另 7 百万元(1946 年 10 月的利息尚未计入);其资产方面除往透、暂欠两科目余额伪中储券 1 亿 3 千 4 百 84 万元未能收回,又存款预备金及存放同业与同存轧抵后余额伪中储券 28 599 970.22 元,已函请伪中储行清理处发还外,其余有价证券项下购入各公司股票除中国丝业公司股票 47 350 股已尊令没收外,其余股票照目前市价估计约值国币 2 亿另 4 百万元。两抵约可剩余国币 9 700 万元。[①]

(四) 复业情形

中行复业筹备处自 1945 年 9 月 25 日[②]成立后,考虑到战后初期头寸供应不足,难以全面开展业务,遂决定自 10 月 1 日起以"复业筹备处"的名义先行对外营业,接受普通存款及储蓄存款。[③]

最初存户均系普通商号及个人小额存款,随着市面法币筹码渐多,加上极力揽收军政机构及各出口商的存款,存款数字得以显著增加,至 12 月 22 日存款总额已达 17.3 亿元,超出 10 亿元的预拟目标。该复业筹备处年终结算计有 1 029 万元盈余。汇款方面,随着浙江和南京两分行先后复业,10 月 25 日起上海开始与两处恢复通汇,随后平津两行复业汇款亦已畅通。

---

① 徐维明:《接收及清理上海伪中国银行报告》,上海市档案馆藏,档号:Q54-3-94。
② 另有档案文件以 10 月 1 日为中行复业筹备处成立时间,系将以复业筹备处名义对外营业的时间作为其成立时间。参见《沪行业务报告》,上海市档案馆藏,档号:Q54-3-83。
③ 《关于成立中国银行上海分行复业筹备处事项》,1945 年 10 月 19 日徐维明呈中行总处函,上海市档案馆藏,档号:档案 Q54-3-75。另,因为总处储蓄部尚未来沪办公,故委托沪行照储蓄分部办法先行收受各项储蓄存款,待正式复业后移交储蓄部继续办理。参见《沪行业务报告》,上海市档案馆藏,档号:Q54-3-83。

29 日开始收解渝沪间公务员赡家汇款,11 月上旬两地亦恢复通汇。此后收解业务上升,尤以渝行托解汇款为最多,导致上海中行库存紧绌,虽渝、汉、滇各行陆续调还欠款,宁、浙两行接济,终以托解巨额汇款陆续而来,至 12 月 22 日止,联行欠款共 15 亿 4 000 万元。可见汇解业务有了很大的恢复。放款方面起先也没有单独开展,嗣而根据四联总处上海分处的决定,由各行局联合贷放各厂矿恢复生产需款,至同年年末共贷放 11 户,先后放出 4 亿 1 000 万元。①

上海中行复业初期开展的其他业务还包括:1945 年 11 月 29 日奉财政部令代办出口商结汇事宜;代为中央银行收兑伪券,登记敌伪发行之债券、库券;代直接税局经售印花;一部分四联交办放款业务,在南通、芜湖等地增设中行分行处等。

中国银行外滩大厦原来被伪中央储备银行占用,光复后由中央银行暂时予以接收,很快经中行接洽,于 1945 年 12 月下旬收回自用。1946 年 1 月 4 日,上海中行宣告正式复业时迁入。复业后之中行将清理处所清理旧沪行及沪驻渝处账目先后合并,"除联行往来尚有少数未达,待清查外,其余经整理就绪,于 1 月 19 日及 3 月 1 日将国币及外币资负数字先后并移沪行。"②至此,中国银行上海分行完全恢复。中国银行沪行自太平洋战争至战后重新复业,历次账务转移分合情况,参见文后"中国银行沪行历次账务转移演变"图。

支行方面,南通支行于 1946 年 3 月 5 日复业,截至 4 月底存款共计 1 亿 3 100 万元,放款方面没有业务,汇出汇款累计 5 亿 7 100 万元,汇入汇款累计 1 亿 2 274 万元。③芜湖支行于 4 月 4 日复业,该支行截至 4 月底,虽开业不到一月,因为所在为米粮集散地,业务发展不错,存款计 2 亿 7 300 万元,放款有出口押汇 1 100 万元,汇出汇款累计 5 亿 7 980 万元,汇入汇款累计 5 亿零 800 万元。④本埠四办事处只有虹口办事处因为行屋问题复业较晚。

---

① 至 12 月底止代解 75 亿元,汇出汇款仅为 7 亿元。参见《沪行业务报告》,上海市档案馆藏,档号:Q54-3-83。

②③④ 《沪行业务报告》,上海市档案馆藏,档号:Q54-3-83。

正式复业后沪行业务截至 1946 年 5 月恢复发展情形，略述如下①：

存款方面，最低数额为 15 亿元，最高数额达 110 亿元，经常在 60 亿元以上。截至 5 月 15 日，共计 90 余亿元。"复业以来经多方设法积极揽存，与当地其他各行局存款相比较尚未落后，今后自当力求改进服务手续，增强对外联系，以期达到协助政府吸收社会游资之目的。"汇款方面，汇出汇款截至 5 月 15 日，累计 214 亿元，大部分为商业汇款。地点以杭州、平津、闽粤为多。汇入汇款累计 736 亿元，其中以重庆、昆明、汉口、西安、南京等地为多。放款方面，截至 5 月 15 日实际放出 62 亿元，大部分是四联交办，"不外奉行国策扶助生产、协助发展进出口贸易"。

调拨方面，复业时期适值国内金融重心由内地向外转移，大量资金流入上海。如上述汇入汇款倍于汇出汇款已可明了。就联行对沪头寸情形而言，截至 5 月 15 日，联行对沪存欠，轧抵后约欠 781 400 万元，自 4 月 1 日至 5 月 15 日每日平均欠 587 100 万元，其中最高时一天就达 978 000 万元。沪行存款平均余额只达 60 亿元左右，且流动性较大，四联交办放款任务又甚巨，而且联行欠款几乎已经超过存款总额，是以头寸长期拮据，调拨困难。

代库方面，中行代理的收付库款，原由渝行集中承转。嗣后因为抗战胜利国民政府还都，中央银行国库局移沪，中行为适应形势，所有代理收付库款承转事宜，亦于 1946 年 3 月 16 日起移沪办理。截至 5 月中旬，转代收库款计 28 亿余元，代付库款计 57 亿余元，国库局先后拨来备付库款计 52 亿元。

截至 1946 年 5 月 15 日，沪行营业纯益约达 5 亿元。可是随着战后国内局势的不断恶化，中国银行沪行已经很难恢复战前景象，"然沪市经八年沦陷，工业残破、经济凋敝已达极点，而内地交通未畅，元气

---

① 《沪行业务报告》，上海市档案馆藏，档号：Q54-3-83。

斲丧尤甚,复苏有待。本行业务前途一时恐难达到理想目标,兼以物价日高,开支庞大,同人生活固难安定,日后行方收支欲求平衡亦将煞费周章。"

1946 年 5 月 29 日,中国银行总管理处总秘书戴志骞向行务会议报告了总处的复员情况,至此中国银行总处亦复员返沪。

结语

战后"劫收",既为当时舆论所抨击,也多为后来的研究者所诟病。本文所呈现的中国银行沪行接收清理伪行与复业过程,较为有序和规范。若稍作一般化推演,一个可能的推论是:其时上海四行二局金融系统的接收清理过程,不能完全用"劫收"来涵盖。但考虑到上海地区和金融业两者在战后接收中都备受国民政府重视,而金融业本身又具规范、严密之特点,故此推论兼具行业和地域限制,并不对整体上战后接收为"劫收"这一认知构成挑战。

中国银行在国民政府的金融统制体系中占有重要地位,而中国银行沪行在中国银行系统中又为特殊存在。近代金融历史中,上海城市的重要性和特殊性自不待言。由此,中国银行沪行由旧沪行而被劫持改组为伪中行,战后复接收、清理,复业为沪行,这整个过程若作完整之考察,当是观察1937 年至 1945 年战时上海历史的一个有意义视角。本文所述仅在该行战后接收清理伪行与复业,有待进一步扩展。另一方面,本文着力在梳理接收清理与复业的基本流程和呈现接收清理的成果。这当然是必要的,但更有趣可能也更有意义的,是在这劫持改组再接收清理复业的过程中,所涉及各色人等的经历与命运。此是另一需要扩展的研究方向。

附图　中国银行沪行历次账务转移演变

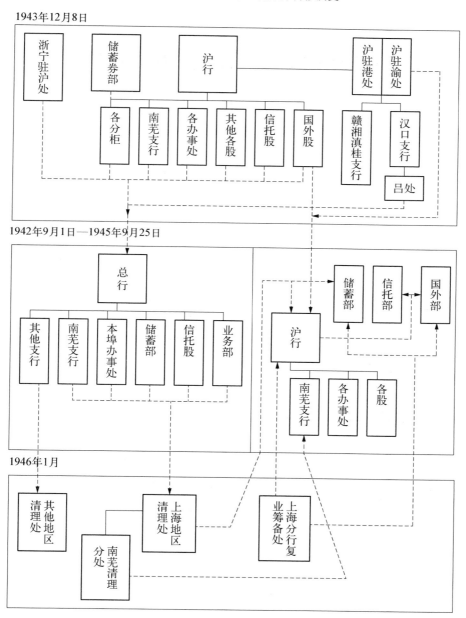

说明：依据《沪行业务报告》（上海市档案馆藏，档号：Q54-3-83）绘制。实线表示组织隶属，虚线代表账务演变。

战后中国文物的损失申报与调查

蒋欣凯

（衡阳师范学院法学院）

　　中华民族有悠久灿烂的历史，留存下来的文物古迹繁多，抗战期间遭受了日军严重的劫掠与破坏。抗战损失是抗日战争研究中的一项重要课题，相关研究成果虽浩如烟海，但其中涉及文物损失的研究则相对较少。目前研究文物损失的论文著作，也多聚焦于日军对中国文物的破坏①，较少关注抗战胜利后国民政府有关机构对文物的清理，特别是对申报与调查的具体环节缺乏深入研究。

一、抗战时期日军对中国文物的劫掠与破坏

　　中国自九一八事变开始，经历了 14 年残酷的抗日战争。日本侵略期间恣意破坏中国文化，大肆盗掘古迹。北京周口店、殷墟、邯郸赵王城等遗址都遭大规模破坏性发掘。除破坏性发掘，日军在战争中还有组织、有计划地

---

① 孟国祥：《中国抗战损失与战后索赔始末》，安徽人民出版社 1995 年版；孟国祥：《大劫难——日本侵华对中国文化的破坏》，中国社会科学出版社 2005 年版；巴图：《国民党接收日伪财产》，群众出版社 2001 年版；翁有利：《二战终结对日处理研究》，吉林文史出版社 2004 年版；戴雄：《抗战时期中国文物损失概况》，《民国档案》2003 年 5 月 25 日第 2 期。以上几份研究成果涉及文物损失的部分主要关注点是日军对中国文物的破坏，部分谈到文物损失的申请调查，也基本是简单带过。吴忠良：《陈训慈与"清理战时文物损失委员会"》，《中国国家博物馆馆刊》2016 年第 12 期；该文是研究陈训慈在清理战时文物损失委员会里所起的作用，只简单谈到了文物损失调查的成果。

抢掠破坏中国公私文物。不管是博物馆、图书馆、寺庙等还是个人,只要是有价值的文物被日军发现,一般都难逃被劫掠之祸。位于北京西郊的大觉寺,始建造于辽代,规模宏大,号称"西山三百寺中之巨刹"。1940 年 3 月,大觉寺被日军侵占,寺中古物被扫荡一空。据抗战胜利后统计,大觉寺损失了大批文物,计有:明成化金刚菩萨像 21 尊、明宣德古铜磬 1 口、清道光广锡大型供器 12 件、清道光广锡中型供器 35 件、藏佛像 26 尊、辽咸雍石碑 1 座、清康熙宗监法林经版 438 块、明宣德古铜大香炉 1 双、雍正御笔四宜堂古铜匾 1 方、成亲王观音经墨迹 1 卷、明代画墨色佛像 7 条、王石谷山水六尺中堂 1 条、陆宝忠字横幅 1 件、铁保谟贝子字中堂 2 件、郑板桥画竹兰一堂 4 件、李文田徐甫字中堂 2 副、如意馆人画中堂王文锦涂会丰字中堂 4 件、清慈禧御画中堂 2 件、刘石广陆润庠墨迹对联 2 条。[①] 寺内古物几乎无一幸免,甚至对联都被日军抢去,可见日军搜刮文物之酷烈。文物具有深厚的历史文化价值,但是不少古物被日军劫掠,横遭熔铸破坏,以支撑其战争消耗。如北平故宫博物院抗战期间先后被日军运走铜缸 66 口、铜炮 1 尊、残破铜灯亭 91 件。北平历史博物馆被运走铜炮 3 尊、铁炮 1 369 尊。除铜铁品外,北平故宫博物院图书馆大庙分馆所藏新书及杂志也屡遭日本宪兵检查,先后被搬走及撕毁者计一万余册。[②]

对于日军在中国抢掠破坏文物,当时伪政权内部的态度是矛盾、复杂的。基层人员既无法熟视无睹,又不敢过多干涉,得罪日军;比起基层的矛盾态度,上层的人物则多是曲意逢迎。1941 年汪伪行政院文物保管委员会委员长徐良向汪精卫报告,其接到南郊警察局的呈报:南京安德门菊花里田中有似明末清初的铁铸大炮一尊,本拟移往警察局内妥善保管,但不料日军久德部队得到消息,派数十人将古炮劫去,眼见日军搬运却不敢加以阻拦,经过汪伪警察厅的交涉,日军只是回复称该炮是"敌产",准备运往上海候

---

① 《抗战时期大觉寺文物损失统计表》,载孟国祥编著:《抗战时期的中国文化教育与博物馆事业损失窥略》,中共党史出版社 2017 年版,第 294 页。

② 《北平故宫博物院,沈兼士主持接收,古物图书等物幸获安全,惟铜铁器及新书籍有损》,《大公报》(重庆)1945 年 10 月 25 日,第 2 版。

船运回日本。① 面对日军如此的回复,伪文物保管委员会事业科科长珑庸竟提议将此炮送给日军作"献铁"之用。② 可见,在沦陷区,伪政权根本无力保护中华文物。抗战期间,全国公私文物古迹遭受的损失难以计数。

二、战后文物损失的申报

抗战胜利后,为查清中国文物损失情况,当时中国负责文物工作的主要机构战区文物保存委员会(以下简称"文保会")和国内各相关部门除派人赴收复区接收文物外,"文保会"也着手开展文物损失登记工作。1945 年 8 月 22 日,在抗战胜利后"文保会"召开的第一次③会议上,该会主席杭立武向与会人员报告了以后工作重点将转向调查战区文物损失及劫夺情形。为使民众知晓并配合文物损失调查工作,该次会议决定在全国报纸登载申报私人文物损失办法。④ 战区文物保存委员会于当年 10 月改组为清理战时文物损失委员会(以下简称"清损会")全力开展文物损失调查登记工作。"清损会"自己拟就新闻稿,送请大公报社、中央社刊载。⑤ 10 月 27 日,《中央日报》(重庆)、《大公报》(重庆)率先刊发"清损会"制定的文物损失登记办法。

> 办法如下:(一)凡公私机关及个人在战事期间遭受文物损失者,均可向重庆国府路中央研究院内该会申请登记。以上所称文物,包括一切具有历史艺术价值之建筑器物、图书、美术品等。(二)凡公私机关及个人申请登记,必须列表详细注明以下各项:甲,申请人姓名(或机关名称)及通讯地点。乙,文物名称及其重要性,损失之时间及地点,

---

① 《汪伪行政院文物保管委员会委员长徐良报告日军掠夺南京古炮情形》,载孟国祥编著:《抗战时期的中国文化教育与博物馆事业损失窥略》,中共党史出版社 2017 年版,第 287 页。

② 《汪伪行政院准予将南京古炮、"飞来剪"等物为"献铁"之用》,载孟国祥编著:《抗战时期的中国文化教育与博物馆事业损失窥略》,中共党史出版社 2017 年版,第 288 页。

③ 如不算成立大会,此为"文保会"第三次会议,前两次在抗战胜利前。

④ 《战区文物保存委员会》,台北"国史馆"藏,典藏号:020 - 050207 - 0050,第 121—123 页。

⑤ 《战区文物保存委员会》,台北"国史馆"藏,典藏号:020 - 050207 - 0050,第 136 页。

损失情形及敌伪负责人姓名,或机关部队名称,该项文物目前下落等。丙,附送文物照片或图样。丁,对于个人申请登记,另须附送当地有关机关或团体之证明书。(三)登记时间于三十四年十二月底截止。(四)该会于审查整理登记表格后除转报内政部抗战损失调查委员会外,并专案呈请政府办理文物追偿事宜。①

此后几天,《益世报》(北京)②、上海的《立报》③、《东南日报》(杭州)④、广州的《中山日报》⑤、《广州日报》⑥、《中央日报》(贵阳)⑦、昆明的《扫荡报》⑧、《中央日报》(永安)⑨、《甘肃民国日报》⑩、《青海民国日报》⑪、《新疆日报》⑫先后转载这一消息。转载此消息的报纸不多,而且无一例外,文物损失的登记地点是在重庆国府路中央研究院内的"清损会"。直至 11 月 15 日上海《民国日报》刊发的消息中,登记地点仍没有变化。这就出现了问题。被日军破坏劫掠的文物主要集中在沦陷区,但是刊登这则消息的报纸本就不多,多数还是国统区的报纸,沦陷区的民众较难看到。况且申报地点远在重庆,沦陷区的民众就算能看到,也很少有人愿意为此赶赴重庆。除了山高路远,再考虑到当时的交通情况,对于收复区民众而言,几成不可能之事。

---

① 《教部清理战时文物损失委会,举办文物损失登记》,《大公报》(重庆)1945 年 10 月 27 日,第 3 版;《文物损失,举办登记》,《中央日报》(重庆)1945 年 10 月 27 日,第 3 版。

② 《战时文物损失,教部举办登记》,《益世报》(北京)1945 年 10 月 28 日,第 1 版。

③ 上海的《立报》虽然也刊登了文物损失登记的消息,但是登记申报的具体办法却没有刊登。参见《教部举办全国战时文物损失登记》,《立报》1945 年 10 月 28 日,第 2 版。

④ 《教部举办全国战时文物损失登记》,《东南日报》1945 年 10 月 28 日,第 3 版。

⑤ 《教育部举办文物损失登记,俾向日方追偿》,《中山日报》1945 年 10 月 28 日,第 2 版。

⑥ 《调查全国文物损失,俾向日方追偿》,《广州日报》1945 年 10 月 28 日,第 1 版。

⑦ 《清理损失文物,筹组赴日调查团,拟举行登记办理追偿事宜》,《中央日报》(贵阳)1945 年 10 月 28 日,第 2 版。

⑧ 《调查文物损失实行登记办法》,《扫荡报》1945 年 10 月 28 日,第 2 版。

⑨ 永安市,今为福建省代管县级市;抗战期间,报社随国民政府迁往重庆;同时在昆明、长沙、贵阳、福建等多地建立分社。参见《教育部将举办文物损失登记,办法拟定,时间限年底止》,《中央日报》(永安)1945 年 10 月 28 日,第 2 版。

⑩ 《文物损失教部举行登记》,《甘肃民国日报》1945 年 10 月 28 日,第 3 版。

⑪ 《全国文物损失登记办法》,《青海民国日报》1945 年 10 月 29 日,第 1 版。

⑫ 《教部清理文物损失委员会派代表赴日调查》,《新疆日报》1945 年 10 月 29 日,第 2 版。

　　"清损会"当时可能也意识到了这一点，但在收复区数量诸多的报纸上刊发文物损失登记公告花费不菲，其自身很难承担。在 1945 年 10 月 24 日"清损会"的第六次会议上，委员张道藩提出请教育部、内政部会函各省市自行登报，登记公私文物损失，并通知当地文化团体。会议通过决议"呈部办理，并由本会在少数重要地点登报公告"①。于是 10 月 26 日"清损会"便致函教育部："本会为调查全国公私文物损失，前经呈准钧部由会登报举办文物损失登记在案，惟因经费迄未经院核拨，迟未进行。兹为节省本会经费并加速进行调查工作"，希望教育部会同内政部会函各省市政府公告登记文物损失办法及通知当地文化团体，并"于三十五年②一月底以前将登记结果送会办理，附呈登记文物损失办法一份"。③ "清损会"呈请教育部及内政部转函的这份登记文物损失办法，和 10 月 27 日在《中央日报》《大公报》等报纸上刊发的文物损失登记办法，只有略微差别，只是将登记地点改成了由各省市自己决定。④ 其后教育部便转令各省市县教育部门举行文物损失登记调查。除登报外，"清损会"曾分函全国各专科以上学校、图书馆及博物馆催请申报文物损失，并请平津、武汉、京沪三区代表就近公告。⑤ 但直到 1945 年 12 月 14 日，"清损会"才收到文物损失登记申请书 21 件。⑥

　　使公众知晓文物损失登记工作固然重要，但还需解决申报地点过于单一的问题，才可能使申报工作具有可操作性。直到当年 12 月中旬，报纸刊发的文物损失登记地点才不止重庆国府路中央研究院内的"清损会"这一处。1945 年 12 月 16 日，重庆市教育局开始在中央公园民众教育馆内设立抗战文物损失登记处，但是登记的截止日期仍是当年 12 月底。⑦ 而收复区

---

　　① 《战区文物保存委员会》，台北"国史馆"藏，典藏号：020 - 050207 - 0050，第 131 页。

　　② 民国三十五年，即 1946 年。

　　③ 《教育部检附清理战时文物损失委员会结束报告致内政部公函》，载中国第二历史档案馆编：《中华民国史档案资料汇编·第五辑·第三编·文化》，凤凰出版社 1999 年版，第 445—446 页。

　　④ 《教育部检附清理战时文物损失委员会结束报告致内政部公函》，载中国第二历史档案馆编：《中华民国史档案资料汇编·第五辑·第三编·文化》，凤凰出版社 1999 年版，第 446 页。

　　⑤ 《战区文物保存委员会》，台北"国史馆"藏，典藏号：020 - 050207 - 0050，第 135 页。

　　⑥ 《战区文物保存委员会》，台北"国史馆"藏，典藏号：020 - 050207 - 0050，第 134 页。

　　⑦ 《战时文物损失，渝市举办登记》，《中央日报》（重庆）1945 年 12 月 20 日，第 3 版。

民众何时不用去重庆登记？目前最早的一条记载出现在 1945 年 12 月 19 日的《华北日报》上。在该报的广告版面上，出现了一则《教育部清理战时文物损失委员会通告》，其内容为："凡华北公私机关及个人在战事期间遭受文物(建筑、古物、图书、艺术品)损失者，均可向本会平津区办事处(北海团城)登记。申请人须列表书名机关或姓名，地址，文物名称，形状，损失时间及地点，敌伪负责人姓名。经本会审查登记后除转报内政部抗战损失调查委员会并呈请政府办理文物追偿事宜。截止期三十五年一月底。"①

相比之前的文物损失登记办法，此则公告简短许多，华北地区的文物登记不再需要去重庆，而且申请登记的条件也放宽许多，未提到需要提供文物照片或图样。对于个人申请登记更关键的一点是，不再需要附送当地有关机关或团体之证明书。以前个人申请需要当地机关团体的证明书，对普通民众来说有较高的难度。虽然相比以前的文物登记容易许多，但普通民众申请难度仍然不小，如仍需提供敌伪负责人姓名等信息。战争慌乱，普通民众又是在敌人的威逼强迫下，很难获得此等信息。同时截止日期展延到 1946 年 1 月底，相对而言，留给申请人的时间充裕了一些。

上海地区的文物损失登记工作开展较晚，上海的两大报《申报》《新闻报》直到 1945 年 12 月 26 日，才登载上海市教育局举办文物损失登记的消息。其内容与 10 月 27 日《中央日报》(重庆)、《大公报》(重庆)刊发的登记办法几乎一样，仍需缴纳文物照片或图样，个人申请登记需要附送当地有关机关或团体之证明书，截止日期也是当年 12 月底，唯一不同点在于可向上海市教育局登记。而且两报刊载此消息时都注明是本市讯，而不是转载。② 应是上海市教育局授权两报社发布此消息。至于为什么后发布的登记办法反相较于 12 月 19 日《华北日报》刊发的通告，手续更加严格，期限也更加紧张，较大可能是传达给上海市教育局的文物损失登记办法，是"清损会"10 月底通过教育部传达，而《华北日报》刊发的通告是由"清损会"平津区办事处直接撰写。"清损会"平津

---

① 《教育部清理战时文物损失委员会通告》，《华北日报》1945 年 12 月 19 日，第 2 版。
② 《市教局举办，文物损失登记》，《申报》1945 年 12 月 26 日，第 4 版；《文物损失登记，于年底截止》，《新闻报》1945 年 12 月 26 日，第 3 版。

区办事处工作人员多由"清损会"直接选派,两者之间可互通信息,部分办事处的代表就是组成"清损会"的委员,参与政策的制定,甚至有"先斩后奏"之权。

此时民众申报文物损失的积极性仍然不高。如广州地区,虽然即将临近官方公布的 1945 年底截止日期,但前往广东省府登记者依旧寥寥无几。① 从收到的申请书也可得到印证,至 1946 年 1 月 2 日,"清损会"总共才收到合格的申请书 62 份。这时已超过原定的截止日期。由于"清损会"接连收到各方来函,陈述收复区交通困难,请求延长登记时间,或保留要求赔偿的权利,1946 年 1 月 2 日在其第八次会议上,会议主席朱家骅报告已决定将全国文物损失申报的截止期限展期至 1946 年 1 月底。② 后又再次将全国申报时间统一展期到 1946 年 3 月底。③ 再之后,各地截止时间不尽相同。

展期只是缓解了登记时间不足的问题,如欲进一步提高民众申报的积极性,则需放宽申报的条件。平津区申报条件相较其他地方更为宽松,展期之后,平津地区文物申报者极为踊跃。登记遭受损失的文物,以古铜、铁炮、书籍、字帖、字画古玩等居多。④ 而广州等地,除登记时间延期、申请地点改为中华北路广东省教育厅统计室外,几无变化。申请者仍需缴纳照片或图样,如属个人还需证明文件。⑤ 之所以出现这种情况,可能和"清损会"粤港区办事处成立较晚有关。

"清损会"直至 1946 年 1 月 2 日才决定粤港区办事处代表人选⑥,而在当地开展工作则更晚,1946 年 2 月下旬粤港区仍在筹划展开工作⑦。与此对应的是,平津区办事处代表人选早已选派,并已于上年 12 月中旬在北京北海团城觅得办公之处正式开展工作。此时广东的文物损失申报工作却只能先委托广东省教育厅代办,这一点与上海地区情况类似。相对于个人申

---

① 《民间损失文物,请速申报政府》,《广州日报》1945 年 12 月 27 日,第 5 版。
② 《战区文物保存委员会》,台北"国史馆"藏,典藏号:020 - 050207 - 0050,第 136 页。
③ 《战区文物保存委员会》,台北"国史馆"藏,典藏号:020 - 050207 - 0050,第 138 页。
④ 《文物损失登记,极为踊跃,以书籍碑铁为多》,《纪事报》1946 年 1 月 20 日,第 4 版。
⑤ 《文物损失登记展期本月底止利便远道申请者》,《中山日报》1946 年 1 月 13 日,第 8 版。
⑥ 《战区文物保存委员会》,台北"国史馆"藏,典藏号:020 - 050207 - 0050,第 137 页。
⑦ 《清理战时文物损失,粤港两区代表派定》,《中山日报》1946 年 2 月 22 日,第 8 版。

报,团体申报文物损失容易一些。故登记展期之后,广东地区渐有团体申报文物损失。1946 年 1 月 11 日,广州中山大学就申报了其抗战期间文物损失。因其石牌校舍在沦陷期间被日本第 23 军安武部队①盘踞,"一切损失异常惨重,兹日本投降,国土重光,日本应须付赔偿文物损失之责",故将"敌伪负责人姓名,填报教育部清理战时文物损失委员会,听候办理"。② 展期之后,仍有不少地区没有放宽申报条件。而且登记敌伪负责人姓名,还是全国所有地区文物申报时的必要条件。

三、战后文物损失的调查

"清损会"一方面开展损失登记工作,另一方面派人走访调查。"清损会"将全国收复区分设五区办事处,聘请代表,就地主持清理工作。京沪区(包括江浙闽赣皖)有代表徐鸿宝,主要负责上海市;副代表余绍宋,主持浙江省文物调查工作;副代表黄曾樾,主持福建省工作。平津区(包括晋鲁冀豫)有代表沈兼士、副代表唐兰、助理代表傅振伦③、助理代表王世襄④。 粤港区(包括两广香港)有代表简又文(驻香港⑤)、罗香林(驻粤)。武汉区(包括两湖)代表是辛树帜。东北区代表是金毓黻。⑥ 每处派代表、副代表、助理代表数人除接受文物损失登记之外,也实地访查,调查自九一八事变以来文物损失及接收敌伪机关文物事宜,以补登记之不足。⑦ 收复区地域宽广,文

---

① 日军直属教育部队,代号为"波"820 部队,队长为陆军大佐安武义幸。
② 《中大文物损失,呈报清理委会》,《广州日报》1946 年 1 月 12 日,第 5 版。
③ 傅振伦后升任副代表。
④ 王世襄后升任副代表。
⑤ 原拟驻香港,后未常驻。
⑥ 这些代表之驻地或者所调查负责的地域,并不是一成不变的。上文资料参见《清理战时文物损失,粤港两区代表派定》,《中山日报》1946 年 2 月 22 日,第 8 版;《战区文物保存委员会》,台北"国史馆"藏,典藏号:020 - 050207 - 0050,第 137—138 页。
⑦ 《教育部检附清理战时文物损失委员会结束报告致内政部公函》,载中国第二历史档案馆编:《中华民国史档案资料汇编·第五辑·第三编·文化》,凤凰出版社 1999 年版,第 451 页;《抗战登记公私文物损失,以备调查后向敌索取赔偿,清理文物损失会公告调查》,《大公报》(天津)1945 年 12 月 12 日,第 3 版。

物繁多,随着调查范围的扩大,文物清理工作日渐繁重,为解决这一问题,有代表身兼数省区工作,如傅振伦原为平津区助理代表,其后升任副代表,山东省文物清理工作由其暂兼,必要时山西省工作也一并负责。其中河南省的情况较为特殊,河南地处中原,文化荟萃,抗战时全省沦陷区域占比又非常大,文物损失严重。"清损会"原已通过决议聘请田培林为副代表,负责河南省调查工作,后考虑到上述情况,决议将河南省从平津区划出,单独成为一区,改聘请郭宝钧(子衡)为代表。① 各省副代表、助理代表一般受该省所在之区统辖。

为方便调查,"清损会"授予各区代表、副代表几项便宜行事之权:(1)派遣调查人员及使用必要的职员,经费由教育部开支;(2)授权各区代表、副代表为政府收购珍贵图籍,经费由教育部开支;(3)由会已公开介绍函及空白证明书等予各区代表、副代表,以便转向地方军政机关接洽。② 各区代表选派好之后,并不是每个区省都马上成立了办事处或分处从事相关工作。各个区省进度不同,导致各地申报调查的截止时间一拖再拖。

"清损会"粤港区办事处是与广东文献馆联合工作,办理调查战时文物损失。1946年6月9日,粤港区办事处分函广东各地文化机构,"不论公私,凡在战时损失之文物,可于本月15日以前向该处申报,以便整理统计,转呈国府追偿。"③这时距上年10月"清损会"第一次登报"告知民众全国文物损失申报业现已开展"过去近8个月,距平津区办事处正式开展工作也已过半年。然而6月15日的截止日期并不是最后的期限,此后又不断推迟。粤港区办事处曾请广东民政厅函令广东全省各县市分别开列文物损失清单,但因交通关系,7月中旬才陆续收到各种调查表。根据行政院教育部的命令,8月前要完成清理文物,向教育部汇报,以便在和平会议提出文物损失切实数量,故粤港区办事处7月又决定"粤港区内战时遭受文物损失者务必自行

---

① 《战区文物保存委员会》,台北"国史馆"藏,典藏号:020 - 050207 - 0050,第 137、141、143 页。
② 《战区文物保存委员会》,台北"国史馆"藏,典藏号:020 - 050207 - 0050,第 138 页。
③ 《公私文物损失可向日本追偿,清委会限十五日前申请》,《广州日报》1946 年 6 月 10 日,第 6 版。

列表于本月内送到文名路广东文献馆"。① 不久,情况再一次证明这只是"清损会"粤港区办事处的一厢情愿。

1946年8月中旬粤港区代表仍与广东文献馆联合工作,8月16日又在报纸上发布公告,将文物损失登记截止日期推迟到当年9月15日。奇怪的是1946年8月16日的报纸上出现了这样一则消息:"最近该委员会决定在粤成立办事处,必要时并在香港设立分处,负责该地区文化损失登记。"②而当年6月10日的报纸却早已出现"清理战时文物损失委员会粤港区办事处现与广东文献馆联合工作办理调查本省战时文物损失"③,清楚显示当年6月10日前粤港区办事处已成立,为何8月16日的消息又说最近决定在粤成立办事处? 唯一比较合理的解释是此前粤港区代表虽有办事处的名义,但其实是借用广东文献馆场地工作,没有自己的单独办公场所,甚至可能从事登记调查的主要人员也是从广东文献馆借用。从1945年底至1946年8月是文物损失登记调查的主要时期,此时的广东文献馆也正紧锣密鼓地筹设中,1946年9月19日才正式成立。④ 广东文献馆本身筹设事务就千头万绪,而粤港区代表还要和广东文献馆联合工作去从事文物调查登记,这势必会影响粤港区的工作进度。此外,这时,香港地区仍没有成立办事分处,文物损失登记由香港大学冯平山图书馆陈君葆代办。⑤

粤港地区如此,其他地区文物损失登记调查工作的进度也不容乐观。像广东这种有名无实的办事处,情况还不算最糟,至1946年5月中旬,安徽、山东、山西三省的办事分处仍没有成立,属于无名无实。⑥ 东北区代表金毓黻则是到1946年6月20日才抵达沈阳着手调查工作。⑦ 甚至国民党统

① 《调查战时文物损失,定本月底结束,遭受损失者可列表具报》,《中山日报》1946年7月18日,第3版。
②⑤ 《调查战时文物损失,粤港将设登记处,公私机关及个人均可申请》,《中山日报》1946年8月16日,第3版。
③ 《公私文物损失可向日本追偿,清委会限十五日前申请》,《广州日报》1946年6月10日,第6版。
④ 《广东文献馆昨日成立,并聘定该馆理事》,《广州日报》1946年9月20日,第5版。
⑥ 《战区文物保存委员会》,台北"国史馆"藏,典藏号:020-050207-0050,第143页。
⑦ 《清理战时文物损失委员会及交涉文物归还》,台北"国史馆"藏,典藏号:020-010119-0031,第37页。

治的核心区域之一，也是较早成立办事处的苏浙两省，文物损失申报登记进度也远慢于预期。1946 年 7 月底浙江省通志馆还在饬令本省各县查报社庙道观等处的抗战文物损失。① 直到当年 9 月下旬，京沪区文物损失调查虽经教育复员辅导委员会登报通告，然各县市"公藏所报尚属寥寥"，不得不由"清损会"京沪区代表办事处接办。9 月 21 日京沪区代表办事处"函县府将治下之图书馆、庙宇及古物保存会、或其他公藏机关私家私藏，在战时之有损失者，按附件所列各项于 9 月 30 日前详细查复，以便登记追偿，事关国家有损失之统计，而失有追偿之希望，事关文化，至希协助，从速查复"。②

9 月底实则早已超过"清损会"自己所定的调查限期。"清损会"曾要求各区各省的调查资料限于 8 月半以前报会。③ 之所以这样要求，是因为其经费预算原本只够维持各区省的办事处到当年的 8 月底。然而到 1946 年 7 月中旬，平津区、京沪、粤港区及浙江省仍有较多的工作没有完成；武汉区及福建省没有任何的损失报告送到"清损会"；东北区金毓黻代表抵达沈阳不久，工作正待开展；河北、河南、安徽各省的调查工作也都是最近筹办。在这种情况下，"清损会"于 1946 年 7 月 18 日决定：平津、京沪、东北三区办事处延长至 11 月底结束；粤港区及浙江省办事处延长至当年 9 月底结束；武汉不再设区，改聘蔡季襄调查湖南省文物损失、徐行可调查湖北省文物损失、均定于 10 月底结束；催促福建省办事处呈报工作，并加聘林石庐为助理代表，该处延长至 10 月底结束；河北、河南、安徽三省的工作均延长至 10 月底结束，并加聘为岳东美为安徽省调查员。④ 但未及 4 个月，1946 年 11 月 4 日"清损会"以"各地调查工作未尽满意，势不能不酌予延长，以期其充实"为由，不得不呈报教育部追加当年预算及明年度新预算，并决定：东北、京沪、平津、湘鄂四区调查工作于 1947 年 2 月底结束，其他各省办事处则统一于

---

① 《浙通志馆详查各县文物损失》，《嘉区民国日报》1946 年 7 月 27 日，第 3 版。
② 《文物损失，从速查报》，《武进新闻》1946 年 9 月 22 日，第 3 版。
③ 《清理战时文物损失委员会及交涉文物归还》，台北"国史馆"藏，典藏号：020 - 010119 - 0031，第 38 页。
④ 《清理战时文物损失委员会及交涉文物归还》，台北"国史馆"藏，典藏号：020 - 010119 - 0031，第 39 页。

当年底结束。同时,为加快湘鄂两省文物损失的调查进度,"清损会"还函请两省教育厅及武汉、岳麓两所大学①协助推进调查工作。②

在"清损会"紧锣密鼓地开展文物损失登记调查工作的时候,其他文物民间组织也积极协助,以期补政府工作之不足。1946 年 3 月 12 日,故都文物研究会在北平中山公园举行成立大会,黄宾虹、齐白石、陈半丁、溥心畲、汪士蔼等百余人与会,并推举宪兵司令部平津区特派员张畏苍为临时主席。故都文物研究会的工作宗旨就是:发扬故都文物,提倡艺术交流,协助文化建设,一面并调查沦陷期间故都文物之损失,提请政府向日索赔。③

根据申报调查,"清损会"分类分省编成《战时文物损失目录》,分为书籍、字画、碑帖、古物、古迹、仪器、标本、地图、艺术品等,各物损失总共为 3 607 074 件又 1 870 箱,古迹 741 处。文物损失本来很难用金钱估价,为方便以后索赔,"清损会"还是延聘文物专家及上海书店、古玩从业者,按照战前价格评定,估计损失总价为 9 885 546 元法币(按 1937 年 7 月前法币币值折算),此估计的总价并未包括"北京人"等少量特殊文物。④"清损会"京沪区办事处历时 9 月,于 1946 年编成《中国甲午以后流入日本之文物目录》,总收录被流落日本的中国文物有 15 245 件,此目录共 1 444 面,引用的日本出版的参考书目达 122 种,并附有历次战事期中日本人在中国的发掘记录,内容较为翔实。⑤

结语

战后中国花费了极大的心血,调查战争给中国带来的文物损失,编成

---

① 原档案指的应是武汉大学和湖南大学。

② 《清理战时文物损失委员会及交涉文物归还》,台北"国史馆"藏,典藏号:020 - 010119 - 0031,第 47 页。

③ 《北平文物研究会举行成立大会》,《民国日报》1946 年 3 月 24 日,第 4 版。

④ 《教育部检附清理战时文物损失委员会结束报告致内政部公函》,载中国第二历史档案馆编:《中华民国史档案资料汇编·第五辑·第三编·文化》,凤凰出版社 1999 年版,第 450—453 页。

⑤ 《中国甲午以后流入日本之文物目录(卷一—卷三)》,中西书局 2012 年版,前言;《教育部检附清理战时文物损失委员会结束报告致内政部公函》,载中国第二历史档案馆编:《中华民国史档案资料汇编·第五辑·第三编·文化》,凤凰出版社 1999 年版,第 450—453 页。

《战时文物损失目录》，但该目录并不能囊括中国抗战时文物的实际损失，因为中国公私收藏家对于申报文物损失并不积极，"清损会"的调查也十分局限。整体而言，其原因是多方面的。从申报来说，有几点制约因素，影响了公众申报文物损失的进度。首先，获知文物申报的机会不多。很多民众根本就不知晓国民政府已开始办理文物损失登记申报工作。为使民众知晓，前往登记，当时发布消息的主要途径是报纸。但当时中国大部分地方是农村，报纸甚少，况且大部分人是文盲，更看不懂报纸。同时，刊发此消息的报纸最初也不多，首日只有《中央日报》（重庆）、《大公报》（重庆）等报，其后虽有其他报纸转载，也多是大后方国统区的报纸，遭受损失更为惨重的收复区民众却较难看到。其次，申报地点过少。早先文物申报地点只有重庆一地，收复区民众几乎不可能前往登记。后来申报地点虽有增加，但依然不多。一些省份，全省居民几乎只能集中到省城教育厅一处申报，路途遥远，极为不便。再次，申报条件较为苛刻。不少地区个人申请需要当地机关团体的证明书，普通民众获得此种证明书并不容易。虽然此后部分地区放开、放宽条件，但提供敌伪负责人姓名等信息，仍是所有地方申报的必要条件之一。兵荒马乱，敌人恃强凌弱，普通民众从何得之此等信息？又次，申报时间较短。最初规定的截止日期为当年的 12 月底，而在报纸上刊发的最早一条消息是 10 月 27 日，至截止日期，仅剩 2 月。"清损会"及各区省办事处后虽将文物损失登记时间多次延长，但处于中国这样地域广阔、消息闭塞、交通不便环境里的民众，很难在几个月就完成全国文物登记。因此不少民众未及时获知文物损失申报展期的消息。1945 年 12 月 31 号出版的福建《教育与文化》虽然也刊登了教育部举办文物损失登记的消息，但是截止日期仍然是当年 12 月底，申报地点在重庆府路中央研究院内的"清损会"。① 不知本有意申报损失的福建读者，在第二年看到这则去年 12 月底截止的消息，该作何行动？

　　申报如此，文物损失的走访调查面临的问题也不少。"清损会"初时将

---

① 《教育部举办文物损失登记》，《教育与文化》1945 年 12 月 31 日，创刊号封面第 3 页。

全国文物清理划为五区，在部分重要的省市成立办事处，派驻代表、副代表、助理代表负责调查文物损失。抗战波及地域极广，文物损失情况十分严重与复杂。但"清损会"在全国设立的办事处屈指可数，派出的代表、副代表、助理代表总数仅数十人。很多省份，一省的调查工作，"清损会"仅派赴一人负责，甚至有代表一人肩负数省的文物调查工作。这对于个人而言，寻访调查每一处文物损失几乎是不可能完成的任务。而且他们开展工作还时刻面临经费的制约，正是预算不足造成"清损会"的编制规模过小。最初的预算也只能维持各地办事处工作到 1946 年 8 月底。后来因为任务实在过多，"清损会"申请追加预算，增加预拨款，但也只多延长了几个月的时间而已。不少地区的文物调查工作，从开展到结束不及一年，时间难免仓促。再考虑到"清损会"负责文物调查的人员规模，要完成全国如此繁多的文物损失调查，实属不易。

书 评 与 综 述

视野之外的抗日战争研究：评马军等著《海外与港台地区中国抗战史研究理论前沿》[①]

石头君

（上海社会科学院历史研究所）

抗日战争作为中国近现代史上的重要事件，同样也是东亚地区乃至世界范围内的重大事件，既是近代中日之间问题的总爆发，更是第二次世界大战的重要组成部分。如何以全球史视野看待这场战争已经成为学界需要解决的重要问题。进入 21 世纪之后，中国抗战史研究领域的海内外学者交流互动日益频繁，开拓了国内学界相关研究的视野与理路。然而目前对海外中国抗战史的学术史梳理较为缺乏，正如《抗日战争研究》主编高士华所言："摆脱这种局面，既需要政策性引导，也需要学术共同体内部进行充分的学术史整理、讨论，只有这样，才能在总结过去的基础上，创新发展。"[②]为了应对此种局面，马军团队策划撰写了该书，强调"中国的抗战史研究既要坚持民族史观，又要具有世界历史的视野"[③]，旨在为国内学界提供研究参照。

该书重点关注时段为 2000 年至 2015 年，共由三部分组成，分别为"海外与港台地区中国抗战史研究新趋势""海外与港台地区中国抗战史名著评

---

① 马军等著：《海外与港台地区中国抗战史研究理论前沿》，上海社会科学院出版社 2020 年版。

② 高士华：《加强抗日战争研究的学术史梳理》，《抗日战争研究》2019 年第 1 期。

③ 马军等著：《海外与港台地区中国抗战史研究理论前沿》，上海社会科学院出版社 2020 年版，后记。

介"及"中国抗战史研究文献目录简编"。从体例上看,该书包括研究综述、书评及书目三种体裁,尤以第一部分价值最大,内容颇为详尽,其中涉及者恰是大陆学界未曾关注或关注不够的。第二部分短小精悍,共收录文章20篇,介绍书籍22本,其中大多尚未有人作过细致评介。第三部分主要包括"21世纪以来中国大陆学界译介海外中国抗战史论著目录""21世纪以来日本学界关于中国抗战史著作目录"两篇,涉及中日文书目,可作为相关研究者的良好工具。总体而言,该书体例新颖,详略得当,体现了编纂团队的学术能力与治学态度。

一、该书特点

该书内容丰富,关注了海外与港台地区中国抗战史研究的基本面相,视野聚焦于北美、英国、法国、俄国、德国、日本、中国台湾和中国香港八个国家及地区。在第一部分中,八位学者的关注点各有特色,如赵婧在对英国学界进行介绍时,特别注意到学术会议论文集的价值,用较大篇幅介绍了诸如《为中国而战:抗日战争军事史论文集》等相关论著[1],既很好地阐述了英国学界的研究特点,又不显冗杂。徐翀则特别关注了德国学界的"全球史"与"公共史学"转向[2],展现了很强的学术敏感度。田中仁将日本学界相关研究分为国际共同研究、团体共同研究与自主研究三类[3],从不同层次展现其研究概况;李培德对香港的生活史、记忆史,甚至图画背后的历史进行解读,并且关注了具有"公共史学"性质的非研究性抗战著作,视野独特[4]。第二部分也体现出这样的特点,关注视野既包括传统的军事史、外交史、经济史等领域,也包括日常统治史、社会史、女性史、新闻史等方向,这种多元的研究视野为学界了解海外不同学术旨趣提供了一个窗口。

---

① 可参见赵婧:《第二章　英国学界中国抗战史研究新趋势》。
② 可参见徐翀:《第五章　德国学界中国抗战史研究新趋势》。
③ 可参见[日]田中仁:《第六章　日本学界中国抗战史研究新趋势》,邹灿译。
④ 可参见李培德:《第八章　中国香港地区学界中国抗战史研究新趋势》。

从作者群体来看，既有活跃于国内抗战史学界的中青年学者，也有来自海外的学人，大多具有开阔的视野与良好的外语能力。以第一部分为例，由于其所进行的学术史回顾主要针对欧美及东亚地区，对作者的学术及语言背景有较高要求。其中对于俄罗斯、日本、中国香港地区的相关梳理主要由当地学者承担，亚历山大·罗曼诺夫（A. Lomanov）系俄罗斯科学院普里马科夫世界经济和国际关系研究所副所长，田中仁为日本大阪大学法学研究科教授，李培德为香港大学现代语言与文化学院名誉教授。此外，其他撰稿者对其所进行学术史回顾的地区也都较为熟悉。负责北美部分的刘喆系华东师范大学与法国里昂高等师范学校东亚学院联合培养的博士，负责英国部分的赵婧曾在香港中文大学历史系访学，负责法国部分的蒋杰曾师从法国著名上海史研究学者安克强，负责德国部分的徐翀为法国巴黎政治学院历史研究中心联席研究员、副教授，负责中国台湾部分的叶铭近年来活跃于抗战史研究领域并在《抗日战争研究》期刊上发表论文多篇。①

总体而言，该书虽属上海社会科学院哲学社会科学创新工程国际理论前沿丛书，但其作者群体并不限于历史研究所及国内学术界同人，而是将视野放到更加宽广的学术脉络之中，充分吸收有良好学术及语言背景的海内外学者共同参与，这样的作者群体有助于准确把握学术动态，而这正是该书最大的价值所在。

二、不足与期待

尽管该书优点颇多，但仍有一些不足之处值得加以讨论。刘喆对北美学界的研究即存在一些问题，如其文章第一部分的研究概况中将"外交人物

① 文章包括：《军令部与战时参谋人事》，《抗日战争研究》2015年第4期；《抗战时期国民党军参谋教育体系初探》，《抗日战争研究》2016年第2期；《抗战时期军令部作战指导业务初探》，《抗日战争研究》2017年第2期；《评苏圣雄〈战争中的军事委员会——蒋中正的参谋组织与中日徐州会战〉》，《抗日战争研究》2018年第1期；《武装的傀儡：汪伪政权警卫部队之管窥》，《抗日战争研究》2018年第2期；《简析抗战时期中央军委参谋部门的军事职能与作用》，《抗日战争研究》2020年第3期。

与外交活动研究"单独列为一节,但纵观全文而言,该节文字偏少,且只提及了对于宋子文的研究,既无法全面代表学界研究概况①,又使文章整体结构呈现不匀称的样态。此外,文章关注到了战争污点研究,以较大篇幅叙述了关于南京大屠杀的研究情况,也涉及细菌战,但对重要问题仍缺少关注,如对于日军战俘营的研究也是其研究的一大热点,不应当置之不理。②

亚历山大·罗曼诺夫对于俄罗斯学界的梳理带有很强的现实关怀,大多将俄罗斯作为叙述的第一视角,而将中国放在多方博弈的配角加以考虑,这体现了俄罗斯学界对于"二战"期间中国地位的真实判断,但其所涉及俄罗斯相关研究著作较少,令学界只可窥其一斑,而无法得见全貌。李培德撰写的香港部分在资料搜集上有很大缺憾,该文重点关注于抗日战争时期的中国香港地区,而非香港地区的抗战,其所搜集的资料主要为公开出版的图书,而未曾关注到《二十一世纪》等学术期刊及高校学位论文③,且其所提及论著的学术性仍有待考察。

该书收稿时间截止于 2016 年底,其所收罗的成果也主要限于 2000—2015 年这 15 年中的重要著作,由于审核期过长,该书到 2020 年方才面世,实属遗憾。须知学术史的回顾既有其经典性,同时又具有时限性,对于当前史学界日新月异的研究情况而言,此书的出版无疑更勾起了学界对最新学术研究成果的关注,学术史梳理仍需加以重视。

对于学术史的回顾能力是每一位历史研究者的基本素养,也是学术研究得以深入推进的基础。目前的学术研究早已不再局限于某一个特定时段或特定地区,而呈现出全球史的面貌,因此对于海外及港台地区学界学术概

---

① 此处还应当包括关于宋美龄、胡适、史迪威、赫尔利等人的研究状况。例如,涉及宋美龄的研究即有:Fraser J. Harbutt, "The Cairo Conference of 1943:Roosevelt, Churchill, Chiang Kai-shek and Madame Chiang", *The American Historical Review*, Oxford, Vol. 117, Iss. 3, 2012。

② 相关研究如 Mark Wilkinson, "Captives of Empire:The Japanese Internment of Allied Civilians in China, 1941-1945", *The Journal of Military History*, Lexington, Vol. 72, Iss. 4, 2008。

③ 相关研究如李里峰:《中共组织纪律在山东抗日根据地的实施》,《二十一世纪》2003 年 12 月号,总第 80 期;章慕荣:《抗日战争时期国民政府陆军武器装备建设之考察》,《二十一世纪》2005 年 8 月号,总第 90 期;严海建:《西方学界对抗日战争史的反思与重述——方德万:〈中国的民族主义和战争(1925—1945)〉》,《二十一世纪》2011 年 12 月号,总第 128 期。

况加以了解实属必要。在相当长一段时期内，学界对于域外学术研究状况颇为重视，如《近代史研究》杂志曾于 1999—2009 年间的每年最后两期对中国大陆、中国港台地区、日本及西文出版品中的近现代部分进行简单的编目，惠及学界颇多。但遗憾的是，自 2010 年开始这一工作突然停止，研究者不得不花费更多时间对资料进行爬梳整理。

针对目前抗战史学界学术史回顾不足的现状，该书的出版无疑是一种有益的尝试。但需要注意的是，海外学术史的搜集与整理绝不应该是一个人或一个小团体的事情，而应该是整个学术界群策群力的事业，只有及时有效地沟通，才能真正拉近国内外的学术距离，突破狭隘的视野。笔者希望该书的出版能够引起学术机构的警醒与反思，也期待着学术史回顾能够遵循学术本身的内在逻辑，呈现出百花齐放的新局面。

突破封锁：1942—1944 年中共武装对日伪"清乡"封锁线的破坏行动

徐 嵩

（上海社会科学院历史研究所）

为彻底消灭沦陷区敌后抗日武装力量，巩固汪伪傀儡政权统治，实现"确立治安，改善经济生活"的目标，从 1941 年 7 月 1 日开始，日伪集结 1.6 万余兵力，在吴县、太仓、常熟、昆山四县合计 6215 平方公里的范围内开展苏南地区第一期"军事清乡"行动。[①] 在这一地区活动的新四军第 6 师第 18 旅主力和地方武装仅有四千余人，且装备训练水平远逊于日伪军，只得避其锋芒，于当年底和第 6 师其他部队一同陆续北渡长江，撤往江都、高邮、宝应地区，仅有少数干部率领小股游击武装在原地坚持斗争。[②] 新四军领导人在致中共中央军委

---

① 日军参战部队为 6 个步兵大队合计 3 000 余人；汪伪参战部队为隶属于伪"和平建国军"第一方面军第 2、3、5、6 师，独立第 3、9 团，暂编第 10、13 师等 13 个单位的 10 900 余名陆军，还有 2 694 名警察和税警，合计超过 13 594 人；与之对应的新四军和国民党"忠义救国军"兵力约一万余人，其中中共系统的新四军第 6 师第 18 旅主力和地方武装仅有四千余人。参见小口五郎「国民政府の清鄉工作」，東亜研究会編『東亜研究講座』第 103 輯，1942 年 2 月，35—37 頁；《清乡委员会工作报告节录》，载中央档案馆、中国第二历史档案馆、吉林省社会科学院合编：《日本帝国主义侵华档案资料选编·日汪的清乡》，中华书局 1995 年版，第 345 页；江渭清：《新四军第六师的战斗历程和苏南抗日根据地的建设》，载《中国抗日战争军事史料丛书》编审委员会：《中国抗日战争军事史料丛书·新四军·回忆史料（5）》，解放军出版社 2015 年版，第 111 页。

② 《第六师一九四一年军事工作总结》（1942 年 1 月 10 日），载中国人民解放军历史资料丛书编审委员会：《中国人民解放军历史资料丛书·新四军文献（2）》，解放军出版社 1994 年版，第 776 页。新四军和"忠义救国军"在本次"清乡"行动中损失惨重，据日军统计，截至 1941 年 8 月底，日伪"清乡"战果为毙伤俘抗日武装人员 3 596 人，缴获 46 挺轻机枪、545 支步枪、77 支手枪、580 枚手榴弹以及若干无线电器材和炸药。参见小口五郎「国民政府の清郷工作」，東亜研究会編『東亜研究講座』第 103 輯、1942 年 2 月、39 頁。而根据"登集团"（日本华中派遣军第 13 军）"清乡"工作司（转下页）

的电文中承认："我在该处斗争全部失败，部队已损失三分之二，尚有一部正在突围。"①汪伪政权则对这次"清乡"运动取得的成果感到欢欣鼓舞，认为这不仅有助于增强自身政权的合法性，而且为争取日军履约按期从中国撤军，使汪伪政权最终摆脱日本控制奠定了基础。②为此，汪精卫于 1941 年 9 月初亲自前往已顺利完成第一期"清乡"工作的苏州、常熟地区视察，在"清乡"委员会驻苏办事处、常熟县城内的桑树园广场等地对"清乡"工作人员和群众发表演讲，称赞"清乡"运动的深远意义，并亲临此前作为新四军核心根据地的常熟县支塘镇，接见了七名"自新"人员。③此时的汪精卫对"清乡"运动的前景满怀希望。④

（接上页）令部的统计，参加"清乡"工作的"登集团"所属部队在 1941 年 8 月 1 日至 31 日期间共毙伤俘抗日武装人员 2 317 人，缴获 5 门野炮、6 挺轻机枪、7 支自动步枪、293 支步枪、55 支手枪、258 枚手榴弹以及其他一批军用物资。参见登集团清乡工作司令所『清郷工作各種統計並に参考資料の件』，昭和 16 年 9 月 17 日、防衛省防衛研究所藏、段番：陸軍省-陸支密大日記-S16-118-141，日本国立公文书馆亚洲历史资料中心（JACAR）电子版，https://www.jacar.go.jp/index.html，查询编码：C04123417000。1941 年 11 月 28 日，新四军第 6 师第 16 旅旅部直属队和辖属第 47、48 两团各一部在溧阳西北的塘马遭遇日伪军突袭，旅长罗忠毅、政委廖海涛牺牲，部队伤亡 300 余人；而原先拥有第 16、18 两旅兵力的新四军第 6 师在渡江北撤至江、高、宝地区后，经过一个多月的修整补充，在 1941 年 12 月份点验人员上报中共中央军委时，全师仅剩 5 638 人。参见《新四军关于第十六旅遭日军袭击损失情况致滕代远、左权电》(1941 年 12 月 5 日)，载中国人民解放军历史资料丛书编审委员会：《中国人民解放军历史资料丛书·新四军文献(2)》，第 772 页；《陈毅、刘少奇、赖传珠关于新四军一九四一年十二月份人员武器弹药统计致毛泽东等电》，载中国人民解放军历史资料丛书编审委员会：《中国人民解放军历史资料丛书·新四军文献(2)》，第 940 页。

① 《陈毅、刘少奇、赖传珠关于日伪军对第六师防区"清乡"情况致中共中央军委电》(1941 年 8 月 16 日)，载中国人民解放军历史资料丛书编审委员会：《中国人民解放军历史资料丛书·新四军文献(2)》，解放军出版社 1994 年版，第 701 页。

② 根据高宗武、陶希圣 1940 年 1 月逃往香港后披露的日汪双方在 1939 年 12 月 30 日签署于上海的《日支新关系调整要纲》内容：在日支"满"三"国"协同防共的基础上，日军除因防共需要屯驻华北及"满洲"要地的部队，将视实际形势迅速撤退，但现驻华北及长江下游地区的日军将驻守至"治安确立"时为止。参见《日支新关系调整要领》(附件二)，载郭民编纂：《汪日秘密协定》，香港申萱出版社 1940 年版，第 171 页。而 1940 年 11 月 30 日日汪双方在南京签署的《关于日本国、中华民国间的基本关系条约》之附属议定书第三条规定：日军除因本条约和两国间现行协定而驻屯者外，在两国间恢复全面和平后即开始撤军，"治安确立"后应在两年内撤退完毕。参见［日］堀场一雄：《日本对华战争指导史》，王培岚等译，世界知识出版社 2017 年版，第 330 页。

③ 三好章「汪兆銘の清郷視察——一九四一年九月（特集 帝国の周辺—対日協力政権・植民地・同盟国)」，愛知大学現代中国学会主編『中国 21』Vol. 31、2009 年 5 月、231—254 頁。

④ 在第一期"清乡"运动结束后，吴县、太仓、常熟、昆山四县有 13.3 万余人归乡居住，汪伪政权认为这是"清乡"区域治安恢复、生活安定的最大确证。参见三好章「汪兆銘の清郷視察——一九四一年九月（特集 帝国の周辺—対日協力政権・植民地・同盟国)」，愛知大学現代中国学会主編『中国 21』Vol. 31、2009 年 5 月、243 頁；小口五郎「国民政府の清郷工作」，東亜研究会編『東亜研究講座』第 103 輯、1942 年 2 月、49 頁。

日伪军在通过"军事清乡"行动将抗日武装人员驱逐出"清乡"区域后，便着手在"清乡"区域沿线围绕主要的市镇、交通线与河流、桥梁，利用强制征发的人工和材料构筑以竹篱笆为主要组成部分的封锁线。[①] 这种竹篱笆通常的样式为：将长度为六尺以上的整根厘竹、毛竹竹材破成竹片、竹条后交叉编结，不准直编，网眼要密得钻不过一只鸡。编制好的竹篱笆用铁丝、铅丝捆扎，分段固定在一根根木桩上；也有直接用铁钉钉在木桩上的。木桩的末端削尖打入地面，间隔为 2—3 米。篱笆的下端埋入地面约 1 米深，暴露在地表的篱笆的高度要求不得低于一人一手，以人员无法徒手攀越为标准。如果封锁线构筑在平地上，那么篱笆的两侧要预先开挖好壕沟，挖壕所得的土方在两道壕沟中间堆砌成一道数尺高的土岗，篱笆就树立在土岗上，两侧的封锁沟内会注水形成水障。如果篱笆沿河岸一侧筑起，则无须挖壕。竹篱笆两侧 10—20 米的树林，以及玉米、高粱等高秆作物会被全部砍光，形成一目了然的开阔地。[②] 日伪在竹篱笆沿线每隔 3—5 华里就建有碉堡，作为监视据点，据点之间的间距标准是可用机枪火力交叉支援，白天岗哨可以相望，晚上枪声可以相闻。[③] 在公路、运河等交通线的交会处，或者村庄通往

---

① 日伪在"清乡"开始前就计划使用大毛竹构筑的"竹城""竹墙"实施封锁，就连设置在交通要道的检问所都打算使用定时开启的"竹门"。参见金湛卢：《汪伪政权在浙省主办的"清乡"》，载中国人民政治协商会议浙江省委员会文史资料研究委员会编：《浙江文史资料选辑·第 5 辑》，浙江人民出版社 1963 年版，第 144 页。日军也曾考虑利用河汊等天然地形实施封锁，综合考虑后还是认为以竹篱构筑封锁线更加完善。参见《江苏省封锁管理处第一次封锁会议记录》(1942 年 2 月 12 日)，载中央档案馆、中国第二历史档案馆、吉林省社会科学院合编：《日本帝国主义侵华档案资料选编·日汪的清乡》，中华书局 1995 年版，第 481 页。

② 《海宁县境内日军构筑的一道封锁线》(1942 年)，载中央档案馆、中国第二历史档案馆、吉林省社会科学院合编：《日本帝国主义侵华档案资料选编·日汪的清乡》，中华书局 1995 年版，第 954 页；《日伪在海宁"清乡"之罪行》(1942 年)，载中央档案馆、中国第二历史档案馆、吉林省社会科学院合编：《日本帝国主义侵华档案资料选编·日汪的清乡》，第 974 页；陈丕显：《苏中解放区十年》，上海人民出版社 1988 年版，第 178 页；王直：《弯弓射日》，解放军出版社 1985 年版，第 168 页。由于日伪在苏常太地区进行的第一期"清乡"运动取得"成功"，以后实施的各期"清乡"活动均以此为模板，竹篱笆封锁线的构筑方式也大体与之相同，故而本段运用日伪在第一期"清乡"完成后实施的几次"清乡"运动的相关史料，来描述苏常太地区第一次"清乡"运动中的竹篱笆封锁线构筑样式。

③ 汪大铭：《汪大铭日记(1939—1945)》，中共镇江市委党史资料征集研究委员会、中共句容县委党史资料征集研究委员会 1987 年编印，第 233 页；中共茅山地委：《五个月来茅山反清乡斗争总结报告》(1943 年 12 月)，载中共江苏省委党史工作委员会、江苏省档案馆编：《苏南抗日根据地》，中共党史资料出版社 1987 年版，第 297 页。

集镇的必经之路上，竹篱笆会留有缺口。在缺口处日伪设立所谓"检问所"（检查站），由伪军负责驻守，配备受过"封锁人员训练班"专业训练的检问员，并驻有日本宪兵负责监督。对所有通过的人员物资，核实身份证和相关搬运证书，严加盘查。① 在苏常太地区第一期"清乡"运动中，日伪动用 200 多万根竹竿构筑了长达 200 余公里的封锁线，沿线设立了 14 个大检问所、40 多个小检问所，有效地控制了"清乡"区域内外的人员物资往来，成功地阻止了抗日武装再度回流。②

因为在苏常太地区第一期"清乡"运动中取得了成功，日伪在 1942 年 8 月于上海近郊地区，1943 年 4 月在镇江、苏北地区开展的"清乡"运动均打算如法炮制。然而中共总结了前一阶段反"清乡"作战失败的经验教训，调整了战略战术，实现了党政军一元化领导下的主力地方化分散游击，派出基层领导干部率领着一支支连排规模、军政合一的武装工作队穿越封锁线，活跃在日伪"清乡"区域③，通过开展一系列似乎无休止的小规模战斗——伏击与反伏击、袭扰与反袭扰、锄奸与保卫等，逐渐扭转了双方的实力对比，最终决定了战争胜负。同时"清乡"区域内的中共武装充分利用自身成功军事行

---

① 《第十三军地区的清乡》，载日本防卫厅防卫研究所战史室：《中国事变陆军作战史》第三卷第二分册，田琪之、齐福霖译，宋绍柏校，中华书局 1979 年版，第 167 页；沈秋农：《论抗战时期苏常太地区的"清乡"与反"清乡"斗争》，《民国档案》1995 年第 1 期；《〈光明报〉报道日伪在江南"清乡"未达到预期目的》(1941 年 9 月 22、23 日)，载中央档案馆、中国第二历史档案馆、吉林省社会科学院合编：《日本帝国主义侵华档案资料选编·日汪的清乡》，中华书局 1995 年版，第 330 页；杨迪：《苏南反清乡斗争》(1942 年 6 月 25 日)，载中央档案馆、中国第二历史档案馆、吉林省社会科学院合编：《日本帝国主义侵华档案资料选编·日汪的清乡》，第 355 页；江渭清：《新四军第六师的战斗历程和苏南抗日根据地的建设》，载《中国抗日战争军事史料丛书》编审委员会：《中国抗日战争军事史料丛书·新四军·回忆史料(5)》，解放军出版社 2015 年版，第 115 页；王直：《弯弓射日》，解放军出版社 1985 年版，第 168 页。

② 小口五郎「国民政府の清郷工作」、東亜研究会編『東亜研究講座』第 103 輯、1942 年 2 月、36 頁。

③ 宍戸寬「精兵簡政と整風」、中国研究所主編『中国研究月報』(通号 437)、1984 年 7 月、11—13、17—19 頁；曾凡云、王骅书：《新四军在江苏抗日根据地的反"清乡"斗争政策述论》，《盐城工学院学报(社会科学版)》第 29 卷第 2 期，2016 年 6 月，第 6 页。在 1943 年 2 月底，镇江茅山地区反"清乡"斗争初期，身为中共茅山地委副书记的汪大铭和新四军第 6 师第 16 旅第 47 团副政委王直一起率领第 3 连在丹阳、茅东、金坛三县坚持作战，汪当时兼任茅山保安司令部政委。参见汪大铭：《汪大铭日记(1939—1945)》，中共镇江市委党史资料征集研究委员会、中共句容县委党史资料征集研究委员会 1987 年编印，第 201 页。

动产生的威慑力,开展群众动员和统一战线工作,在汪伪基层政权工作人员中发展"两面派",成功争取到了大多数区以下基层政权的实际控制权,使日伪之前煞费苦心取得的"清乡"成果沦为空壳。以往海内外学界对于日伪"清乡"运动的研究虽已取得了丰硕的成果,然而关于这一时期日伪和中共武装围绕着竹篱笆封锁线展开的拉锯战方面,尚有拓展空间。① 本文在前人研究成果的基础上,综合运用苏南反"清乡"斗争史料、地方党史资料,以及中共组织领导反"清乡"斗争的基层领导干部日记和回忆录,揭示当年中共武装在"清乡"区域动员群众突破封锁的具体面相,并深入探讨中共在与日伪争夺基层政权控制权的斗争中最终获胜的原因。

---

① 中国大陆学界对于"清乡"运动的研究包括:从总体上对"清乡"政策的出笼和具体实施过程等方面进行较全面的论述,如余子道:《日伪在沦陷区的"清乡"活动》,《近代史研究》1982 年第 2 期,第 109 页;杨元华:《试析日伪对华中的"清乡"活动》,《上海师范大学学报》1997 年第 3 期,第 104 页;胡德坤:《中国敌后战场的抗战与日本"治安战"的失败》,《抗日战争研究》2010 年第 3 期,第 117 页,等等。从区域史角度对某一地区的"清乡"运动进行研究,如沈秋农:《论抗战时期苏常太地区的"清乡"与反"清乡"斗争》,《民国档案》1995 年第 1 期,第 100 页;张玥:《抗战时期南通地区日汪"清乡"运动研究》,硕士学位论文,苏州科技大学,2019 年;郑建锋:《试论抗战时期日伪在浙江的"清乡"运动》,《台州学院学报》第 40 卷第 1 期,2018 年 2 月,第 45 页,等等。对"清乡"运动的某一环节,例如"清乡"领导机构"清乡委员会"及其实际负责人李士群,伪军、保甲制度和良民证等"清乡"工具,被视为"精神清乡核心"的"新国民运动"等进行研究,如曾凡云、王祖奇:《论日本对"清乡"活动的决策与主导》,《安徽史学》2016 年第 6 期,第 85 页;冯明铭:《"清乡委员会":汪伪政权结构之"异化"》,《日本侵华南京大屠杀研究》2020 年第 2 期,第 86 页;王建国:《"清乡运动"与李士群之死》,《安徽史学》2006 年第 6 期,第 55 页;郭珙:《汪伪政府"清乡"运动中的宣传动员》,"战争动员与抗日战争"学术研讨会论文,西安,2019 年 6 月;张英娇:《汪伪政权沦陷区"新国民运动"述论》,硕士学位论文,南京师范大学,2009 年,等等。日本学界的相关研究成果有土屋光芳『「汪兆銘政権」論:比較コラボレーションによる考察』,人間の科学新社、2011 年、163—213 頁;「汪精衛政権の対日合作と他の合作政権との比較考察」,明治大学政治経済研究所主編『政經論叢』73(5—6)、2005年 3 月、51—91 頁;援用政治学手法来解释汪精卫的政治思想及政治行为,立论观点颇有新意。此外还有堀井弘一郎「日中戦争期、汪精衛国民党の成立と展開(特集 帝国の周辺—对日协力政権・植民地・同盟国)」,愛知大学現代中国学会主編『中国 21』31、2009 年 5 月、191—216 頁;『汪精衛政権下の民衆動員工作—「新国民運動」の展開』,中国研究所主編『中国研究月報』62(5)、2008 年 5月;柴田哲雄『協力・抵抗・沈黙—汪政権南京国民政府のイデオロギーに対する比較史的アプローチ』,成文堂、2009 年、13—63 頁;均就汪伪开展"新国民运动"的实际功效提出了具有开创性的见解。欧美及中国台湾学界对"清乡"运动的研究成果十分有限,仅有[加]大卫・P. 巴雷特:《汪精卫政府在意识形态方面的三大支柱:清乡运动、新国民运动和大东亚战争》,孙颖译,载蒋永敬主编:《近百年中日关系论文集》,第 379—391 页;王正华:《关山万里情——家书中的战时生活(1937—1945)》,台北《"国史馆"学术集刊》第 17 期,2008 年 9 月,第 85 页;朱德兰:《日汪合作与广东省政府关系——一个侧面的考察》,台北《人文及社会科学集刊》第 12 卷第 4 期,2000 年 12 月,第 631 页,等等。

一、封锁线上的角逐——中共武装针对竹篱笆开展的破坏活动

日伪"清乡"虽然打着"三分军事，七分政治"的旗号，但其一切活动都是以军事力量为后盾的；除以日军为主力开展的"军事清乡"行动外，建立伪化政权、编查保甲等政治图谋和绑架勒索、摊捐收税等经济掠夺，也都是在武装掩护下进行的。[1] 因此，对日伪下乡军警和特工人员开展武装斗争就成为反"清乡"斗争的重点。而作为日伪"清乡"封锁政策的核心，动辄蜿蜒数百里的竹篱笆从动工之日起，便成为中共武装的目标，根据当时当地的实际情况，中共武装发动群众，对竹篱笆封锁线展开了一系列破坏行动。

在日伪实施"清乡"计划前，中共组织动员"清乡"区域内群众自行平毁竹园、埋藏竹材，对于不愿自行捣毁竹园者辅之以强迫手段，从而让日伪无法就地征集竹材，只能从外部调运，增大修筑竹篱笆的成本。例如，在苏南茅山抗日根据地，中共党政干部先采用行政手段通知、劝告群众砍掉自家竹园，把砍伐的竹材沉入水塘或者采用其他方法暗藏起来，使前来"清乡"的日伪军不能就地取材修筑竹篱笆。[2] 种种措施使得日伪在茅山本地无法征集到足够竹材，还得回到南京、镇江等地进行补充，到 1943 年 8 月 15 日才开始修筑竹篱笆，"清乡"工作进度由此落后于计划。[3]

---

[1]　钟民：《钟民同志在纪念苏中四分区反"清乡"斗争胜利四十周年大会上的讲话》，载中共南通市党史资料征集小组办公室编：《苏中四分区反"清乡"斗争胜利四十周年纪念册》，内部发行，1984 年，第 43 页。

[2]　江渭清：《新四军第六师的战斗历程和苏南抗日根据地的建设》，载《中国抗日战争军事史料丛书》编审委员会：《中国抗日战争军事史料丛书·新四军·回忆史料（5）》，解放军出版社 2015 年版，第 115 页；镇江市史志办公室编著：《中国共产党镇江史·第一卷·1919—1949》，国家行政学院出版社 2006 年版，第 271 页；中共茅山地委：《五个月来茅山反清乡斗争总结报告》（1943 年 12 月），载中共江苏省委党史工作委员会、江苏省档案馆编：《苏南抗日根据地》，中共党史资料出版社 1987 年版，第 296 页。

[3]　葛德茂：《新四军在苏南浙西的抗日斗争》，《浙江师范学院学报（社会科学版）》1984 年第 3 期，第 53—62、33 页；中共茅山地委：《五个月来茅山反清乡斗争总结报告》（1943 年 12 月），载中共江苏省委党史工作委员会、江苏省档案馆编：《苏南抗日根据地》，中共党史资料出版社 1987 年版，第 296 页。

在竹篱笆封锁线的施工过程中,中共积极采用"麻雀战"手段,派遣武工队和民兵袭击工地,阻挠施工。[①] 例如,在苏南茅山根据地的直溪桥,1943年3月16日爆发了一场典型的以日伪竹材砍伐队为袭击目标的麻雀战:当天早晨7点多,驻扎在直溪桥的日军20余人、伪军30余人带领200余名强征来的民夫到建昌圩砍竹子。中共区大队武装10余名队员对这支队伍进行袭扰,分成三个组,利用河道水网和竹林树丛等地形地物掩护,从不同方向隐蔽接近负责监视民工劳作的日伪军。先由一组开枪射击,待日伪军集结队伍向开枪方向搜索时,另一组人员又从其背后开火,日军指挥官惊疑不定之时,第三组人员从树丛里现身向他的队伍开枪。当日伪军集中追击一路时,中共武装人员分散摆脱,并引爆了埋藏在桥头的集束手榴弹,已经转向远处监视日伪军行动的其他两组人员也赶来,从不同的方向向日伪军开火。在双方持续交火中,民工纷纷跑散,还冲散了日伪军的队伍,使他们无力抵抗,只能逃回直溪桥据点,中共区大队武装则一直追击到离据点只有4里路的地方。[②] 当时这样类型的麻雀战在呈"梅花桩"形状分布的日伪"清乡"据点间四处打响,使其一时不辨东西南北。[③]

除却袭扰日伪军下乡砍伐竹材的队伍,活跃在"清乡"区域的中共便衣短枪队等武装人员还对日伪从外地调运来的竹材堆放地展开破击,力求毁灭其封锁器材:在苏南茅山地区的陵塘,日伪辛苦集聚的2 000多担竹子遭到中共游击队袭击,一个晚上即被烧光。[④] 在苏中第四分区,原本日伪计划于1943年3月1日开始"清乡",为先发制人,新四军第3旅及苏中第四分区主力趁伪军调防之机进抵长江边,掩护群众烧毁了日伪囤积的大批毛竹,

① 汪大铭:《汪大铭日记(1939—1945)》,中共镇江市委党史资料征集研究委员会、中共句容县委党史资料征集研究委员会1987年编印,第281页。

② 汪大铭:《汪大铭日记(1939—1945)》,中共镇江市委党史资料征集研究委员会、中共句容县委党史资料征集研究委员会1987年编印,第213页;王直:解放军出版社1985年版,《弯弓射日》,第170页。

③ 王直:《弯弓射日》,解放军出版社1985年版,第170页。

④ 中共茅山地委:《五个月来茅山反清乡斗争总结报告》(1943年12月),载中共江苏省委党史工作委员会、江苏省档案馆编:《苏南抗日根据地》,中共党史资料出版社1987年版,第296页;镇江市史志办公室编著:《中国共产党镇江史·第一卷·1919—1949》,国家行政学院出版社2006年版,第271页。

迫使日伪将"清乡"计划推迟了整整一个月。① 苏中第四分区自己也曾派遣便衣短枪队趁日伪在江南征集的竹竿运输到港、尚未上岸之时进行破坏，共进行过两次破坏，其中在掘港的一次收效较大。②

中共基层组织还动员群众，利用日伪强征竹材和劳力修建竹篱笆的机会，开展广泛的怠工和破坏活动。在丹北地区，中共秘密组织动员群众以这样的策略应付日伪强迫推行的劳役："采取'一少'（要得多，送得少）、'二差'（竹子要大送小，树桩要牢就以表面光腹中蛀去应付）、'三怠'（迟上工、早下工、磨洋工和开小差等办法，拖延构筑时间）、'四拆'（趁敌人呵斥质量不好之际，拆了再筑，筑了再拆。松扣篦头浅埋桩，大风一刮就倒光）等办法进行斗争。"③还派遣积极分子混入施工民工中间散布谣言，鼓动群众趁民兵与监工的日伪军交火之际一哄而散，并承诺拆得的竹材由群众取回家自用。④ 在种种手段拖延下，日伪的竹篱笆构筑工作根本无法按期进行。在丹北地区，日伪原计划于 1943 年 3 月 12 日开始修筑竹篱笆，3 月 25 日前要全部建成，结果在群众的拖延下施工进度慢、质量差，汪伪丹阳县县长丁雨林以"依法惩处"相威胁，竹篱笆封锁线工程还是拖延到当年 5 月初才草草收工，而且有部分预定修筑地段始终在中共地方武装控制下，计划中完整的竹篱封锁线根本就未能完成。⑤ 即使是已经筑成的部分竹篱笆封锁线，也形同虚设，为了便利破坏，群众在构筑时会特意将竹竿插得浅些，好将竹竿早日取回自行利用⑥；中共党政干部和民兵、武工队之类小型武装若想穿越这样的封锁线，只要拔掉几根竹竿就能畅通无阻。⑦

---

① 粟裕：《粟裕战争回忆录》，解放军出版社 1988 年版，第 277 页。

②④⑥ 吉洛、钟民：《苏中四分区反"清乡"斗争胜利的经过》，华中局宣传部：《真理》第 17 期，1944 年 2 月 25 日，第 73—74 页。

③ 洪天诚：《坚持敌后斗争，夺取反"清乡""胜利"》，载中国共产党丹阳县委员会党史资料征集办公室编：《苏南反清乡斗争史料——纪念茅山、丹北、太滆地区反"清乡"斗争胜利四十周年座谈会专辑》，内部发行，1983 年，第 119 页。

⑤ 洪天诚：《坚持敌后斗争，夺取反"清乡""胜利"》，载中国共产党丹阳县委员会党史资料征集办公室编：《苏南反清乡斗争史料——纪念茅山、丹北、太滆地区反"清乡"斗争胜利四十周年座谈会专辑》，内部发行，1983 年，第 119 页；镇江市史志办公室编著：《中国共产党镇江史·第一卷·1919—1949》，国家行政学院出版社 2006 年版，第 271 页。

⑦ 镇江市史志办公室编著：《中国共产党镇江史·第一卷·1919—1949》，国家行政学院出版社 2006 年版，第 271 页。

　　为应对中共发动群众开展的破坏行动，日伪军投入了大量兵力在竹篱笆封锁线的沿线驻扎，以保护公路、篱笆。仅在苏中第四分区的如皋马塘、掘港一带，就派驻了汪伪第 22 师，其与汪伪第 34 师及伪保安大队的一部分共同担负针对苏中第四分区的封锁任务。① 还在沿线派出流动部队巡逻警戒，并强迫已被强行编入保甲组织的"清乡"区域群众以各乡、各保为单位分段包干，在限期内修筑完成竹篱笆。② 对于参加破坏竹篱笆的群众则是严厉镇压：在苏南茅山地区，某次中共武装人员破坏从西旸到直溪桥的竹篱笆后，日伪当晚就出动几路人马包围邻近的东岗村，逐个盘问毒打村民，最后强迫全村具结，保证今后决不破坏竹篱笆，还要负责修筑及看守。除此之外，日伪军还专门组织了两支机动部队，在镇句、句容外围游击，掩护筑篱工作，这一时期中共武装人员针对竹篱笆的破坏工作，经常遭到这两支部队的伏击。③ 由于敌强我弱的客观现实一时无法扭转，无论是中共干部、武装人员还是"清乡"区域群众，面对不断增加的损失，士气皆渐趋低落，竹篱笆封锁线在茅山地区最后还是建立起来了。④

　　然而，即使在日伪军沿线据点的严密监视下，竹篱笆封锁线对活跃于"清乡"区域内外的中共党政干部和便衣短枪队等武装人员依然起不到完全阻隔作用，围绕着竹篱笆每天都在发生各种偷越封锁活动，相关奇思妙想可谓层出不穷：在苏南茅山地区活动的中共武装人员随身携带小锄头，从竹篱笆底下掏洞，人钻过后再填土将其复原，以免留下痕迹连累沿线居民。⑤

---

　　① 吉洛、钟民：《苏中四分区反"清乡"斗争胜利的经过》，华中局宣传部：《真理》第 17 期，1944年 2 月 25 日，第 66 页；陈丕显：《苏中解放区十年》，上海人民出版社 1988 年版，第 178 页。

　　② 镇江市史志办公室编著：《中国共产党镇江史·第一卷·1919—1949》，国家行政学院出版社 2006 年版，第 271 页。

　　③ 中共茅山地委：《五个月来茅山反清乡斗争总结报告》（1943 年 12 月），载中共江苏省委党史工作委员会、江苏省档案馆编：《苏南抗日根据地》，中共党史资料出版社 1987 年版，第 297—298 页。

　　④ 中共茅山地委：《五个月来茅山反清乡斗争总结报告》（1943 年 12 月），载中共江苏省委党史工作委员会、江苏省档案馆编：《苏南抗日根据地》，中共党史资料出版社 1987 年版，第 297—298页；镇江市史志办公室编著：《中国共产党镇江史·第一卷·1919—1949》，国家行政学院出版社2006 年版，第 271 页。

　　⑤ 王直：《弯弓射日》，解放军出版社 1995 年版，第 203 页。

而在丹北地区，中共武装人员会将竹篱笆拆下几根竹条，钻过去后，重新编好再走。[①] 在太滆地区，中共武装人员更发展出了在竹篱笆上开"活门"的办法。[②] 这些花样百出的偷越办法，可谓充分体现了人民群众的智慧。然而这些偷越行动，都要在日伪军沿线据点的眼皮底下进行，而且即使掌握了日伪军巡逻队的行动规律，还得小心其不定时出动的游击部队的伏击。竹篱笆封锁线对活跃于"清乡"区域内外的中共武装人员，终归起到了一定阻碍作用。

除了要提防日伪军，中共武装人员偷越竹篱封锁线的行动还得小心"爱乡会"的威胁。所谓"爱乡会"是日伪在各级伪政权所属的自卫队基础上改编而来，强征本地壮丁参加，无薪给，无武装，仅配发铜锣等警报装置，沿竹篱笆昼夜分班巡逻，发现有武装人员偷越竹篱即鸣锣示警。听到报警的锣声，在"清乡"区域内活动的日伪军警和所谓"谋略部队"便会骑乘自行车飞也似的赶来。[③] 朱亚民于 1942 年 9 月初率领短枪队员从浙东潜回浦东，开展反"清乡"斗争之初，就陷入这样的困难境地：游击队行进到哪里，哪里就响起锣声，无法隐藏行踪，更谈不上充分休整。仅有 12 人的队伍为此被迫分成三个小组分散隐蔽活动，不敢进入村庄宿营。长期的艰苦生活使得游击队员士气低落，分散活动更涣散了组织纪律，以至于有队员携枪叛逃，更进一步削弱了部队战斗力。[④]

---

① 康迪：《丹北反"清乡"斗争的几点补充》，载中国共产党丹阳县委员会党史资料征集办公室编：《苏南反清乡斗争史料——纪念茅山、丹北、太滆地区反"清乡"斗争胜利四十周年座谈会专辑》，内部发行，1983 年，第 111 页。

② 参见时任太滆地委书记陈立平所著文章《太滆地区反"清乡"斗争片断》。

③ 《江苏省第二区清乡工作报告节录》(1943 年)，载中央档案馆、中国第二历史档案馆、吉林省社会科学院合编：《日本帝国主义侵华档案资料选编·日汪的清乡》，中华书局 1995 年版，第 614 页；《太湖东南地区第二期清乡工作大纲》(1942 年)，载中央档案馆、中国第二历史档案馆、吉林省社会科学院合编：《日本帝国主义侵华档案资料选编·日汪的清乡》，第 826 页；朱亚民：《战斗在大上海的近郊——忆新四军淞沪支队》，载中央档案馆、中国第二历史档案馆、吉林省社会科学院合编：《日本帝国主义侵华档案资料选编·日汪的清乡》，第 906 页；翁复骅：《日伪"清乡"期间的经济掠夺》，《苏州大学学报(哲学社会科学版)》1987 年第 2 期；中共茅山地委：《五个月来茅山反清乡斗争总结报告》(1943 年 12 月)，载中共江苏省委党史工作委员会、江苏省档案馆编：《苏南抗日根据地》，中共党史资料出版社 1987 年版，第 297 页；王直：解放军出版社 1995 年版，《弯弓射日》，第 168 页。

④ 朱亚民：《我与浦东抗日游击战——忆淞沪支队逐鹿浦江两岸》，上海人民出版社 2012 年版，第 59—60 页。

　　中共对此的解决之道，是积极开展针对伪政权的工作，将其发展为所谓"革命的两面派"政权。在转变立场的"爱护村""爱乡会"之类伪组织的掩护下，针对竹篱笆的零星破坏活动愈发频繁。在苏南茅山地区，中共武装破坏竹篱笆的做法是："先摸清敌情地形，动员民工准备好引火器材，武装游击小组掩护，把竹篱笆一段段拆下堆集，同时点火焚烧。"[①]成效相当显著，"3 月和 4 月，茅山地区抗日军民组织了 51 次破坏竹篱笆的行动，共烧掉竹子 2 万余担，破坏竹篱笆 60 余公里。"[②]而在苏中第四分区，群众经过不断实践，创造出了许多破坏竹篱笆的好办法。譬如先割断竹篱笆两边与木桩衔接的地方，再在篱笆的横档处抬起，套上绳索一拉就倒下一大片；或者将固定篱笆的木桩拔起套上绳索，然后将篱笆成片拉倒。这无疑比最初动手破坏竹篱笆时因为缺乏经验而用牙齿咬铅丝，一根一根拔竹竿要省力得多，而且还能预防日伪军可能在竹篱笆两侧埋设的地雷。还有一种办法，是将榨豆饼的竹箍套在篱笆上面，以草缚紧再点火，号称"火光如白昼，声响如机枪"。[③]成效方面，"两月内即破坏敌构筑之篱笆三分之二（约一百八十里），取回和烧毁竹竿三百万根以上。"[④]至于日伪军沿竹篱笆封锁线两侧苦心组织的"爱护村"和"护笆队"，则是等到焚烧竹篱笆的烈火点燃之后，才装模作样地敲响铜锣向日伪"报警"。[⑤]　就这样，许多地段的竹篱笆"白天筑一段，晚上拆一段，拆了补，补了拆，开工有日，完工无期"[⑥]。

　　不过，这样的零星破坏活动即使搞得再轰轰烈烈，也不足以从根本上解决问题。王直在其回忆录《弯弓射日》中这样评价："局部性破坏并不能解决问题。我们今夜烧，敌人明日就可抓伕补起来。即使一天补不起，三五天也

---

　　① 汪大铭：《汪大铭日记(1939—1945)》，中共镇江市委党史资料征集研究委员会、中共句容县委党史资料征集研究委员会 1987 年编印，第 278 页。

　　② 镇江市史志办公室编著：《中国共产党镇江史·第一卷·1919—1949》，国家行政学院出版社 2006 年版，第 271 页。

　　③ 吉洛、钟民：《苏中四分区反"清乡"斗争胜利的经过》，华中局宣传部：《真理》第 17 期，1944 年 2 月 25 日，第 73—74 页；陈丕显：《苏中解放区十年》，上海人民出版社 1988 年版，第 178 页；粟裕：《粟裕战争回忆录》，解放军出版社 1988 年版，第 282 页。

　　④ 吉洛、钟民：《苏中四分区反"清乡"斗争胜利的经过》，华中局宣传部：《真理》第 17 期，1944 年 2 月 25 日，第 73—74 页。

　　⑤⑥ 陈丕显：《苏中解放区十年》，上海人民出版社 1988 年版，第 178 页。

能补起来。要让敌人无法修补，只有发动、组织三百多里内的群众，在统一的时间内一齐动手，将三百多里竹篱笆彻底摧毁。"①

这样有组织的大规模破坏分别发生在苏南茅山抗日根据地和苏中抗日根据地第四分区。1943 年 6 月 15 日深夜，中共镇丹县委在茅山地委的统一部署下开展了一次大规模的"火烧竹篱笆"破坏行动。当天晚饭后，来自三里村、倪庄、郦庄、步甲、表甲、沟南、曹甲、马甲、丰城、西新村（均属今丹徒县上会乡）等村庄的青壮年农民 300 余人（他们都是"农抗会""青抗会"成员，"清乡"运动开始后，改称"关帝会""兄弟会"掩人耳目），集合在丰城方家岗晒场上，听取了动员报告后，在镇三区区委书记兼区长徐盘荣的率领下开赴竹篱笆封锁线，成段地拆毁竹篱笆，并将拆下来的竹竿、木桩堆积成垛。与此同时，县委书记彭炎率领新四军正规部队——茅山保安司令部第 47 团 3 连从外线插进竹篱笆，将驻扎在敌占区上党镇的一个小队日军和一个排的专司"清乡"任务的汪伪保安警察，还有汉奸陈可余的自卫团等日伪武装团团包围起来。行动指挥所设立于凌塘村北的一个小山头上，离上党镇不足 2 里路。时间一到，彭炎一声令下，小山头上升起三股直冲云霄的火柱，沿线农民队伍看到信号也点起火来。② "顷刻之间，火光冲天，凌塘至元庄之间出现了一条十里多长的巨大'火龙'，'火龙'腾起，毛竹爆响，军民鸣枪助威，声势浩大可观。"③因为惧怕和新四军正规部队进行夜战，驻守上党镇的日伪军警只敢缩在据点里对外胡乱射击，眼睁睁看着长达 10 余里的竹篱笆封锁线灰飞烟灭。④ 为了纪念这次全线火烧竹篱笆的胜利，镇丹县委书记彭炎赋诗一首：

---

① 王直：《弯弓射日》，中共镇江市委党史资料征集研究委员会、中共句容县委党史资料征集研究委员会 1987 年编印，第 204 页。
② 陈步青：《镇三区军民并肩火烧竹篱笆》，载政协丹徒县文史资料研究委员会编：《丹徒文史资料》第四辑，内部资料，1987 年，第 105 页；仇伍：《火烧竹篱笆》，载丹徒县政协学习、文史委员会编：《丹徒文史资料第十五辑·丹徒掌故》，内部资料，2000 年，第 291 页。
③ 仇伍：《火烧竹篱笆》，载丹徒县政协学习、文史委员会编：《丹徒文史资料第十五辑·丹徒掌故》，内部资料，2000 年，第 291 页。
④ 镇江市史志办公室编著：《中国共产党镇江史·第一卷·1919—1949》，国家行政学院出版社 2006 年版，第 271 页。

高唱清乡哀技穷，长篱封锁绝人踪。

村墟林静炊烟断，鬼哭萤飞月色朦。

一霎火龙化灰烬，万重鳞甲腾遥空。

坚城铁壁终攻破，南国军民气势雄。[①]

仅仅是从物质上彻底消灭竹篱笆还不够，还需要进一步采取行动消除之前竹篱笆封锁线对茅山抗日根据地军民造成的精神上的压制作用，要制造并扩大根据地军民对日伪军的心理优势。为此，在 1943 年 6 月底的一天，新四军茅山保安司令部组织了一场别开生面的武装游行：由茅山地区专员兼茅山保安司令樊玉琳在前开路，茅山地委书记兼茅山保安司令部政委汪大铭于队尾殿后，两大当地新四军"巨头"一齐露面，骑乘从日军手中缴获的高头大马，率领全副武装的一个营，在大白天的"清乡"区内招摇过市。驻守封锁线沿线据点的日伪军一时搞不清新四军的意图，缩在据点内不敢轻举妄动，甚至不敢向这支新四军队伍开枪。在"清乡"运动开始后，中共武装人员总是利用夜幕掩护行军作战，日伪军自认为白天是自己的天下，而今在白天看见这么多新四军正规部队却不敢开出据点与之交战，这种虚假的安全感被一下子戳破了。[②]

在苏中抗日根据地，有组织的大规模破坏行动则更为壮观：1943 年 7 月 1 日夜，苏中抗日根据地第三、四分区联合发起了大规模的破坏行动，出动了南通警卫团、如皋警卫团、各区队、联防大队等武装部队沿竹篱笆封锁线分段警戒，随时准备痛击任何敢于出动阻挠破击行动的日伪军。加上动员的民兵和群众，参加这次大破击的人数在 4 万以上。参与破坏行动的群众分成几十路，在从天生港到白蒲、到丁堰、到岔河、到马塘，直到黄海边上的鲍家坝，绵延 300 余华里的封锁线上展开大破击，锯倒电杆，收缴电线，挖

① 仇伍：《火烧竹篱笆》，载丹徒县政协学习、文史委员会编：《丹徒文史资料第十五辑·丹徒掌故》，内部资料，2000 年，第 292 页。

② 王直：《弯弓射日》，中共镇江市委党史资料征集研究委员会、中共句容县委党史资料征集研究委员会 1987 年编印，第 206 页。

毁公路，火烧篱笆，整条封锁线上人声鼎沸。各支分散开来的日伪军巡逻队不敌新四军警戒部队，只能仓皇撤离，至于驻守在封锁线沿线检问所里的日伪军警，更是早就逃之夭夭。从晚上 9 点封锁线上出现第一片火光开始，一个小时之内，整条封锁线上燃起火光，浓烟滚滚，日军第 60 师团苦心经营三月之久的竹篱笆封锁线，就此灰飞烟灭。①

　　在这一时期的苏中和苏南抗日根据地，新四军可以出动正规部队掩护群众对竹篱笆封锁线展开大规模破坏活动的根本原因，是日伪军兵力不足且分散驻扎，双方军事实力对比已经逆转。胜利粉碎日伪在茅山地区进行的"清乡"运动后，中共茅山地委在总结报告中提到："这次敌人对茅山地区的清乡同过去东路的清乡有很大的不同，因为有几个显著的情形对敌人是不利和困难的。""敌伪兵力不足，清乡开始时敌伪兵力并无多大增加，还是由原来驻军为主力，担任清乡任务，仅由外线据点抽调增加一部分到内线，后来两次的调防，在整个兵力上都未有如何大变。整个茅山地区包括镇江、丹阳、句容、金坛城在内，敌伪各 2 000 人，而这些兵力不只对付我们，有一部分 1/3 左右是要对付丹北及金坛、溧阳地区的。不象在苏、常、太一块小地区，敌伪 1.5 万人稳打稳扎，而这里就不行了。"②经过残酷战争的消耗，日伪"军事清乡"的最大资本——日军野战部队的兵员素质也是今不如昔：原先驻防在茅山地区的日军尾本联队被调走参加浙赣会战，遭受很大伤亡（据报原驻句容、金坛的两个大队伤亡过半），返回茅山地区后长期处于休整补充状态，导致日伪原定的"清乡"计划一再拖延。而在"清乡"运动正式开始后，尾本联队每天还在忙于对占部队半数以上的新兵进行训练，新四军评价该部队"战斗力不强"。而在 1943 年 5 月包巷战斗后，包括尾本联队在内的日军第 50 师团被调走，接防的是一支来自广东的日军，代号为酉鸟 306 部队，

　　① 　粟裕：《粟裕战争回忆录》，解放军出版社 1988 年版，第 283 页；陈丕显：《苏中解放区十年》，上海人民出版社 1988 年版，第 178 页；顾秀：《参加火烧竹篱三百里》，载江苏省新四军和华中抗日根据地研究会编：《老兵话当年》，中共党史出版社 2007 年版，第 479—480 页。
　　② 　中共茅山地委：《五个月来茅山反清乡斗争总结报告》（1943 年 12 月），载中共江苏省委党史工作委员会、江苏省档案馆编：《苏南抗日根据地》，中共党史资料出版社 1987 年版，第 310 页。

军事素质更差。① 日军军事实力的相对下降给了新四军正规部队发挥作用的空间。

在苏中抗日根据地第四分区,自从 1943 年 7 月 1 日"火烧竹篱三百里"之后,日伪的封锁政策渐趋破产。封锁人员敷衍了事,像竹竿之类的封锁器材也无处补充,不得不强抢老百姓家里的锄头柄,甚至收割芦苇荡中的芦苇插进地面充数。即使是这些拙劣的"代用品",数量也依然不足,所谓封锁线上的障碍物稀稀拉拉,还都只有人的膝盖高。除了个别据点附近还残留着一些竹篱笆外,封锁线已经名存实亡,以至于出现了这样的笑话:"曾经有一个外来的工作人员,第一次过这封锁线,开始精神非常紧张。当他已通过了封锁线后,他还不知道,问其他同志:'封锁线在哪里?'同志告诉他:'那些芦苇就是的呀!'他觉得好笑,说:'敌人难道把我们当做小鸡吗?'"②

即使没有中共有组织的破坏行动,暴露在江南露天环境下的竹篱笆也会因为日晒雨淋、霉变、台风、江潮和盐雾侵蚀日渐朽坏,自行坍塌。现存的多份日伪基层给上级的呈文均证实了这一点。1943 年的《江苏省第二区清乡工作报告节录》中提到,镇江江边码头大检问所附近的竹篱笆封锁线被江潮冲毁,伪江苏省第二区"清乡"督察专员公署命令镇江封锁管理所负责修复,并派出封锁股长凌正中前往查勘修复情形。③ 而 1944 年的《江苏省第二区清乡补充工作计划》中承认:竹篱笆封锁线受风雨侵蚀的部分因缺乏材料等,未能得到及时修理。④ 1943 年 12 月 21 日日军矛 3852 部队部队长致

---

① 中共茅山地委:《五个月来茅山反清乡斗争总结报告》(1943 年 12 月),载中共江苏省委党史工作委员会、江苏省档案馆编:《苏南抗日根据地》,中共党史资料出版社 1987 年版,第 288—289 页。

② 吉洛、钟民:《苏中四分区反"清乡"斗争胜利的经过》,华中局宣传部:《真理》第 17 期,1944 年 2 月 25 日,第 74 页。

③ 《江苏省第二区清乡工作报告节录》(1943 年),载中央档案馆、中国第二历史档案馆、吉林省社会科学院合编:《日本帝国主义侵华档案资料选编·日汪的清乡》,中华书局 1995 年版,第 614 页。

④ 《江苏省第二区清乡补充工作计划》(1944 年),载中央档案馆、中国第二历史档案馆、吉林省社会科学院合编:《日本帝国主义侵华档案资料选编·日汪的清乡》,中华书局 1995 年版,第 637 页。

伪上海特别市政府的公函中指出，上海地区已建成的竹篱笆封锁线历经数次暴风雨和日常侵蚀，损坏之处甚多，全长 191 公里的封锁线，需要修补之处长达 40 余公里。然而本地区竹材不敷使用，需要从外地调运，现南汇区缺少普通规格的竹材 19 940 根、大竹 144 000 根，奉贤区缺少细竹 675 000 根，需要伪上海特别市政府出面安排解决。至于后续情况如何，就不得而知了。[①] 1944 年 10 月 24 日昆山县第九区区长杨如浩致昆山县长的呈文中明确说明：辖内原有长达 17 华里的封锁竹篱因风雨侵蚀朽坏坍塌后，剩余竹材被乡民拾取，已经无影无踪。如果要重建这 17 华里（合计 3 060 丈）的竹篱，按每丈需用木桩 3 根、竹竿 70 根计，共需木桩 9 018 根、竹竿 214 200 根。"金以如此浩大物资，实非地瘠民贫，并值荒欠之本区民众所能胜任。"[②]随着战争局面对日伪日渐不利，不要说新建竹篱，就连原有"清乡"区域内已建成竹篱的日常维护都很难做到了。在中共组织的破坏活动中幸存的少数竹篱，就这样无人问津，腐朽坍塌，归于尘土。

正因为竹篱笆的封锁作用日益式微，日伪在安徽实行的"清乡"计划利用河流、水沟等地形配合碉堡进行封锁，不再修筑竹篱笆。[③] 而日伪 1944 年底在苏南实行的"高度清乡"也不再修筑竹篱笆，改用驻有兵力、配备监视楼的土围和堡垒封锁。[④]

---

① 《矛三八五二部队长致上海特别市政府、上海联络部函》（1943 年 12 月 21 日，德清情发第 160 号），载中央档案馆、中国第二历史档案馆、吉林省社会科学院合编：《日本帝国主义侵华档案资料选编·日汪的清乡》，中华书局 1995 年版，第 903 页。

② 《昆山县第九区区长杨如浩致昆山县长呈文》（1944 年 10 月 24 日），载中央档案馆、中国第二历史档案馆、吉林省社会科学院合编：《日本帝国主义侵华档案资料选编·日汪的清乡》，中华书局 1995 年版，第 496 页。

③ 《安徽省清乡工作计划大纲》（1944 年），载中央档案馆、中国第二历史档案馆、吉林省社会科学院合编：《日本帝国主义侵华档案资料选编·日汪的清乡》，中华书局 1995 年版，第 987 页；汪曼云：《寸步难行的"封锁线"》，《千里哀鸿说"清乡"》，载黄美真编著：《伪廷幽影录——对汪伪政权的回忆》，东方出版社 2010 年版，第 249 页；《安徽省第一区清乡督察专员公署三十三年四月份工作报告（节录）》（1944 年 4 月），载余子道、刘其奎、曹振威编：《汪伪政权资料选编·汪精卫国民政府"清乡"运动》，上海人民出版社 1985 年版，第 550 页。

④ 《江苏省第一区清乡督察专员公署第二期清乡工作计划总纲》（1944 年 10 月），载中央档案馆、中国第二历史档案馆、吉林省社会科学院合编：《日本帝国主义侵华档案资料选编·日汪的清乡》，中华书局 1995 年版，第 746 页。

作为"清乡"暴政象征的竹篱笆在凄风苦雨中自行朽坏坍塌,曾经被日伪寄予厚望、一度轰轰烈烈展开的"清乡"运动也在日益恶化的局势逼迫下迎来了最后的日子。1945 年 5 月 15 日《申报》第 2 版正式登载公告:《本市县区封锁机构近期一律撤除,市保安司令部饬所属遵办》。①

> 市清乡地区封锁业务,自本年四月划归保安司令部管辖后,迄今月余,经该部力加整顿,颇就轨范。顷悉该部为依照本市各县区清乡实施计划,并商得有关方面同意,以该项机构目前已无存在必要,兹定于本月十五日起,所有各县区封锁线检问所及封锁机构一并撤除,停止检问工作,业已通令所属,一体遵照办理,并布告各界周知。

这正式宣告了"清乡"运动在上海地区的终结。随后,日伪上海特别市警察局发布训令:撤除各"清乡"地区封锁线及封锁机构,原有工作人员全部发给一月薪水后遣散。② 汪伪政权所管辖的其他地区也纷纷公告,宣布本地区停止实行"清乡"。曾经给沦陷区人民带来深重灾难的"清乡"运动,就这样在汪伪政权全面崩溃的前夜无果而终。

二、日伪对基层政权的失控原因探析

日伪"清乡"封锁的失败,其根本原因是对"清乡"地区区级以下的基层政权失去了有效控制,而这又要从当时日伪基层政权的组织基础——保甲制度谈起。所谓保甲制度,创始于王安石变法时期,是中国历代所固有的民间自卫自治组织,也是政府对基层社会行之有效的控制机制。③ 历代保甲名称虽有差异,组织等级虽有疏密,组合数位虽有多寡,但其内在本质都是基

---

① 《申报》1945 年 5 月 15 日,第 2 版。
② 《日伪上海特别市警察局关于饬知保安司令部拟定废除封锁线办法的训令》,上海市档案馆藏,档号:R33-1-232-43。
③ 程方:《中央政治学校研究部丛书·中国县政概论》,商务印书馆 1939 年版,第 287 页。

于家与人的两种关系，通过运用家庭组织的自然方式，根据相友相助的伦理观念，以维护社会的安宁，协进地方的事业，而为施政的下层基点。① 太平天国战争时期，曾国藩、胡林翼曾在辖区内利用保甲制度辅助军事行动，取得相当成效；晚清光绪末年至宣统时期实行"新政"，仿效欧美施行警察制度，保甲制度遂废止。② 为围剿红军，蒋介石于 1931 年首次在江西省恢复保甲制度，试图利用户口调查与民众动员清除农村的中共势力，1932 年逐渐推广至鄂豫皖等省，1934 年颁布政令要求各省市一律举办保甲。③ 至于保甲的组织系统，1936 年 9 月立法院通过的《修正县自治法》第三条和《保甲条例》第三条均规定：保甲以户为单位，在户与政府之间尚有甲、保两级，户设户长，十户为甲，设甲长，十甲为保，设保长，十保以上为乡或镇。以江苏省为例（苏、浙、湘等省，以江苏为代表，可简称苏制），县以下的保甲组织系统为：县→区→乡镇→保→甲→户。这种保甲组织与原有的地方自治组织衔接，在保留区与乡镇自治组织的同时，容纳保甲于自治组织之中。④

根据《保甲条例》的规定：户长由家长充任，如果家长不能出任则由其指定一人担任户长；保甲长由乡镇区长召集保甲内公民推选，如果县自治尚未完成，甲长由本甲内各户户长推选，保长由本保内各甲甲长推选，当选后的保甲长由乡镇区长报县政府备案；保甲长任期为一年，可连选连任。⑤ 保甲长的主要职责为：户籍清查、户口异动查报、签具联保切结、进行民枪登记。⑥ 其中最为重要的当属签具联保切结，这也是蒋当初复兴保甲制度的主要目

---

① 程方：《中央政治学校研究部丛书·中国县政概论》，商务印书馆 1939 年版，第 296 页。
② 程方：《中央政治学校研究部丛书·中国县政概论》，商务印书馆 1939 年版，第 294 页。
③ 小林英夫『日中戦争と汪兆銘（歴史文化ライブラリー，158）』，吉川弘文館、2003 年、87 頁；程方：《中央政治学校研究部丛书·中国县政概论》，商务印书馆 1939 年版，第 294 页。
④ 程方：《中央政治学校研究部丛书·中国县政概论》，商务印书馆 1939 年版，第 297—298、300 页。
⑤ 《保甲条例》（1936 年 9 月 18 日立法院通过，1937 年 7 月 2 日立法院修正），载程方：《中央政治学校研究部丛书·中国县政概论》，商务印书馆 1939 年版，第 572—573 页。
⑥ 佛冈县县长黄祥光：《怎样建立战时县政》，载广东省政府秘书处编译室编印：《战时宪政问题研究》，1940 年，第 110 页。

的之一,其余各项事务,亦相当繁杂琐碎。①

　　蒋介石所复兴的这套保甲制度原本就存在着基层执行者——保甲长权责不平衡的弊病,尽管保甲长承担着基层政权的繁重公务,并随时可能因为失职渎职遭受上级乡镇区长的惩处,然而根据《保甲条例》第二十九条的规定,保甲长享受不到公务人员的薪资待遇,只有在必要时上级才会酌情补助办公费用。② 平日一省兴革事宜均责令县政府办理,而县政府又转饬保甲机关办理,政令纷繁,督责苛细;各省制定考核奖惩办法,作用甚微;民间把保甲长当作征役承差的头目敬而远之,因此洁身自好或稍具德望才干之士均不愿出任保甲长。③ 这一弊病在抗战爆发后的战时非常形势下愈发凸显:战时政令复杂,征兵募债事务纷繁,保甲长稍有不慎即获重谴,然而简陋的保办公机构无力应付役务,仅有保长一人负责征工征兵及填写各式表格、推行政令,还要亲自前往距离保办公处较远的各甲监督甲长工作;保甲经费也无着落,广东省政府规定每保月支办公费 3 元(以前月支 7 角),甲不支付办公费,导致保甲长不仅无力经办诸多事务,甚至自己也生活无着;至于保甲长的上级——乡镇长的收入也十分微薄,每月仅得毫券 15 元至 30 元,以往乡镇公所经费靠自治户捐维持,而自治户捐不易抽收,乡镇长往往因

---

　　① 所谓联保切结,是各户户长联合甲内其他户长,至少五人,共具联保连坐切结,声明结内各户互相劝勉监视,不为匪、通匪、纵匪,如有违犯,他户应负随时劝诫、监视或密报之责,倘徇情隐匿,除当事人应依法治罪外,其余各户均需连坐治罪;具体做法是由甲长将政府规定表格交各户户长当面按照格式填具签名,无法书写者由他人代理,在姓名下盖章或按指印,最后由甲长签押。参见程方:《中央政治学校研究部丛书·中国县政概论》,商务印书馆 1939 年版,第 310—311 页。户口异动查报是指出生、死亡、迁入、迁出四类户口异动应及时查报,户长于户口发生异动后应立刻报告甲长,转送保长、乡镇长登记,以维持保甲组织的完整;民枪登记是指将个人与公共法团人员所有枪炮武器一律查明编号烙印,以便确定其所有者,限制其使用,便于政府因枪获人、因人验枪。参见程方:《中央政治学校研究部丛书·中国县政概论》,第 314 页。
　　② 《保甲条例》(1936 年 9 月 18 日立法院通过,1937 年 7 月 2 日立法院修正),载程方:《中央政治学校研究部丛书·中国县政概论》,商务印书馆 1939 年版,第 578 页。本来保甲长上岗前都要在县城或所属各区接受培训,内容为中国历史地理摘要及国民对于国家社会应负责任义务,结果为了照顾主要以务农为业的保甲长生计,只能安排在农闲时节培训三至四个星期,但实际上非两三个月不足以完成训练,岗前实习更是无从谈起,这使得本来文化水平就普遍不高的保甲长们上任后很难应付公务。参见程方:《中央政治学校研究部丛书·中国县政概论》,第 317、319 页。
　　③ 程方:《中央政治学校研究部丛书·中国县政概论》,商务印书馆 1939 年版,第 327—328 页。

为自治户捐无着"枵腹从公",有的甚至达到半年以上,只能对具体政务撒手不管。① 与现实中保甲组织的涣散无力形成鲜明对比的是,战时重庆国民政府对基层行政效能提出了更高的要求:保甲长调查户口与办理人事登记,不仅要了解人民出入、死亡、迁徙的实际情形和人口户数的增减,而且要明白政治、经济、文化、民情的实质与民间对施政的反映;只有政府精确认识实际情形,施政方能符合人民真实需要。② 可见,对保甲制度的改革已经势在必行。

重庆国民政府的应对措施是在 1939 年 9 月 19 日公布《县各级组织纲要》,开始实行新县制改革,提高了乡镇的地位。《县各级组织纲要》第五条规定"乡镇为法人",指出乡镇作为县地方内的自治体,为地方组织的重心。新县制内的乡镇组织拥有独立财政,《县各级组织纲要》第四十四条规定:"乡镇财产之收支,由乡镇公所编制预算,呈由县政府审核,编入县预算。"③同时弱化了区一级组织的地位,明确区署只是县政府的辅助机关,仅代表县政府督导各乡镇办理各项行政及自治事务,不负实际行政责任。④ 充实了保的办公机构,除保长外,还设置了一名副保长和 2—4 名分掌民政、警卫、经济、文化等事务的干事(干事职务由副保长和国民学校教员兼任)。⑤ 在将保长办公费列入其所属各县政府预算统筹发放的同时,采取措施切实提

---

① 第一区行政督察专员古鼎华:《如何克服县政的困难》,载广东省政府秘书处编译室编印:《战时宪政问题研究》,1940 年,第 3 页;连县县长王仁宇:《如何克服县政的困难》,载广东省政府秘书处编译室编印:《战时宪政问题研究》,第 11 页;饶平县县长陈暑木:《如何克服县政的困难》,载广东省政府秘书处编译室编印:《战时宪政问题研究》,第 24 页;连县县长王仁宇:《怎样建立战时县政》,载广东省政府秘书处编译室编印:《战时宪政问题研究》,第 71—72 页。

② 饶平县县长陈暑木:《如何克服县政的困难》,载广东省政府秘书处编译室编印:《战时宪政问题研究》,1940 年,第 24 页。

③ 中国国民党中央执行委员会宣传部编印:《抗战第四周年纪念小丛书·四年来的内政》,1941 年,第 296—299 页;行政院宪政计划委员会主编:《县政丛书第三种·县各级组织纲要》,正中书局 1939 年版,第 1、9 页。

④ 中国国民党中央执行委员会宣传部编印:《抗战第四周年纪念小丛书·四年来的内政》,1941 年,第 303 页;郑震宇:《中央训练团党政训练班讲演录·县各级组织中几项重要问题》,1943 年,第 4 页。

⑤ 行政院宪政计划委员会主编:《县政丛书第三种·县各级组织纲要》,正中书局 1939 年版,第 7 页。

高保甲长待遇：允许保甲长在任期间免服劳役、缓服兵役，适量减免临时捐款，子女在当地公立小学就读免收学费，直系亲属可以在当地公立医院免费治疗。[①] 还在四川和广东省内的几个县试行政教合一制度，旨在利用乡村教师在民间的名声威望推行政令的同时，提升乡镇保长的文化水平。[②] 一些地方官员也在自己的辖区内对保甲制度进行了力所能及的改革：例如，防城县县长林爱民在本县取消区署建制，将区署经费全部挪为保甲长办公费。[③] 连县县长王仁宇则将保甲长的选拔范围扩大到全保（甲）之居民，因为户长往往在四十岁以上，知识能力及热心远不及年富力强之青年；还积极兴办公共产业，如植桐造林等，补充地方自治经费。[④] 以上对保甲制度的改革措施多少产生了一些效果。方德万认为：被重新启用的保甲制度和田赋征实改革[⑤]一样，属于国民党政权为适应中国农业社会所采取的传统战争动员措施，"这些措施能够让中国继续坚持抵抗，等待出现胜利

---

① 《非常时期保甲长待遇及奖励办法》(1939 年 2 月 25 日内政部渝民字第〇〇〇四九四号咨文颁发)，载四川省政府秘书处法治室编：《四川省现行法规汇编·第二册·民政》，1940 年，第 582 页。

② 即计划在每乡镇设一所完全小学，每保设一所初级小学，由校长兼任乡镇保长，以办校经费兼顾乡镇保办公经费。参见防城县县长林爱民：《如何克服县政的困难》，载广东省政府秘书处编译室编印：《战时宪政问题研究》，1940 年，第 48—49 页。如果由乡镇保长兼任校长，则可能出现以下问题：乡镇保长的学识经验未必能胜任校长工作，即使专设教务主任或专职教师主持实际教学工作，也无力领导自如；乡镇保长事务纷繁，往往忽视校务顾此失彼。因此，如果以乡镇保长兼任校长的方式实现政教合一，应该以年富力强、受过教育专业训练，或学有根柢、对教育富有兴趣的乡镇保长兼任校长为宜；或者由乡镇保长举荐登记合格的教育人员，经县政府核准后担任各乡镇保之校长，可以避免人事摩擦；兼任校长的保长可规定只负责督催学生入校，筹集学校资金，劝募教师膳米，充实学校设备，由专职教师负责学校教务。参见沈鹏主编：《县政实际问题研究》，正中书局 1944 年版，第 337—341 页。

③ 防城县县长林爱民：《如何克服县政的困难》，载广东省政府秘书处编译室编印：《战时宪政问题研究》，1940 年，第 48 页。

④ 连县县长王仁宇：《怎样建立战时县政》，载广东省政府秘书处编译室编印：《战时宪政问题研究》，1940 年，第 71 页。

⑤ 根据重庆国民政府行政院 1941 年 7 月 23 日公布的《战时各省田赋征收实物暂行通则》规定：各省田赋不再以法币缴纳，而是按照 1941 年度省县正附税总额每元法币折征稻谷二市斗，非稻米产区征收等量小麦或其他杂粮，征得的粮食由粮食主管机关统筹支配。参见《战时各省田赋征收实物暂行通则》(1941 年 7 月 23 日行政院公布)，《中国农民(重庆)》第 1 卷第 4 期，1942 年 5 月 31 日，第 136 页。所征得的粮食可用于就近补充军粮和城镇民食，无论粮食管理部门、军队供给部门还是农户，都可以免受战时通货膨胀之苦，有利于救济粮荒、平衡民众负担。参见秦柳方：《论整理田赋与酌征实物》，《建设研究》第 5 卷第 3 期，1941 年 5 月 15 日，第 40—48 页。

的转机"。①

日伪实行"政治清乡"的核心就是在农村恢复保甲制度，汪伪之所以借用这种旧式的社会控制机制，是因为其既缺乏进行乡村建设的技术和资金，也没有挑战原有士绅阶层在乡村优势地位的意愿。② 因此汪伪政权并未对保甲制度采取类似同一时期重庆国民政府在大后方所实施的改革措施，而是对战前南京国民政府旧制度的简单延续，保甲长的待遇并未得到改善。③ 正是日伪不愿意也不可能进行彻底的社会改造和重新分配基层社会的权力资源，使得其只能从在国民党政权时代地方权力结构中占优势的人（比如地方上的富裕阶层、原来的乡镇保甲长和拥有武装的地方实力派人士）中选取自己在区以下基层政权的代理人。④ 日伪也认识到了要让这些旧时代的既得利益者忠心效劳，必须对他们进行思想改造，然而其解决方案，不过是对各地方保荐的区乡镇保甲长候选人进行集中培训，灌输汪精卫的"和平建

---

① 汉斯·方德万：《历史上的中日战争》，载马克·皮蒂、爱德华·J. 德利亚、方德万主编：《为中国而战——1937—1945 年中日战争军事历史论文集》，陈力行译，文汇出版社 2021 年版，第 554—559 页。

② David P. Barrett, "The Wang Jingwei Regime, 1940 - 1945: Continuities and Disjunctures with Nationalist China", in David P. Barrett and Larry N. Shyu(eds.), Chinese Collaboration with Japan, 1932 - 1945: The Limits of Accommodation, Stanford, CA: Stanford University Press, 2001, p.109.

③ "清乡"时期汪伪乡镇保甲长的职责进一步加重了，他们有责任对辖内"自新户"（有通"匪"纵"匪"嫌疑，情节较轻且户长诚心具结悔过者）进行监督及思想教化。参见［日］龟井壮介：《常熟县县政调查》，国家图书馆编：《东亚同文书院中国调查手稿丛刊》第 197 册，国家图书馆出版社 2016 年版，第 336 页；《清乡委员会关于清乡地区各特别区管理自新户暂行办法》（1941 年 7 月 30 日），载中央档案馆、中国第二历史档案馆、吉林省社会科学院合编：《日本帝国主义侵华档案资料选编·日汪的清乡》，中华书局 1995 年版，第 133 页。

④ Li Heng 在 1935 年对无锡 6 个区 235 名乡镇长所进行的一项调查显示，90％以上的乡镇长是地主和富农，他们拥有的土地在 63 亩到 147 亩之间。参见 Liu Chang, "Rural Political Change in Late Qing and Republican China: The North China Plain and the Yangzi Delta", A. Ph. D. dissertation, University of California at Los Angeles, 1996, p.223. 而根据 1943 年 6 月前往"清乡"区内常熟县进行社会调查的东亚同文书院第 40 期学生龟井壮介的调查报告，当时常熟县第二区共有 33 名乡镇长，他们之前的任职经历如下：1 人担任过副区长，5 人担任过乡长，8 人担任过保长、催征吏、乡公所事务员、地方法院录事、区公所助理等职务，5 人担任过中小学教员，1 人担任过当地商会理事长，还有 12 人从事地方公益事业"卓有成绩"，应系地方士绅。常熟县汪伪政权乡镇长的出身背景在抗战时期的江南地区具有代表性，可见汪伪政权下的乡镇保甲长们出身与战前相似，都是以地主富农为主。参见［日］龟井壮介：《常熟县县政调查》，载国家图书馆编：《东亚同文书院中国调查手稿丛刊》第 197 册，国家图书馆出版社 2016 年版，第 320—323 页。

国"思想,并强迫他们集体加入伪国民党。"经过这种短时间的培训(区长3个月,乡镇长1个月,保甲长2周)和强制入党,就能使这些区乡镇保甲长完全认同伪政权的意识形态、完全效忠于伪政权,是不现实的。"①不仅如此,根据日伪《江苏省清乡地区各县乡镇公所组织暂行办法》规定,乡镇组织为自治单位,乡镇长为义务职,没有薪给,只有当条件允许才可以支取一定的车马费。② 这直接导致了大多数担任汪伪政权乡镇保甲长的本地富裕阶层人士,其最初动机不过是借助伪职保护自己的身家性命和昔日特权。然而日伪政权固有的掠夺性③,使其最主要的受害者就是这些地方上的富裕阶层。日伪政权推行的"租赋并征"④政策更是剥夺了业主向佃户直接征收地租的权利,损害了其政治经济特权⑤,造成极大不满,因为即使是中共也没有阻止

---

① 潘敏:《江苏日伪基层政权研究(1937—1945)》,上海人民出版社2006年版,第68页。

② 潘敏:《江苏日伪基层政权研究(1937—1945)》,上海人民出版社2006年版,第67页。

③ 在1944年到1945年间的吴江县,汪伪区长们的日常工作就是督促辖属的乡镇保甲长征收军粮,有时还得亲率区公所工作人员下乡催征,无暇顾及其他政务,更毋论为辖区民众谋福利。参见潘敏:《江苏日伪基层政权研究(1937—1945)》,上海人民出版社2006年版,第67页。

④ 根据日军的要求,到1939年底,常熟县有25个乡成立了92所租栈(地主与伪政权税务官员联合运营的催租机构),为全县60%的地主服务,只有6个被抗日游击队控制的乡没有成立租栈。《常熟县各区租栈暂行规则》规定,地主必须将名下所有土地委托租栈催租,并提供所有租佃记录信息(租册),例如佃户姓名,出租土地数量、位置,收租率等,否则将受到县政府惩罚,负责催征的警察将扣除一部分征收的地租作为租栈对地主的罚款。这项措施当时在江南很普遍,涉及吴县、昆山、太仓、松江、嘉定、青浦、吴兴、嘉兴等地,被称作"租赋并征",最先在吴县实施。这是一项只有在非常时期才采用的非常措施,地主不得不牺牲部分利益以确保剩余利益,极大地扩大了国家权力,损害了地主的利益。参见 Liu Chang, "Rural Political Change in Late Qing and Republican China: The North China Plain and the Yangzi Delta", A. Ph. D. dissertation, University of California at Los Angeles, 1996, pp.259 - 260。

⑤ 按照租赋并征制度的规定,租栈所征收的地租在扣除田赋后,还要扣除当地附加费(区乡镇保事业费)、租赋并征机构的运营费用等支出才会移交给地主,这些附加费用会将地主实际缴纳的田赋数额提高一倍。而且战时按照实际收取租金的百分比扣缴方式向城居地主征收的田赋,如果改为战前按土地面积决定的固定税率征收方式,那么城居地主实际承担的税负远高于拥有同等数量、质量耕地的自耕农。同时,为了使佃户免受中共减租宣传的影响,日伪以牺牲地主利益为代价进行实质性减租,在租赋并征中每石粮食折合成货币的官方折价通常比市场价低。租赋并征的直接后果是沉重打击了城居地主的经济地位,1941年一个城居地主至少要在乡间拥有500亩土地才能供应他一家六口在城市生活的开销,而在清代他只需要100亩就能在城里过上体面生活了。参见 Liu Chang, "Rural Political Change in Late Qing and Republican China: The North China Plain and the Yangzi Delta", A. Ph. D. dissertation, University of California at Los Angeles, 1996, pp.264 - 266, 268, 273。

他们向佃户收租。① 在江南，由于高度发达的租佃关系，数百年来都是"赋从租出"。② 为了满足税收需要，在中共建立的苏南抗日根据地，政府不但不禁止地主向农民收租，还帮助地主组织收租委员会来保证收租。③ 如果说中共的做法和之前国民党政府时期地方上有组织的收租机构有什么不同，在于中共更关心租赋负担的平等。④ 汪伪政权乡镇保甲长对日伪政权侵害其既得利益和特权的不满，是中共得以成功争取他们的根本原因。

在既得利益遭到日伪侵害的同时，这些日伪政权的乡镇保甲长们还得忍受来自日伪、中共和国民党敌后政权三方面的交相逼迫，处境极其糟糕。而且出于朴素的爱国主义情感，不论参加日伪政权是出于何种动机，乡镇保甲长们都被乡民认为是民族败类，在道德上完全破产，背负着沉重的心理负担。⑤ 这使得大多数日伪政权的乡镇保甲长对其颁布的各项政令采取消极抵制办法，凡事拖沓敷衍，搪塞了事。"历史学家唐德刚先生也指出，汉奸群中多是'摆手'之人。"⑥甘心做铁杆汉奸为日伪政权卖命的伪乡镇保甲长是极少数。

早在全面抗战初期，在日伪和中共之间辗转腾挪的"两面政权"就已出

---

① 根据中共苏皖区委苏南施政纲领第八条的规定，要在保证佃农佃权的同时保障地主的土地所有权和债主的债权，在施行减租减息的同时要求佃农交租交息，以此合理调整人民的租佃关系和债务关系。参见《中共苏皖区委苏南施政纲领》(1943 年 3 月 18 日通过)，载中共江苏省委党史工作委员会、江苏省档案馆编：《苏南抗日根据地》，中共党史资料出版社 1987 年版，第 245 页。

② 在清代中前期的江南地区(清代的"江南"指江苏南部的苏州、常州、松江三府和太仓州，以及浙江北部的嘉兴、湖州、杭州三府)，地主依靠佃户缴纳的地租履行向政府缴纳田赋的义务，此所谓"粮从租出"，即以土地所有权为基础征收田赋。只有在太平天国战乱时期，因为衙门保管的土地赋税记录被毁，才被迫改为以耕作权为基础征收。民国时期"粮从租办"的原则延续，佃户普遍认为纳税义务的转移需要所有权的转移。参见白凯：《长江下游地区的地租、赋税与农民的反抗斗争(1840—1950)》，林枫译，上海书店出版社 2005 年版，第 43、45、54—55、146—147、253 页。

③ 李建模：《今年秋收后的收租办法与查田运动》(1940 年 10 月 5 日)，载江苏省财政厅、江苏省档案馆、财政经济史编写组合编：《华中抗日根据地财政经济史料选编(江苏部分)》第一卷，档案出版社 1984 年版，第 452 页。

④ Liu Chang, "Rural Political Change in Late Qing and Republican China: The North China Plain and the Yangzi Delta", A. Ph. D. dissertation, University of California at Los Angeles, 1996, pp.293 - 303.

⑤ 潘敏：《江苏日伪基层政权研究(1937—1945)》，上海人民出版社 2006 年版，第 202 页。

⑥ 潘敏：《江苏日伪基层政权研究(1937—1945)》，上海人民出版社 2006 年版，第 223 页。

现。汪大铭在其 1939 年 12 月 14 日的日记中记载：

> 上午到西冯，下午到王庄，这里已是伪化区，公开组织了伪维持会应付鬼子，但也同样应付我们，是很典型的两面派。我们先在下面作了些调查了解，就去找自治会会长孔宪政。他是本镇一个富商，当自治会会长是由地方上层推举，两面应付。对敌人方面送捐送税送情报，敌伪下来时招待欢迎。对我们也一样的应付，他见到我们去，很客气地招待，并一再表示对敌敷衍是出于无奈，决不是真心做汉奸。他向我们详细报告了天王寺敌伪组织和活动情况，以及收捐收税的情况。我们对他作了一番正面教育，要他每三天向我们送一次情报，一切应付敌人的措施都要事先报告我们。①

而在 1943 年苏南、苏中和苏北各根据地反"清乡"斗争时期，中共吸取了 1941 年苏常太局部地区反"清乡"斗争失败的经验教训②，在敌我双方实力对比悬殊，已无力完全阻止"清乡"区域伪化的严峻形势下，主动出击改造伪政权，使其为自己所用。③ 中共根据实际情况综合运用"打进去"和"拉出来"的工作方法。所谓"打进去"，就是派遣一批政治面目尚未暴露的共产党员、积极分子和开明士绅参加日伪组织的乡镇保甲长培训班，毕业后掌握乡镇保甲组织为中共服务。④ 汪大铭在 1943 年 8 月 21 日的日记中记录"打进

---

① 汪大铭：《汪大铭日记(1939—1945)》，中共镇江市委党史资料征集研究委员会、中共句容县委党史资料征集研究委员会 1987 年编印，第 157 页。

② 时任新四军第 6 师第 18 旅旅长的江渭清认为，新四军在苏常太地区第一期"清乡"运动中失利的主要原因是此前执行"左"倾政策使己方孤立无援。参见江渭清：《六师工作报告》(1942 年 1 月 22 日)，载中共江苏省委党史工作委员会、江苏省档案馆编：《苏南抗日根据地》，中共党史资料出版社 1987 年版，第 204 页。

③ 中共茅山地委：《五个月来茅山反清乡斗争总结报告》(1943 年 12 月)，载中共江苏省委党史工作委员会、江苏省档案馆编：《苏南抗日根据地》，中共党史资料出版社 1987 年版，第 318 页。

④ 汪大铭：《汪大铭日记(1939—1945)》，中共镇江市委党史资料征集研究委员会、中共句容县委党史资料征集研究委员会 1987 年编印，第 238、281 页；包树森：《常州、武进地区反"清乡"斗争概述》，载中共常州市委党史资料征集小组办公室编：《常州革命史资料选编》第四辑，内部发行，1984 年，第 139 页；韦永义：《抗日战争时期我在丹北的五年》，载中共江苏省委党史工作委员会、江苏省档案馆编：《苏南抗日根据地》，中共党史资料出版社 1987 年版，第 490 页。

去"的工作成果："圩里，布置一老实人做伪乡长，我们派一干部做文书。文书领导乡长，实际上是我们做乡长。"[①]其同一天的日记中还记录了在丹阳县下属的五个地区，共派遣了 14 名中共秘密党员从事争取"革命两面派"工作。[②] 所谓"拉出来"，就是留守"清乡"区域的中共党政人员通过各种渠道（利用社会关系和交朋友等）以通信、结交、拜访、说服等方法，对伪乡镇保甲长进行教育，提出"身在曹营心在汉""地方人不坏地方事""做汉奸没有好下场"等口号，逐步与他们建立一定的关系。[③] 但这绝不意味着"宽大无边"，"对那些忠心事敌，严重危害我们的，要有必要的镇压手段。如果我们只有宽大政策，就软下来了。"[④]争取"两面派"工作的关键，在于"打拉政策的正确执行，镇压政策、宽大政策的配合运用。打拉都是手段，目的在于争取"[⑤]。最终的目的是"使其从倾向日的一面派，转变成应付敌我双方的两面派，最后成为假心向敌，真心向我的一面派"[⑥]。这就是谭震林提出的著名的"一二一"政策。[⑦]

由于常年战争的消耗，日军兵力匮乏，"其战斗部队基本上集中在与国民党军队拉锯的地方，即沦陷区边界地带，而范围广大的沦陷区只留有少量士兵。清乡军事阶段结束后，日军主力便撤走，在县镇驻有 100 来人的宪兵大队，县以下只有部分较重要的区镇驻有一个班的宪兵队。"[⑧]如此稀少的警备兵力显然不足以为散布在广大乡村地区的汪伪政权乡镇保甲长们提供庇护，如果他们一味投日附逆，面对中共便衣短枪队发起的锄奸行动，身家性

---

① 汪大铭：《汪大铭日记（1939—1945）》，中共镇江市委党史资料征集研究委员会、中共句容县委党史资料征集研究委员会 1987 年编印，第 283 页。

② 汪大铭：《汪大铭日记（1939—1945）》，中共镇江市委党史资料征集研究委员会、中共句容县委党史资料征集研究委员会 1987 年编印，第 285 页。

③⑥ 包树森：《常州、武进地区反"清乡"斗争概述》，载中共常州市委党史资料征集小组办公室编：《常州革命史资料选编》第四辑，内部发行，1984 年，第 139 页。

④ 汪大铭：《汪大铭日记（1939—1945）》，中共镇江市委党史资料征集研究委员会、中共句容县委党史资料征集研究委员会 1987 年编印，第 238 页。

⑤ 中共丹北中心县委：《丹北十六个月反清乡斗争基本总结》（1944 年 7 月 29 日），载中共江苏省委党史工作委员会、江苏省档案馆编：《苏南抗日根据地》，中共党史资料出版社 1987 年版，第 355 页。

⑦ 黄兆康：《论华中抗日地区我党控制的"两面"政权》，《党史研究与教学》1990 年第 5 期。

⑧ 潘敏：《江苏日伪基层政权研究（1937—1945）》，上海人民出版社 2006 年版，第 225 页。

命将毫无保障。① 这是中共得以成功争取汪伪政权乡镇保甲长的直接原因。在某些地区,中共的军事威慑力强到了可以决定伪乡长人选的地步。汪大铭在其 1943 年 9 月 22 日的日记中记录道:"黄汝骥要出来做伪乡长,先同我们打招呼,我们不准,他不敢出来。"②

中共以军事实力为后盾,辅之以巧妙的策略,争取到了大多数汪伪政权乡镇保甲长成为"革命的两面派"。以武进北部地区为例:"32 个伪乡公所的乡长中,计有党员 2 名,进步分子 2 名,中间分子 14 名,落后分子 14 名,在 330 名保长中,党员 31 名,进步分子 57 名,中间分子 143 名,落后分子 94 名。""大部分伪乡保政权已为我所掌握或控制。"③更有甚者,"澄西游击区的伪乡长宋坤法和刘丙德分别成了我们的内线人员,其家中也成了我们的'庇护所'。"④这些伪乡镇保甲长所控制的"爱乡会""爱护村"自然而然转而为中共的活动服务,汪大铭在其 1943 年 8 月 21 日的日记中记录道:"对瞭望哨、爱护村,蒋庄、九尧庙规定鬼子来敲几下锣,新四军来敲几下。我们来不敲,我们去后敲。爱护村送我们过竹篱。"⑤

在发展"两面派"的具体过程中,中共清醒地认识到了"两面派"的局限:"应该认识两面派是暂时的过渡的力量,应尽量使它上升为革命的两面派,要缩短其上升的过程,但又不能操之过急或要求过高,否则将使两面派恐惧、反感以至离开我们。"⑥同时还需要"估计两面派的自私自利性,认识其特点,在争取中照顾其本身的私利"。"考虑其处境困难,一般地不提出客观情

---

①　江渭清:《论苏南清乡与反清乡》,载中央档案馆、中国第二历史档案馆、吉林省社会科学院合编:《日本帝国主义侵华档案资料选编·日汪的清乡》,中华书局 1995 年版,第 405 页。

②　汪大铭:《汪大铭日记(1939—1945)》,中共镇江市委党史资料征集研究委员会、中共句容县委党史资料征集研究委员会 1987 年编印,第 292 页。

③④　包树森:《常州、武进地区反"清乡"斗争概述》,载中共常州市委党史资料征集小组办公室编:《常州革命史资料选编》第四辑,内部发行,1984 年,第 139 页。

⑤　汪大铭:《汪大铭日记(1939—1945)》,中共镇江市委党史资料征集研究委员会、中共句容县委党史资料征集研究委员会 1987 年编印,第 281 页。

⑥　中共丹北中心县委:《丹北十六个月反清乡斗争基本总结》(1944 年 7 月 29 日),载中共江苏省委党史工作委员会、江苏省档案馆编:《苏南抗日根据地》,中共党史资料出版社 1987 年版,第 355 页。

况不许可的要求，以免暴露。"①最终明确了发展"革命两面派"才是争取"两面派"工作的最终目标："必须认识两面派政策不是一种单纯的争取政策，而应是一种进攻积极的改造政策。否则将无形中取消抗日民主实质的建立，而承认其伪化的统治。因此只有使两面派上升为革命两面派而保持抗日革命的实质，才有其真实的意义。"②

中共党组织和新四军队伍的快速江南本地化，也为发展"革命两面派"工作提供了有利条件。1939 年新四军第一、二支队挺进苏南茅山地区后，坚持抗日民族统一战线政策，大量吸收本地上层人士和他们组建的地方武装，如樊玉琳、巫恒通、诸葛慎、洪天寿、陈练升等人。在苏南抗日根据地建立初期，新四军还大量吸收来自上海的失业工人和学生，以至于部队中工人、学生出身的兵员以及知识分子和妇女的比例大大高于其他中国军队。③ 等到苏南抗日根据地巩固之后，部队兵员的补充来源就以本地农村的青壮年为主了。至于新建立的根据地基层政权，基本上是由本地出身的干部组成的。在日伪开始实施"清乡"行动之前，"新四军在苏南的中高层干部基本上是外来的，他们主要集中在县以上的抗日政权中；区以下的政权则主要利用原来的国民政府基层行政机构，基层干部也基本上是本地人。"④来自日军的报告更进一步证实了江南新四军已实现本地化。"在第一期清乡地区常熟县内，经我军扫荡，共俘虏 660 名新四军的正规兵、常备队和自卫队员，对他们原籍进行调查，结果是大部分都出身于常熟县。"⑤"新四军借巧妙之组织力，深入农村，完全土著化，工作人员到达时看来都是善良农民，但一瞬间即化为民兵，以手榴弹袭击区公所，烧毁竹篱。"⑥

①② 中共丹北中心县委：《丹北十六个月反清乡斗争基本总结》(1944 年 7 月 29 日)，载中共江苏省委党史工作委员会、江苏省档案馆编：《苏南抗日根据地》，中共党史资料出版社 1987 年版，第 356 页。

③ Gregor Benton, *New Fourth Army: Communist Resistance Along the Yangtze and the Huai*, 1938 -1941, Berkeley,CA: University of California Press, 1999, p.723.

④ 潘敏：《江苏日伪基层政权研究(1937—1945)》，上海人民出版社 2006 年版，第 71 页。

⑤ 《关于清乡区内新四军概况及对其采取的对策》(1942 年 1 月)，载中央档案馆、中国第二历史档案馆、吉林省社会科学院合编：《日本帝国主义侵华档案资料选编·日汪的清乡》，中华书局 1995 年版，第 99 页。

⑥ 《敌苏北清乡视察报告书》(1944 年 5 月 31 日)，载中央档案馆、中国第二历史档案馆、吉林省社会科学院合编：《日本帝国主义侵华档案资料选编·日汪的清乡》，中华书局 1995 年版，第 708 页。

中共党组织和新四军部队在人员构成上实现了本地化,这不止意味着他们熟悉本地地形地物,适应本地气候条件,更有利于其了解并利用战前就已存在的当地社会一系列运行规则。新四军的一份报告证实:伪政府基层政权人员和当地中共支部成员的关系绝非水火不容,而是在婚丧庆吊之日继续像战前那样"礼尚往来"。"该报告抱怨说:'支部政治上被同化了,丧失了无产阶级的立场。'"①这说明尽管抗日战争在江南当地的人群中制造了分野,使他们隶属于立场不同的政治集团,然而基层社会各种人情关系依旧按照战前的方式运作。② 这无疑有利于中共党政干部接近和争取汪伪政权乡镇保甲长,发展他们成为"革命的两面派"。同样受惠于人员构成本地化,这一时期的中共党政干部普遍采用具有江南本地特色的斗争方式:比如与伪警察喝"同心酒"发展其成为内线,方便日后攻打据点③;采用旧形式、新内容的警世文、乩坛语等当地群众熟悉的形式进行宣传鼓动④;举办到庙宇叩头发誓、歃血为盟等活动动员群众坚定信心参加反"清乡"战斗等⑤,取得了很好的效果。

对于汪伪区以下基层政权的不可靠,日军早已心知肚明。"听说在一次日寇召开的伪行政会议上,鬼子公开说:'东洋先生的心里明白:你们区长以上的,八分相信东洋先生,两分相信游击队;区长以下的,七分相信游击队,三分相信东洋先生;乡长嘛,一半对一半;保长以下,统统的靠不住!'"⑥话虽如此,可是由于日军兵力匮乏造成其只能分散驻扎,对汪伪基层政权人员缺乏威慑力,日军对这种暗通中共的"两面派"行为只能是无可奈何。

———————————

① 周林:《论反伪化斗争中党的思想领导和支部工作》(1943 年 5 月 15 日),载新四军和华中抗日根据地研究会编:《新四军和华中抗日根据地史料选》第七辑,上海人民出版社 1984 年版,第225—231 页。

② 潘敏:《江苏日伪基层政权研究(1937—1945)》,上海人民出版社 2006 年版,第 71 页。

③ 朱亚民:《我与浦东抗日游击战——忆淞沪支队逐鹿浦江两岸》,上海人民出版社 2012 年版,第 69 页。

④⑤ 吉洛、钟民:《苏中四分区反"清乡"斗争胜利的经过》,华中局宣传部:《真理》第 17 期,1944 年 2 月 25 日,第 62 页。

⑥ 朱亚民:《微妙的三角斗争》,载上海市奉贤县编修县志办公室编:《奉贤县志资料》第三辑,内部资料,1982 年。

结语

为巩固汪伪政权统治基础，增加其财政收入，在日本主导下，日伪双方在江南沦陷区开展了"清乡"运动。如何有效地进行封锁，将游击队与老百姓分隔开来乃是"清乡"工作的重中之重。便于就地取材、造价低廉的竹篱笆就这样被日伪利用来构筑封锁线，并在以后的岁月中成为"清乡"暴政的象征。因人力物力和自然条件限制，部分地段的封锁用竹篱笆最终未能建成。已经成功总结了苏常太地区反"清乡"作战失败教训的中共武装，抓住汪伪基层政权组织形式——保甲制度的固有缺陷，利用日军兵力高度分散的有利形势，对汪伪基层政权人员积极地开展"两面派"工作，在有效的军事威慑下最终成功取得了"清乡"区域内大多数基层政权的实际控制权，从而得以动员沦陷区群众对已建成的竹篱笆开展卓有成效的破坏行动。加之战局对日伪日趋不利，其逐渐丧失维护残存竹篱笆的能力，所剩无几的竹篱笆在大自然的威力下自行朽坏坍塌，象征着曾被日伪寄予厚望的"清乡"行动自动破产。

如果竹篱笆封锁线确实如日伪所计划的那般全部完成并始终保持完整，依然无法对中共领导下的敌后抗日武装起到有效的封锁作用。据亲身体验过海宁硖石车站大检问所工作实况的汪曼云回忆：检问所工作人员热衷于勒索行人，对暗藏武器的新四军游击队员出于明哲保身视而不见，起不到应有的封锁作用。[①] 还有更加离谱的事情：从 1943 年 4 月份设立到 1945年 5 月份撤除为止，位于镇江地区夹江北端孙家场，负责控制镇江段长江航运的"夹江北大检问所"，五任检问所主任中有三位是中共秘密党员。从1943 年冬季始，该检问所实际为中共直接控制，中共的武装人员、重要物资和党政军领导人在这个检问所畅通无阻。1944 年末，粟裕亲率七千多人的正规部队及从中央、华中局、苏中区党委调集的三百余名干部，分东、西两路

---

① 汪曼云：《做官要做"清乡"》《千里哀鸿说"清乡"》，载黄美真编著：《伪廷幽影录——对汪伪政权的回忆》，东方出版社 2010 年版，第 249—252 页。

南下天目山,其中东路军将于 12 月 27 日下午 2 点分乘两百余艘木船经过孙家场。中共镇句县县长赵文豹派遣商会会长王式泉、恒泰运输公司经理肖中等人携带二十万元中储券前往驻守该检问所的伪军连部沟通关系,避免"误会"。王、肖二人还携带了麻将牌、鸦片烟与伪连长韩玉一同"消遣"。伪军如约撤回了江边岗哨,所有士兵回到营房休息。检问所主任王佩璋(中共秘密党员)也召回了全体工作人员,躲在房间内玩扑克。结果东路军的船队浩浩荡荡通过江面封锁线,还顺手截获一艘从镇江开出的客轮,将船上日本船员全体缴械。然而无论是伪军还是检问所工作人员,对江面上发生的一切都视而不见,放任东路军部队平安跨过长江。①

可见,伴随着中国民族意识的觉醒和战局日益向不利于日本的方向转变,伪政权和其军警的性质也在发生变化:从日本占领者的得力帮凶,到背地里自谋出路的陌路行人。然而已经深陷战争泥沼的日本非但不能拿出更多的力量维持对沦陷区的统治,甚至对沦陷区伪政权军政人员的威慑力都在逐渐丧失,这也意味着日本对华进行的这场堪称"小蛇吞象"的侵略战争必然走向彻底失败。

---

① 粟裕:《粟裕战争回忆录》,解放军出版社 1988 年版,第 308—312 页;肖柏龄:《我所知道的大路"检问所"》,载《丹徒文史资料》第四辑,内部资料,1987 年,第 99—101 页。

后　记

　　2020 年 12 月 7 日，为了纪念太平洋战争爆发 79 周年，我所在的上海社会科学院历史研究所现代史研究室召开了名为"上海所见的亚洲太平洋战争"的学术工作坊。本书即为当时与会论文的汇编，内容以远东最大的都市——上海为基点，考察涉及了战时生活、细菌战、日伪"清乡"、战犯审判等诸领域，可谓卓有特色，亦代表了目前国内抗日战争史研究的学术取向和较高水平。为了更加切题，我们决定将书名确定为《上海所见的抗日战争》，希望本书能在 2025 年第二次世界大战结束、世界反法西斯战争胜利 80 周年之际，到达专业人士和"二战"史爱好者手中，接受大家的检验与批评。

　　在本书的编辑、出版过程中，蒋欣凯君左右奔忙，出力尤多，上海社会科学院出版社的陈慧慧编辑也付出了很大的心血，我在此一并表示真挚的感谢！

马　军

2023 年 9 月 13 日

图书在版编目(CIP)数据

上海所见的抗日战争 / 马军等著 . — 上海 : 上海
社会科学院出版社，2023
ISBN 978 - 7 - 5520 - 4161 - 3

Ⅰ.①上… Ⅱ.①马… Ⅲ.①抗日战争—史料—文集
Ⅳ.①K152 - 53

中国国家版本馆 CIP 数据核字(2023)第 134838 号

上海所见的抗日战争

著　　者：马　军　蒋欣凯 等
责任编辑：陈慧慧
封面设计：陈　昕
出版发行：上海社会科学院出版社
　　　　　上海顺昌路 622 号　邮编 200025
　　　　　电话总机 021 - 63315947　销售热线 021 - 53063735
　　　　　http://www.sassp.cn　E-mail:sassp@sassp.cn
排　　版：南京展望文化发展有限公司
印　　刷：上海颛辉印刷厂有限公司
开　　本：710 毫米×1010 毫米　1/16
印　　张：15
字　　数：220 千
版　　次：2023 年 12 月第 1 版　2023 年 12 月第 1 次印刷

ISBN 978 - 7 - 5520 - 4161 - 3/K · 699　　　　定价：78.00 元